Stephanie Kernich
Alltägliche Architektur

Stephanie Kernich

Alltägliche Architektur

Die gebaute Umwelt in unserer Alltagswirklichkeit

UVK Verlagsgesellschaft Konstanz · München

Die vorliegende Arbeit wurde von der Philosophischen Fakultät der Universität Zürich im Frühjahr 2016 auf Antrag der Promotionskommission, Prof. Dr. Peter-Ulrich Merz-Benz (hauptverantwortliche Betreuungsperson) und Prof. Dr. Eldad Davidov als Dissertation angenommen.

Bibliografische Information der Deutschen Nationalbibliothek
Die Deutsche Nationalbibliothek verzeichnet diese Publikation in der Deutschen Nationalbibliografie; detaillierte bibliografische Daten sind im Internet über http://dnb.d-nb.de abrufbar.

ISBN 978-3-86764-738-0 (Print)
ISBN 978-3-7398-0166-7 (EPUB)
ISBN 978-3-7398-0167-4 (EPDF)

Einbandgestaltung: Susanne Fuellhaas, Konstanz
Printed in Germany

UVK Verlagsgesellschaft mbH
Schützenstr. 24 · D-78462 Konstanz
Tel.: 07531-9053-0 · Fax: 07531-9053-98
www.uvk.de

Inhalt

1. Einleitung

„Das ist ein völlig introvertiertes Gebäude, nach aussen ist es fast hermetisch abgeriegelt" (Schmid, NZZ vom 14.03.2016, S. 13).

„Dieser Tage wird an der Ecke Seefeld-/Münchhaldenstrasse in Zürich ein markantes Wohngebäude bezogen. Es biedert sich nicht an, spielt aber mit Elementen, die das Quartier prägen" (Kälin, NZZ vom 28.07.2011, S. 14).

Kommentare wie diese machen es deutlich: Bei der Wahrnehmung der gebauten Umwelt und der öffentlichen Kommunikation über Architektur finden zahlreiche Zuschreibungen statt, die in den öffentlichen Medien regelmäßig Debatten auslösen. Dabei stehen sich die unterschiedlichen Positionen oft ratlos, manchmal entnervt, vor allen Dingen aber sprachlos gegenüber. Somit bleiben die angefangenen Diskussionen in der Regel ohne Anschluss. Zum einen verstummen die Stimmen aus der Bevölkerung – vermutlich weil sie den Eindruck haben, dass andere Interessen schwerer gewichtet werden und ihnen folglich keine Mitsprachemöglichkeit eingeräumt wird, aber auch, weil sie sich kein Gehör verschaffen können: Denn ihre Kritik klingt wie die sich vermeintlich ewig wiederholende, scheinbar einseitige Klage gegenüber neu errichteten Gebäuden bzw. der modernen Architektur. Zum anderen verstummen die Architektur-Verantwortlichen, resigniert über die für sie immer gleich klingenden Vorwürfe, hinter denen sie eine grundsätzliche Abwehrhaltung gegenüber ihrer Profession heraushören und die sie – häufig aus Hilflosigkeit heraus – mit einer Unbelehrbarkeit der Bevölkerung gleichsetzen.

Was bisher vor allem vonseiten der Architektur-Verantwortlichen oder der Stadtplanung untersucht wurde, wird hier explizit als soziologische Thematik aufgefasst. So stellt die vorliegende Forschungsarbeit die alltägliche subjektive Wahrnehmung der uns umgebenden gebauten Umwelt in den Mittelpunkt und untersucht die „in die Architektur ‚eingebaute' Sozialdimension" (Fischer/Delitz 2009: 394 f.) aus der Perspektive von personalen Akteuren. Dabei liegt das Augenmerk auf den darin enthaltenen sozialen, kulturellen und ästhetischen Aspekten, ohne dass jedoch die Begriffe bzw. Definitionen der Architektur, Stadtplanung und/oder Kunstwissenschaften unhinterfragt übernommen werden. Mit dieser empirischen Untersuchung gelingt es, aufzuzeigen, woran sich „Laien" in der gebauten Umwelt – von außen betrachtet – orientieren. Zum anderen kann anhand der Ergebnisse ein möglicher Theorieansatz zur Architekturrezeption präsentiert werden, denn eine soziologisch fundierte Rezeptionsforschung gibt es bisher weder für den Bereich der gebauten Umwelt noch für den der Architektur.

So lauten die forschungsleitenden Fragestellungen wie folgt:
Welche Bedeutungen wird der gebauten Umwelt als soziales/gesellschaftliches Phänomen zugeschrieben? Lassen sich Interpretationsmuster von Sinn- und Deutungszuschreibungen bei der Vergegenwärtigung von gebauter Umwelt formulieren?
Welche Ausdrucksformen werden dabei gewählt, welche Vergleiche herangezogen? Welche Wirkungsbeschreibungen (z. B. Beurteilungen, Bewertungen) können zur gebauten Umwelt festgestellt werden?
Welche architektonischen Wirklichkeitsauffassungen können empirisch erhoben und analysiert werden? Und wie wenden personale Akteure auf Basis ihrer Wahrnehmung ihren Wissensvorrat an und welche Orientierungsrahmen lassen sich daraus intersubjektiv bilden? Inwiefern interagieren personale Akteure mit den Elementen, die in der gebauten Umwelt vorhanden sind?

Theoretischer Hintergrund

In der Form der gebauten Umwelt spiegelt sich die Annahme wider, dass der Welt eine konstante Struktur zugrunde liegt. Der Ausdruck „Immobilien" (von lateinisch immobilis = unbeweglich) versinnbildlicht geradezu das Dauerhafte, Beständige, eben das Konstante.

Doch auch die gebaute Umwelt verändert sich kontinuierlich. Eine fortwährende Aktualisierung des Wissensvorrats begleitet auch im Falle der gebauten Umwelt diesen Prozess: Während dieses Prozesses wird der Wissensvorrat von Individuen fortwährend aktualisiert und durch weitere mittelbare und unmittelbare Erfahrungen laufend in Bezug gesetzt zum Bestehenden. Schütz/Luckmann gehen von einer „gewissen Einheit" (Schütz/Luckmann 2003: 33) dieses Wissensvorrats aus, der einen Bezugs- und Auslegungsrahmen darstellt. Durch diese Rahmungen können nach Schütz/Luckmann (anhand von Typisierungen) grundsätzliche Annahmen getroffen werden, die wiederum eine Konstanz, eine Vertrautheit im alltäglichen Handeln bieten (Schütz/Luckmann 2003: 33 f.).

Gebäude als überwiegender Teil der gebauten Umwelt sind in der Regel die größten Objekte, die in unserer gebauten Umwelt präsent sind. Der gebauten Umwelt kann nur schwer ausgewichen werden. Sie kann zwar ignoriert oder ausgeblendet werden, aber sie beeinflusst regelmäßig das soziale Handeln: Sie schreibt (Um-)Wege vor, verweist auf Nutzungsbedingungen, ermöglicht Ordnungsgefüge und Stabilisierungswirkung, um nur einige Beispiele zu nennen (vgl. Schroer 2009: 26 f., v. a. seine Bezüge zu Halbwachs). Damit werden mit jeder Veränderung der gebauten Umwelt neue Ausgangslagen geschaffen, deren Auswirkungen wiederum die sozialen Tatsachen beeinflussen. Die Auseinandersetzung mit der gebauten Umwelt findet somit in einem ständigen Prozess statt. Doch trotz der Präsenz von Architektur muss ebenso deren Angreifbarkeit betont werden, wie dies auch Joachim Fischer beschreibt: „Als Architektursoziologie bietet die Soziologie die Distanzleistung des soziologischen Blicks: Jede Architektur ist von der Gesellschaft her angreifbar, jede Konstruktion destruierbar – in der Belagerung, in der Zerstörung, im Verfall, im Abriss" (Fischer 2009: 394 f.).

Im Forschungsstil der Grounded-Theory-Methodologie (GTM) wurden anhand der rekonstruierten Wahrnehmung der gebauten Umwelt in einem urbanen Kontext die individuellen Sinn- und Bedeutungszuschreibungen erhoben und analysiert. Vergleichbar mit einem Spaziergang in einer Stadt kann auch bei der empirischen Untersuchung immer nur ein Ausschnitt der Welt als vorläufiger Aussichtspunkt, als Augenblick wahrgenommen werden. So wurden die während des Wahrnehmungsprozesses erzeugten Relevanzstrukturen der Interview-Teilnehmenden nachverfolgt mit dem Ziel, die spontan geäußerten Assoziationen oder reflektierten Abgrenzungen herauszuarbeiten, um so Kategorien für die sozialen, (sozio)kulturellen und ästhetischen Aspekte der Wahrnehmung der gebauten Umwelt zu benennen.

Relevanz der Fragestellung

Aktuell liegen keine fundiert empirisch angelegten Forschungsarbeiten aus soziologischer Perspektive zur gebauten Umwelt in einer urbanen Alltagswirklichkeit vor. Die Forschungsarbeit ergänzt somit die im architektursoziologischen Forschungsbereich geleisteten theoretischen Konzeptionen.

Bislang wurden immer einzelne, meist architektonisch besondere Bauten oder Siedlungen analysiert. Auch wurde der sogenannten „Laien"-Perspektive kaum Beachtung geschenkt. Dabei ist eine Differenzierung des „Laien"-Begriffs dringend erforderlich, denn bei der Wahrnehmung der gebauten Umwelt geht es nicht einfach um kulturelles Bildungspotenzial oder Schichtzugehörigkeit der „Laien", sondern um das soziale Phänomen der gebauten Umwelt, das in wechselseitiger Wirkung zwischen Gesellschaft und Individuum zu erfassen ist. So gehen Nicht-Architekten bei der Wahrnehmung und Rezeption der gebauten Umwelt von anderen Relevanzstrukturen aus und setzen dabei andere Schwerpunkte.

Daher lässt sich ihre Aufmerksamkeit nicht allein an Geschmackskomponenten festmachen.

Des Weiteren wurde bisher stets versucht, eher diffusen individuellen Bedürfnissen gerecht zu werden. Als dementsprechend uferlos stellten sich diese Bestrebungen heraus, wenn man diese individuelle Ebene nicht verlässt. Daher wird hier der Blick stattdessen auf gesellschaftlich relevante Phänomene gerichtet und gefragt, in welchen sozialen und gesellschaftlichen Vorstellungen die untersuchten Sinn- und Deutungszuschreibungen eingebettet sind.

Aufbau der Arbeit

Kapitel 2 beginnt mit einer definitorischen Heranführung an das Thema und den Forschungsgegenstand. Anschließend werden die bestehenden theoretischen Konzepte und der aktuelle Forschungsstand in der Architektursoziologie als Teil der Kultursoziologie vorgestellt. Der theoretische Hintergrund wird abgeschlossen mit den die Forschungsarbeit leitenden Abgrenzungen, die als Forschungslücken identifiziert werden, und einer Beschreibung, wie diese Lücken zu schließen sind.

In Kapitel 3 wird die methodische Konzeption der empirischen Datenerhebung dargestellt, wobei die verschiedenen Methoden der Datenerhebung und deren Mehrwert aufgezeigt werden. Die Erhebungsmethoden, die in dieser Arbeit zum Einsatz kommen, umfassen in erster Linie Interviews (ethnografische Begehungsgespräche und daran anschließende Leitfadeninterviews), ergänzt durch Auswertungen von Fotomaterial und Archivdokumenten. Das ethnografisch inspirierte Begehungsgespräch wurde als ‚Spaziergangsgespräch' aufgenommen und zusätzlich mit Fotografien dokumentiert. Es führte an einer Vielzahl von Gebäuden vorbei, die sich unterscheiden in Entstehungszeit, Um- und Erneuerungsbauweise, Nutzungsformen etc. Dadurch wird konsequent die Perspektive der Laien ins Zentrum der Untersuchung gerückt und deren individuelle Kriterien erfasst. Das Datenmaterial wurde im Sinne des Theoretical Samplings erhoben und wird in der Forschungslogik der Grounded Theory ausgewertet.

In Kapitel 4 wird der Forschungsverlauf der kontinuierlichen Datenerhebung in mehreren Phasen zu unterschiedlichen Jahreszeiten und Wetterverhältnissen beschrieben und die Interpretations- und Auswertungsergebnisse präsentiert. So werden einerseits verschiedene Komponenten von Deutungsstrategien aufgezeigt, woran sich Laien in der gebauten Umwelt als ihrer Alltagswirklichkeit orientieren. Diese Erschließungsformen werden begrifflich präzisiert und im jeweiligen Anwendungsbereich kontextualisiert. Andererseits beinhaltet die Auswertungspräsentation die unterschiedlichen Reaktionsformen auf die Wahrnehmung der gebauten Umwelt. Da bei beiden Ergebnissen – die Darstellung der Deutungsstrategien und die der Reaktionsformen – die Wiedergabe des Atmosphärischen beziehungsweise der Ausstrahlungskraft von Architektur und der gebauten Umwelt im Zentrum steht, erfolgt die Ergebnispräsentation durch dementsprechend umfangreiche und aussagekräftige Interview-Auszüge.

In Kapitel 5 folgt eine zusammenfassende Diskussion der Ergebnisse, ergänzt durch Rückbezüge zum aktuellen Forschungsstand und deren Anschlussfähigkeit. Des Weiteren wird ein Theorieansatz zu einer Wirkungsforschung der gebauten Umwelt vorgeschlagen.

Im letzten Kapitel wird schließlich ein weiterführender Forschungsausblick vorgeschlagen, jedoch auch die Grenzen erwähnt, die es zu beachten gilt.

2. Theoretischer Rahmen

Der Schwerpunkt der vorliegenden Forschungsarbeit liegt auf der Wahrnehmung der gebauten Umwelt als Teil unserer Alltagswirklichkeit. Sie stellt eine von Menschen in den unterschiedlichsten Epochen geschaffene materiale Kultur dar. Gleichzeitig bildet sie die menschliche Lebensumgebung: Menschen leben in dieser materialen Kultur und sind in sie eingeordnet. In dieser Forschungsarbeit wird die Auffassung vertreten, dass in den architektursoziologischen Theoriediskussionen bisher der soziologische Teil der Architektur-*Soziologie* im Verhältnis zur *Architektur-Soziologie* noch immer viel zu wenig Beachtung findet. Dieser Mangel zeichnet sich dementsprechend deutlich ab anhand dem nach wie vor wenig ausgeschöpften Potenzial soziologischer Methodenauswahl und soziologischer Methodologie. Wenn diese Beurteilung der gegenwärtigen Forschungstätigkeit zutrifft, müssen einige Ergänzungen und Erweiterungen aufgrund theoretischen und methodologischen Überlegungen geleistet werden, wozu die vorliegende Forschungsarbeit ihren Anteil besteuern will.

Um also die theoretische Ausgangsbasis mit explizit soziologischen Kategorien in den Mittelpunkt zu stellen, befasst sich im Folgenden das Kapitel 2 ausführlich mit den theoretischen Abgrenzungen zur bisherigen Forschung um deutlich zu machen, welche Forschungsfelder noch von niemanden betreten wurden. Nach der vorangestellten Begriffseinbettungen der wichtigsten Definitionen (siehe Kap. 2.1), werden diese im Folgenden mit dem aktuellen architektursoziologischen Forschungsstand (Kap. 2.2) verknüpft. Anschließend werden folgende Forschungslücken aufgezeigt: zuerst wird auf die bisherige Nichtbeachtung der Sichtweise der handelnden Subjekte (als personale Akteure) auf die gebaute Umwelt als deren Alltagswirklichkeit eingegangen und somit auch zur aktuellen soziologischen Theoriediskussion, insbesondere zur ANT Stellung genommen (siehe 2.3.1 und Kap. 2.4). Wenn damit in soziologischen Kategorien weitergedacht davon ausgegangen wird, dass die gebaute Umwelt als Sinnphänomen in den Sinn- und Relevanzstrukturen unserer Alltagswirklichkeit konstituiert ist, bedeutet dies darüber hinaus, dass dieses Phänomen selbst als materiale Verkörperung von Sinnstrukturen und insoweit als Vorgabe zur Herstellung von Sinnstrukturen aufgefasst werden muss.

Des weiteren verstellt eine architektur-dominierende Perspektive bisher den Blick auf die gebaute Umwelt und die sich darin befindlichen Artefakte in zweifacher Weise: so wird hier erstens die These vertreten, dass soziologisch hochrelevante Unterschiede bestehen zwischen einer Außenwahrnehmung von Architektur und mithin der gebauten Umwelt und deren Wahrnehmung im Inneren, also den Innenräumen (siehe Kap. 2.3.2). Und zweitens muss festgestellt werden, dass in der gegenwärtigen, architektursoziologischen Forschungstätigkeit nach wie vor ihre Aufmerksamkeit auf architektonisch interessante oder/und architektonisch relevante Artefakte (sprich Bauten) ausgerichtet ist und weniger auf das eher unspektakuläre Durcheinander von Artefakten in der gebauten Umwelt (siehe Kap. 2.3.3 und 2.3.4). Auch hier muss der soziologische Anteil stärker gewichtet werden um eine ausgewogenere Balance in der Architektur-Soziologie herzustellen.

Nach diesen Erläuterung der theoretischen Ausgangsposition und der Darlegung der Forschungslücken im soziologischen Forschungskontext, wird die damit eng verknüpfte methodologische Zugangsweise dargelegt, um die aufgeworfenen, offen formulierten Fragestellungen zu analysieren und als Forschungsbeitrag die soziologisch relevanten Antworten zu finden.

2.1 Definitionen und Begriffseinbettungen

Um den Ausgangspunkt dieser Forschungsarbeit zu verdeutlichen, beginnt dieses Kapitel zuerst mit einer Definition zentraler Begriffe und ihrer Einbettung in die hier relevanten Themen: (1) Kultursoziologie und kulturelle Objektivationen; (2) Architektur und gebaute Umwelt; (3) Alltagswissen und die Wirklichkeit der Alltagswelt; (4) Dinge, Objekte und Artefakte sowie (5) die hier verwendete begriffliche Auffassung von Wahrnehmung.

2.1.1 Kultursoziologie und kulturelle Objektivationen

Die vorliegende Arbeit wird in der Traditionslinie der neueren deutschsprachigen Kultursoziologie eingebettet. Darunter wird mit Clemens Albrecht und Stephan Moebius eine Kultursoziologie verstanden, die vor allem eine „Neugründung" war,

> *„weil vorher alles Kultursoziologie war. Den deutschen Klassikern jedenfalls, die ihre Theorien im Kontext der historischen Geisteswissenschaften entfalteten, verwiesen beide Begriffe nicht auf getrennte Tatsachen, sondern auf*

analytische Perspektiven. Ihnen war alle Kultur in Strukturen eingelagert, alle Struktur durch Kultur erfüllt. Insofern gehörte die kultursoziologische Betrachtung und Erforschung sozialer Phänomene zu einem festen Bestandteil der älteren deutschsprachigen Soziologie (vgl. Lichtblau 1996)" (Albrecht/ Moebius 2014: 10).

Albrecht und Moebius zeichnen in dem Beitrag „Die Rückkehr der Kultur in der Soziologie" die neuere Entwicklungsgeschichte dieser Kultursoziologie nach, bis zur Eigeninitiative durch die damals jüngere Forschergeneration 1983, die einen „Antrag auf Gründung einer Sektion Kultursoziologie bei der DGS" (der Deutschen Gesellschaft für Soziologie) stellte. Unter anderem wurden darin von Wolfgang Lipp folgende Ziele formuliert:

> *„Liegt ihre Besonderheit methodisch auch darin, die soziokulturelle Welt methodenpluralistisch zu erfassen (...) diese Plurität verstehend-hermeneutisch wieder zusammenfassen, zu ‚Typen' zu bündeln und als prägnante, die Einzelinhalte bestimmende ‚Sinn'-Gebilde darzustellen. Kultursoziologie als Theorie ist Theorie von Sinn und Sinnzusammenhängen. Sie bestimmt Sinn als Relationalität komplexer physischer, sozialer und symbolischer Elemente. Angenommen dabei wird, das erst konkretes, identifikativ-identifizierendes Handeln (...) an Sinn anknüpfen, Sinn ‚definieren', Sinn rekonstruieren kann" (Lipp et al. 2014: 40; Gründungsantrag von 1983).*

Clemens Albrecht erinnert in einem Vortrag an den maßgebenden Unterschied zwischen Kulturwissenschaft und Kultursoziologie, wonach erst die Kultursoziologie Subjekt und Objekt verbindet, nicht aber die Kulturwissenschaft. Nach Albrecht kann Kulturbedeutung nicht von einem Subjekt alleine konstruiert werden. Es braucht die intersubjektive Verbindung, auch zu Objekten. Offen bleibt, wodurch Kulturbedeutung vermittelt wird bzw. wer Kulturbedeutung eigentlich verleiht (Albrecht 2015). Aus dieser Perspektive kann der gebauten Umwelt diese Vermittlerrolle durchaus zugetraut werden.

Wohlrab-Sahr unterscheidet zwei verschiedene Ansätze der Kultursoziologie: eine spezielle Soziologie, die sich „mit verschiedenen Kulturbereichen beschäftigt" (Wohlrab-Sahr 2010: 9), und den Ansätzen, die die „Kultur als grundlegende Codierung des Sozialen auffassen, die sich an verschiedensten Gegenstandsbereichen untersuchen lässt" (Wohlrab-Sahr 2010: 10). Gemeinsam ist beiden Richtungen die Beschäftigung mit der Relation von Kultur und Gesellschaft. Wohlrab-Sahr verortet die neueren Strömungen innerhalb der Kultursoziologie dort, „wo beim Vorgang der Sinnkonstitution, der bei Weber, Schütz und Luckmann immer doppelt verankert war – in gesellschaftlichen Interaktionen, Kommunikationen und Institutionen *wie auch* in der Sinnorientierung personaler Akteure – von diesen personalen Akteuren weitgehend abstrahiert wird" (Wohlrab-Sahr

2010: 14, eigene Hervorh.). Für die vorliegende Arbeit wird daher die leitende Begriffseinbettung in der ‚klassischen' Linie von Alfred Schütz und Thomas Luckmann gesehen: Mit ihnen wird personalen Akteuren ein eigenständiger Nennwert zugestanden, „bei denen ‚Sinn' immer auch als personal gebundener gedacht ist: als biographische Relevanzstruktur und in Um-zu- und Weil-Motive eingebettete Handlungslogik bei Schütz" (Wohlrab-Sahr 2010: 14).

Kulturelle Objektivationen

> *„Jene objektiv geistigen Gebilde, (...) Kunst und Sitte, Wissenschaft und zweckgeformte Gegenstände, Religion und Recht, Technik und gesellschaftliche Normen – sind Stationen, über die das Subjekt gehen muss, um den besonderen Eigenwert, der seine Kultur heißt, zu gewinnen. (...) Kultur entsteht – und das ist das durchaus entscheidende für ihr Verständnis –, indem zwei Elemente zusammenkommen, deren keines sie für sich enthält: die subjektive Seele und das objektiv geistige Erzeugnis" (Simmel 2001: 198).*

Für die hier fokussierte Thematik der gebauten Umwelt erbringt zusätzlichen Erkenntnisgewinn vor allem der Aufsatz von Georg Simmel zur „Tragödie der modernen Kultur", beschrieben als die „Nichteinholbarkeit der kulturellen Objektivationen durch die Individuen" (Fuchs-Heinritz/Klimke/Lautmann 2011: 390). Durch die Berücksichtigung von wechselseitigen Wirkungen wird den kulturellen Objektivationen eine gewisse Eigendynamik zugesprochen. Dass diese Eigendynamik von deutenden Subjekten zugeschrieben wird, wird weiter unten zur Begriffseinbettung von Artefakten näher ausgeführt. Der in diesem Zusammenhang verwendete Begriff ‚Objektivationen' folgt einerseits der phänomenologischen Definition, nach der Objektivation bezeichnet wird als der „Prozess und das Resultat des Vorgangs, worin sich subjektive Vorgänge in Handlungen und Gegenständen in der Lebenswelt des Alltags verkörpern. Das menschliche Ausdrucksvermögen manifestiert sich in Erzeugnissen, die für den Handelnden und dessen Mitmenschen begreiflich sind" (ebd.). Die neuere Kultursoziologie befasst sich „zunehmend auch mit Gegenstandsbereichen außerhalb der ‚hohen' Kultur (...) Als ihre systematische Frage kann die nach der Wechselwirkung und der Spannung zwischen kulturellen Objektivationen und Überlieferungen und der gesellschaftlichen Struktur gelten" (ebd.). Damit ist der Weg geebnet, damit auch eine im Allgemeinen eher unauffällig gebaute Umwelt als Alltagswirklichkeit ins Blickfeld der Aufmerksamkeit geraten kann und nicht nur qualitativ hochstehende Architektur. Auffällige Solitärbauten wie Museen, Kongress-Gebäude oder Unternehmenssitze von Großunternehmen erhalten in der Regel genug Aufmerksamkeit, sind jedoch im Verhältnis zur gesamten gebauten Umwelt – beispielsweise einer Stadt – anzahlmäßig gering. Im Folgenden wird aufgezeigt, was unter den Begriffen ‚gebauten Umwelt' und ‚Architektur' genau zu verstehen ist.

2.1.2 Architektur und die gebaute Umwelt

Aus dem soziologischen Blickwinkel auf die Architektur beschreiben Heike Delitz und Joachim Fischer sehr treffend deren gesellschaftliche Bedeutung:

> *„Architektur (...) betrifft in ihrer permanenten Wahrnehmbarkeit das alltägliche Leben, umgibt die Akteure bei ihren Aktionen und Interaktionen. Unter den kulturellen Medien oder ‚symbolischen Formen' ist die Architektur in ihrer Dauerpräsenz und sinnlichen Dominanz allen anderen Medien voraus. Sie ist die durchdringende baukörperliche ‚Gestalt' der Gesellschaft, die diese in ihren Generationen, Schichten, Milieus und Funktionssystemen erst sicht- und greifbar macht" (Fischer/Delitz 2009: 9).*

Darum ist das Thema Architektur auch für die soziologische Forschung relevant. Doch wo fängt Architektur an, wo hört sie auf? Oder, um mit Stefan Meissner zu fragen: „Woran ist zu erkennen, dass es sich um Architektur handelt? (...) Weil sie eine Schutzhülle für den Menschen ist, um der Natur zu trotzen? Aber dann wäre ein Auto oder eine Höhle auch ‚Architektur'" (Meissner 2009: 224). Er verweist auf den Architekturtheorie-Kanon, wonach Architektur über die drei gleichberechtigt nebeneinanderstehenden Kriterien Vitruvs definiert wird: *firmitas* (Stabilität), *utilitas* (Zweckmäßigkeit) und *venustas* (Anmut). Meissner schließt seine, noch weitere Konzepte enthaltende, Aufzählung mit einer Rückbesinnung auf seine eigene Position als Soziologe und hält fest: „Architektur der Moderne scheint vielmehr ähnlich der modernen Kunst (...) zu sein" (ebd., 224), nämlich grundsätzlich „kommentarbedürftig" (Gehlen 1986). Sie versteht sich nicht von selbst, oder zumindest nicht sofort. Jedoch geht auch Meissner von einem gewissen Bildungshintergrund eines Betrachters aus, wenn er ergänzt: „Jeder hat beispielsweise ein bestimmtes Bild des Bauhaus-Gebäudes in Dessau im Kopf und muss nicht unbedingt in Dessau gewesen sein. Diese Bilder sind einheitlich; sie entsprechen jedoch nur mit großen Abstrichen dem gegenwärtigen ‚wirklichen' Zustand" (Meissner 2009: 225). Da es jedoch mehrere und recht unterschiedliche Bauhaus-Gebäude in Dessau gibt, könnte man einwerfen, dass doch recht unklar bleibt, welches davon der Autor konkret vor Augen hat. Zudem rückt er die Architektur der Moderne zu stark in die Nähe der Kunst der Moderne. Darüber, dass Architektur zu komplex ist, um allein der Kunst zugeordnet werden zu können, sind sich alle – vom Kunsthistoriker bis zur Architekturtheoretikerin – jedoch schon seit Jahrhunderten einig, wie Meissner selbst zu Beginn seines Aufsatzes Vitruv zitierend einführte: *firmitas* (Stabilität/Festigkeit) UND *utilitas*

(Zweckmäßigkeit/Nützlichkeit) UND *venustas* (Anmut/Schönheit). Wenn man diesen Dreiklang für die Architektur der Moderne übersetzt, d. h. unter Berücksichtigung der umfangreichen technischen und sozialen Veränderungsprozesse gegen Ende des 19. Jahrhunderts und analog zu den damaligen einschneidenden Entwicklungen der Ausbildungsprogramme des ‚modernen' Architekten an der Bauschule Gottfried Sempers (1803–1879) bzw. den Polytechnischen Hochschulen in der Schweiz und in Frankreich, könnte der Dreiklang der Moderne lauten: technische und künstlerische Fähigkeiten, auf der Grundlage von Wirtschaftlichkeit bzw. des wirtschaftlichen Fortschritts (Pfammatter 1997: 252). Oder kurzgefasst, analog eines Aufsatztitels von Gottfried Semper von 1851: „Wissenschaft, Industrie und Kunst" (ebd.: 253).

Die oben geschilderten Unklarheiten darüber, was für Laien bzw. Nicht-Architekten unter Architektur zu verstehen ist, veranschaulichen einerseits eine der Forschungslücken: Es existieren zahlreiche, meist unvollständige Vorstellungen von architektonischen (Stil-) Elementen oder ähnlichen architektonischen Ideen, die sich mit dem unmittelbar Wahrgenommenen beim Betrachten der gebauten Umwelt vermischen; darauf wird im Kapitel 5 ausführlicher Bezug genommen. Andererseits zeigt das Definitionsbeispiel von Meissner, warum es notwendig ist, das Spektrum des Forschungsfeldes zu erweitern. Nicht nur Architektur selbst ist von Belang, sondern auch deren Kontext, da er unweigerlich mit wahrgenommen wird, zum Teil eine eigene Aussagekraft besitzt und daher die Architekturwahrnehmung mit beeinflusst.

Daher kann festgehalten werden: In unserer Alltagswelt ist Architektur in der Form von Gebäuden „omnipräsent" (Schäfers 2010: 35 ff.). Sie umfasst jedoch neben Wohn- und Bürogebäuden, Gewerbe- und Industriebauten, Tankstellen u. v. m. auch deren Umgebung, Gärten, Straßen, Parks, Innenhöfe oder Parkplätze, Stadtmöblierungen etc.; diese sind unweigerlich mit beteiligt an dieser Omnipräsenz. Wenn man nach der Wahrnehmung von Architektur fragt, müssen die Kontextsituationen wie Umzäunungen, Parkplätze oder Vorgärten mit beachtet und als potenzielle Einflussfaktoren einbezogen werden. Daher wird in dieser Arbeit der Begriff ‚gebaute Umwelt' verwendet. Dass damit auch eine Räumlichkeit einbezogen wird, soll hier nicht vertieft thematisiert werden, da das Forschungsinteresse auf die Wahrnehmung der gebauten Umwelt bezogen ist und nicht auf deren räumliche Wahrnehmung.

Zu den neueren Entwicklungen im Bereich der Raumsoziologie (vgl. Berking 2008a; Löw 2001, 2008a, 2008b, u. a.) sei nur Folgendes kurz erwähnt: Mit Christian Schmid lässt sich als Vorteil von Martina Löws Raumkonzept deren relativ neue explizite Berücksichtigung von Materialität nennen. Dennoch bleibt die Frage offen, ob und wenn ja, wie in Löws Konzept auch eine Übersetzbarkeit von Materialität in den sozialen Raum vorhanden ist. Schmid betont, dass die

Raumdefinition eine Frage der Theorie sei, die angefangen bei Leibniz' relationalem Raum über Newtons Container-Raum bzw. absoluten Raum bis zu Einsteins Raum-Zeit-Kontinuum behandelt wird. Somit steht – je nach Anwendungsbereich – eine Auswahl von Raumtheorien zur Verfügung. Doch die Frage nach dem *sozialen Raum* ist und bleibt eine Frage der Wahrnehmung (vgl. Schmid 2011).

Die gebaute Umwelt in der Form von Städten, Dörfern, Vororten, Weilern u. Ä. besteht zudem in der Regel nicht aus besonderen, architektonisch hochstehenden Bauten, die manchmal auch als *Hoch- oder Sonntagsarchitektur* in Abgrenzung zur *Alltagsarchitektur* bezeichnet werden. Was an gebauter Umwelt in der Alltagswelt wahrgenommen werden kann, ist eine komplexe Collage aus unterschiedlichsten Baustilen und -epochen, samt deren baulichen Veränderungen durch Um- und Ergänzungsbauten, Änderungen der Fassadengestaltung und vielem mehr. In *dieser* Form tritt uns die *Architektur* entgegen, so steht sie da.

Um dieses vielschichtige Durcheinander nicht von vornherein auszuschließen, wird der Begriff ‚gebaute Umwelt' verwendet und nicht nur von ‚Architektur' oder ‚dem Gebauten' gesprochen. Die von Silke Steets vorgenommene begriffliche Darlegung des Verhältnisses von gebauter Umwelt und Architektur eignet sich auch für dieses Forschungsvorhaben: „Die ‚gebaute Umwelt' ist die durch Hervorbringungen von Gebäuden und örtlich fixierten Artefakten (Brücken, Türmen etc.) geformte physische Umwelt, wobei es einerlei ist, ob ihre Elemente gewollt so hergestellt wurden oder ob sie ein beiläufiges Nebenprodukt des Handelns sind" (Steets 2015: 11). Etwas anders verhält es sich mit dem Begriff ‚Architektur': Damit ist bei Steets immer nur der Anteil der gebauten Umwelt gemeint, dem ein „Gestaltungswille" zuzuschreiben ist (ebd.). Diese zwar explizit formulierte Offenheit auch gegenüber „vernakularen Formen" (ebd.), also Alltagsgebräuchlichem wie Gartenhäuschen, Garagen, Abstellräume, Kiosk-Häuschen u. Ä., zeigt sich später doch als eine Engführung auf das Gebaute und beachtet nicht weiter andere, flexiblere Ausdrucksergänzungen, denen ebenfalls ein Gestaltungswille zuerkannt werden muss, wie beispielsweise bei Fenster-Dekorationen, Graffiti, Balkon- und Terrassenelementen oder Vorgartengestaltungen. Daher erscheint die deklarierte begriffliche Öffnung gegenüber den alltagsgebräuchlichen Gegenständen nicht restlos überzeugend.

Hans Paul Bahrdt wirft schließlich noch einen wichtigen, da kritischen Blick auf die gern geäußerte Idee, dass sich die Gesellschaft bzw. deren Strukturen einfach anhand der gebauten Umwelt ablesen lassen bzw. sich in ihr widerspiegeln würden (Bahrdt 1974: 190). Bahrdt hält zu Recht gegen diese Form der Vereinfachung, wenn er argumentiert:

> *„Menschen können sich in ihrer räumlichen und sozialen Umwelt häuslich einrichten, ihren Alltagsanforderungen recht und schlecht gerecht werden, ohne ein Bewußtsein der gesellschaftlichen Zusammenhänge zu besitzen, durch die*

> *ihr Leben bestimmt wird. Und somit können auch die Gegenständlichkeiten, die sie umgeben, zwar in vielerlei Hinsicht auf irgendwelche sozialen Tatsachen verweisen, aber diese Verweisungen schließen sich nicht zu einem Gesellschaftsbild zusammen. Er könnte also sein, daß eine städtische Umwelt zwar – sonst wäre sie keine menschliche Umwelt – allerlei Soziales spiegelt, aber nicht die Struktur der Gesellschaft" (ebd.: 192).*

Doch genau diesem „allerlei Soziales" gilt – neben allerlei Kulturellem – die Aufmerksamkeit dieser Forschungsarbeit: Was wird hier eigentlich erkannt, zugeordnet, und weswegen?

Damit stellt sich gleich die Anschlussfrage: Wo findet das eigentlich statt? Diese Frage wird weiterverfolgt und geklärt, indem klargestellt wird, was der Alltag bzw. die Alltagswelt in Abgrenzung zur Lebenswelt aus der Perspektive personaler Akteure bedeutet.

2.1.3 Alltagswissen und die Wirklichkeit der Alltagswelt

Alltagswissen

Neben dem Anteil von wissenschaftlich entstandenem Wissen am Alltagswissen, das von Bildungseinrichtungen und populärwissenschaftlichen Quellen vermittelt wird, hat der maßgeblichere Anteil des Alltagswissens seinen Ursprung in der Bewältigung alltagspraktischer Probleme, die im Allgemeinen über Interaktionen mit den Mitmenschen entstehen und meist auch gelöst werden. Dabei tauchen auch bisher unbekannte, neue Problemstellungen auf, die mit dem bestehenden Alltagswissen abgeglichen und sukzessive um neue Erfahrungen ergänzt werden (Arbeitsgruppe Bielefelder Soziologen 1981: 11–12). Dementsprechend wächst der Bestand des Alltagswissens kontinuierlich im Lebensverlauf, wobei auch nicht mehr aktuell relevantes Wissen beispielsweise durch veränderte Lebensgewohnheiten oder durch Nichtanwendung vergessen werden kann. Diese individuellen Wissensvorräte sind die Basis des gesellschaftlichen Wissensvorrats (Knoblauch 2010: 291).

Die Wirklichkeit der Alltagswelt

Die Alltagswelt ist nach Schütz/Luckmann pragmatisch, kommunikativ und sozial (vgl. Schnettler 2000: 171). Sie existiert bzw. entsteht, indem die Mitglieder einer Gesellschaft basierend auf einer intersubjektiven Welt miteinander ihre gesellschaftliche Wirklichkeit „aushandeln, aufbauen, und fortlaufend bestätigend aufrechterhalten oder verändern" (ebd.). Im Gegensatz dazu liegt die Lebenswelt gemäß Schütz/Luckmann „vor der Kultur" (ebd.), als die Summe „aller möglichen Sinnbezirke, die vom Bewusstsein erlebt werden können" (ebd.).

Peter Berger und Thomas Luckmann definieren die Wirklichkeit der Alltagswelt, die passgenau auf die oben beschriebene Begriffseinbettung der *gebauten Umwelt* bezogen werden kann, wie folgt:

> *„Ich erfahre die Wirklichkeit der Alltagswelt als eine Wirklichkeitsordnung. (...) vor-arrangiert nach Mustern, die unabhängig davon zu sein scheinen, wie ich sie erfahre, und die sich gewissermaßen über meine Erfahrung von ihnen legen. Die Wirklichkeit der Alltagswelt erscheint bereits objektiviert (...) längst bevor ich auf der Bühne erschien. Die Sprache, die im alltäglichen Leben gebraucht wird, versorgt mich unaufhörlich mit den notwendigen Objektivationen und setzt mir die Ordnung, in welcher diese Objektivationen Sinn haben und in der die Alltagswelt mit sinnhaft erscheint. Ich lebe an einem Ort, der geografisch festgelegt ist (...) benutze Werkzeug (...). Auf diese Weise markiert Sprache das Koordinationssystem meines Lebens in der Gesellschaft und füllt sich mit sinnhaltigen Objekten" (Berger/Luckmann 2003: 23 ff.).*

Die „Wirklichkeit der Alltagswelt" nach Berger/Luckmann findet im Hier und Jetzt statt. Sie stellt den Ausgangspunkt der Wahrnehmung der Welt dar. Jedoch ist dies nicht die gesamte Wirklichkeit der Alltagswelt: Neben dem unmittelbar Gegenwärtigen existiert noch diejenige Wirklichkeit der Alltagswelt, zu der man keinen unmittelbaren Zugang hat oder haben möchte:

> *„entweder habe ich kein pragmatisches Interesse an diesen Zonen, oder mein Interesse an ihnen ist indirekt pragmatisch, insofern sie potentiell Handhabungszonen für sein können. Mein Interesse an den ferneren Zonen ist meist geringer, weniger drängend. Ich bin intensiv interessiert an dem Bündel von Objekten, das mit meiner täglichen Beschäftigung zu tun hat" (ebd.: 25).*

Zu diesen ferneren Zonen sind ebenfalls solche Bestandteile der Alltagskultur zu zählen, die als gebaute Umwelt keine große Aufmerksamkeit erwecken, es sei denn, es haben bauliche Veränderungen stattgefunden, die von der täglich erlebten Alltagswirklichkeit abweichen und die Aufmerksamkeit erregen.

2.1.4 Objekte, Dinge und Artefakte

Nach Heinz Bude besteht bei der Definition des Kulturbegriffs „eine gewisse Maßlosigkeit bei der Bestimmung der kulturellen Objekte" (Bude 1995: 101). Er konkretisiert daher: „Im Grund sind alle Hervorbringungen des sozialen Lebens, seien sie dauerhaft objektiviert wie ein Gebäude oder seien sie nur kurz und flüchtig wie ein Klatschgespräch in der Pause, zum Bereich der kulturellen

Objekte zu zählen" (ebd.). Diese ‚Maßlosigkeit' soll hier sortiert werden nach den verschiedenen und doch sehr ähnlichen Begriffen *Objekt, Ding* und *Artefakt.*

Materielle Dinge als soziale Tatsachen

> *„Und überhaupt stimmt es nicht, dass die Gesellschaft nur aus Individuen besteht. Sie umfasst auch Materielles, das eine wesentliche Rolle im Gemeinschaftsleben spielt. Die soziale Tatsache wird manchmal so sehr zur Wirklichkeit, dass sie zu einem Gegenstand der äußeren Welt wird. Zum Beispiel ist ein bestimmter Typus von Architektur eine soziale Erscheinung. Es ist einmal zum Teil in Häusern und allen möglichen anderen Gebäuden verwirklicht, die zu Realitäten mit eigener Existenz werden, unabhängig von den Individuen, sobald der Bau beendet ist" (Durkheim 2002: 365).*

Obwohl nach Durkheims Auffassung die Gesellschaft nicht vom Einzelnen her analysiert werden kann, erstreckt sich seine „als Aufklärung zu begreifende *Wissenschaft vom Menschen*" (Wetzel 2009: 53, Hervorh. im Original) dennoch „auf sämtliche Lebensäußerungen des durch und durch gesellschaftlichen Menschen" (ebd.). Dieses Konzept einer *sozialen Morphologie* wurde von Emile Durkheim jedoch nur skizziert. Die detaillierte Ausarbeitung dieser Theorie erfolgte durch Maurice Halbwachs und Marcel Mauss. So wurde von Halbwachs die Durkheim'sche Definition von einer sozialen Morphologie überliefert als „die Erforschung der materiellen Gestalt von Gesellschaften" (Halbwachs 2002: 11). Halbwachs selbst ergänzte und präzisierte diese Definition mit seiner Aussage, dass alle „materiellen Erscheinungen nie ohne jeden gesellschaftlichen Bezug" seien und dass sie „äußerlich die Entwicklung einer Gesellschaft" ausdrückten und „ihre damaligen und heutigen Gebräuche und Sitten" übersetzten (ebd.: 17). Er schlussfolgert: „Die Gesellschaft prägt sich immer in die materielle Welt ein, und das menschliche Denken findet hier, in solchen Vorstellungen, die ihm durch ihre räumliche Verfassung zufließen, Regelmäßigkeit und Standsicherheit" (ebd.: 22). Ferner betont Halbwachs, dass Dinge in ihrer materiellen bzw. stofflichen Form soziologisch gerade deshalb so interessant seien, weil sie Auskunft geben könnten über menschliche „Neigungen, Vorstellungen und Bedürfnisse" (Schröer 2009: 26) und folglich auch über Lebensformen (ebd.).

Das Materielle in die soziologische Forschung einzubeziehen ist nach Halbwachs noch unter einem weiteren Aspekt wichtig: „Eine Gruppe, die in einem bestimmten räumlichen Bereich lebt, formt ihn nach ihrem eigenen Bild um; gleichzeitig aber beugt sie sich denjenigen materiellen Dingen, die ihr Widerstand leisten" (Halbwachs 1991: 129). Konkret ist demnach eine gegenseitige Beeinflussung von sozialen Gruppen und materiellen Dingen mitzudenken, bei denen unter bestimmten Bedingungen die soziale Gruppe dominiert und aktiv gestaltet, sich jedoch unter anderen Umständen als soziale Gruppe den materiellen Dingen zu fügen oder unterzuordnen hat. Halbwachs' Gedanke, dass materielle Dinge wie „räumliche Manifestationen sozialer Institutionen" (Schröer 2009: 45) als Inbegriff von Konstanz, Dauerhaftigkeit und Zuverläßigkeit aufgefasst werden können – quasi als Garant für diese Attribute zu verwenden sind –, ist heutzutage sicherlich nicht mehr fraglos aufrechtzuerhalten. „Die fortschreitende Modernisierung hat auch schnelllebigere und bewegliche Materialien hervorgebracht, die insofern nicht mehr die Aufgabe erfüllen können, (...) einen Ruhepol bilden oder eine Kontinuitätsgarantie für den Fortbestand des Gewohnten geben können" (ebd.).

(Dingliche) Objekte

Spezifischer und aktueller ist der Beitrag von Aida Bosch zur sozialwissenschaftlichen Bedeutung von Dingen. Bei der Entwicklung ihres Konzepts einer „Soziologie der Dinge" (Bosch 2010: 12) beschäftigt sie sich mit „der Frage nach der Relevanz der dinglichen Objekte für die Sozialwissenschaften" (ebd.). Daraus ergeben sich interessante Parallelen zum vorliegenden Forschungsvorhaben: weniger wegen den anthropologischen und ethnologischen Forschungsansätzen, die sich mit Dingen im rituellen Kontext oder als Gabenaustausch befassen, als vielmehr wegen den Aspekten „der dinglichen Objekte für die symbolische Codierung der Sozialstruktur" und „der Rolle der Dinge für Prozesse der Sozialisation und Identitätsbildung" (ebd.). Nach Bosch sind Dinge „Hilfsmittel des Menschen, Werkzeuge, Gegenstände, die den Alltag erleichtern und Handlungen strukturieren. Mit dem Ding-Begriff können Naturobjekte gemeint sein, in der Regel werden jedoch Produkte menschlicher Arbeit, die natürliche Stoffe zum menschlichen Gebrauch umgeformt hat, angesprochen" (ebd.: 13 f.). Wobei hier anzumerken ist, dass wohl nicht nur „natürliche Stoffe" gemeint sind, sondern auch synthetische.

Durch die von Bosch deklarierte umgangssprachliche Verwendung des Ding-Begriffs lässt sie sich die Möglichkeit offen, implizit das Ding auch – aber nicht immer – als Produkt menschlichen Handelns aufzufassen.

Bosch unterstreicht zwei Bedeutungsebenen von Dingen: deren Stofflichkeit/Dinglichkeit, die sie auch als ‚Materielles' bezeichnet, und deren Symbolcharakter. Des Weiteren sollte ihrer Ansicht nach beim wissenschaftlichen Einbezug von Dingen deren Ambivalenz und Vielschichtigkeit beachtet werden. Denn:

> *„Das Ding und seine konkreten Eigenschaften fügen sich allerdings nicht vollständig dem menschlichen Zugriff, sondern ihnen ohne eine Widerständigkeit inne, an der der Mensch lernen oder scheitern kann. (...) Die Widerständigkeit*

der Dinge, die in ihrer materiellen Dinghaftigkeit begründet ist, (...) weist über ihren reinen Objektcharakter hinaus" (Bosch 2010: 14).

Bezogen auf das vorliegende Forschungsthema bedeutet dies: Die gebaute Umwelt kann wegen ihrer symbolischen Ordnung als ‚Ding' – oder besser gesagt als Ansammlung von Dingen in der gebauten Umwelt – aufgefasst werden: Dazu gehören rituelle Objekte als Teil der gebauten Umwelt wie Kirchen bzw. Gebetshäuser. Sicherlich stellen Gebäude eine symbolische Ordnung her. Sie symbolisieren jedoch neben rituellen Objekten noch ganz andere Ordnungen, z. B. als Repräsentanz von Macht, Recht und Staatsgebilden. Die gebaute Umwelt kann auch eine strukturelle Bedeutung haben bzw. eine solche darstellen, beispielsweise Status durch demonstrativen Konsum (vgl. Velben 2007: 79 ff.) oder durch Macht- und Reichtumsdarstellung anhand einer verhältnismäßig ungünstig proportionierten Landbebauung in der Stadt New York (vgl. Girouard 1987: 301 ff.). Damit zusammenhängend kann gebaute Umwelt auch Aussagekraft über Milieuzuordnungen enthalten, z. B. als „schichtspezifische Universen" (vgl. Bosch über Bourdieus' Habitus-Konzept 2010: 51 ff.). Auch sozialisatorische und biografische Dimensionen können in Form von Schulhäusern oder Wohnhäusern, je nach Lebensphase, biografische Erfahrungen repräsentieren und so auch sozialisatorische Auswirkungen haben.

Dennoch reicht im Falle von Gebautem bzw. der gebauten Umwelt eine Definition als ‚Ding' aus folgenden Gründen nicht aus: Als Produkt des menschlichen Handelns wird das Gebaute nicht nur entworfen, geplant, gebaut und umgebaut, sondern auch genutzt, dadurch verändert, behandelt etc., dies jedoch in ganz anderen Zusammenhängen als den erstgenannten. Einerseits wurden während dieser Erstellungs- und Veränderungsprozesse zur damaligen Zeit Erfahrungen, soziale Bedingungen und dazugehörige Deutungsmuster mit eingebaut, deren Aussagegehalt – unabhängig von neueren Verwendungszusammenhängen – meist bestehen und damit erkennbar bleibt. So überlagern sich über unterschiedliche Epochen verschiedene Ausdrucksinhalte. Andererseits hängt dies mit einigen Besonderheiten von Gebautem selbst (als Verkörperung) zusammen: Das Gebaute ist vergleichsweise großteilig, es bleibt in der Regel wesentlich länger bestehen als andere Dinge, ist immobil bzw. vergleichsweise stabil, hat ein großes Gewicht und dementsprechend eine z. T. (auch ungewollte) Autoritätsausstrahlung. Vor allem besitzt Gebautes ein Außen und ein Innen, wobei diese zwei verschiedene Perspektiven bedingen und sich bezüglich Sozialisationsprozessen, Identitätsbildungen oder durch ihren Symbolisierungsgehalt grundsätzlich voneinander unterscheiden. Diese Vielschichtigkeit kann mit einem verhältnismäßig simplen Begriff wie ‚Ding' nicht adäquat wiedergegeben werden.

Stattdessen scheint der Begriff ‚Artefakt' in Bezug auf die gebaute Umwelt passender zu sein, denn er betont den entscheidenden soziologischen Bezugsrahmen mit seinem Anteil am menschlichen Handeln. Die von Bosch erarbeiteten und oben vorgestellten wesentlichen Eigenschaften von Dingen lassen sich auch unter den Begriff ‚Artefakt' fassen.

Artefakte

Das *Lexikon zur Soziologie* bietet zwei recht knapp gehaltene Begriffsbedeutungen zu ‚Artefakt' an: als (1) „ein von Menschen hergestelltes Objekt" und (2) „ein von vorgeschichtlichen Menschen bearbeitetes Werkzeug" (Fuchs-Heinritz /Klimke/Lautmann 2011: 60). Treffender und in diesem Zusammenhang weiterführender liest sich die Definition von Manfred Lueger (Lueger 2010: 92–119): Er definiert Artefakte als „materialisierte Produkte menschlichen Handelns", die für „Objektivationen sozialer Beziehungen und gesellschaftlicher Verhältnisse" stehen. Von Belang für die anstehende empirische Untersuchung ist der Aspekt, dass Artefakte als „Sonderformen von Protokollen" (ebd.) für eine Analyse zur Verfügung stehen, die sich gerade wegen „ihrer Präsenz und zumeist relativen Stabilität für eine wiederholte und distanzierte analytische Zuwendung" (ebd.) eignen. Diese Auszeichnung scheint geradezu prädestiniert zu sein für solche Artefakte, die sich im Sinne von gebauten Artefakten in der gebauten Umwelt befinden.

Wenn in der Fachliteratur (Delitz 2009; Fischer/Delitz 2009; Bosch 2010 u. a.) immer wieder die Ähnlichkeiten von Gebautem mit anderen Artefakten wie Kleidung, Möbel oder Autos angeführt werden, müssen doch folgende Besonderheiten von Gebautem herausgestrichen werden: Allem voran sind die Faktoren Lebensdauer und Kosten dieser Artefakte explizit nicht vergleichbar, zumindest nicht in europäischen Ländern. Ein Haus kauft man sich in der Regel nicht alle 10–15 Jahre. Wird ein Hausbau in Auftrag gegeben, wird man sich unweigerlich mit den Konsequenzen der Dauerhaftigkeit dieses Gebäudes auseinanderzusetzen haben. Zudem ist ein Gebäude unverrückbar – eben immobil, ein Mitnehmen kommt nicht in Frage, ebenso wenig ein Wegstellen bei Nichtgefallen. Das Besondere an diesen Artefakten, die als Teil der gebauten Umwelt betrachtet werden, ist deren unvermeidliche Verbindung zu Menschen: Sie sind von Menschen entworfen, geplant und gebaut worden, um von meist anderen Menschen eine ganze Weile genutzt oder längerfristig den sich mit der Zeit verändernden Bedürfnissen angepasst zu werden.

Damit ist deutlich geworden, dass das Gebaute als Bestandteil der gebauten Umwelt im oben verstandenen Zusammenhang als Artefakt gelten kann. Dass jedes Mal auch die Umgebung des jeweiligen Artefakts mit zu berücksichtigen ist, wird in einer weiteren Begriffseinbettung zu erläutern sein, die die unterschiedliche Begriffsverwendung von Architektur und gebauter Umwelt behandelt.

Reckwitz' Definitionen von Artefakten sind zwar treffend formuliert, offenbaren bei genauerem Hinschauen jedoch eine gewisse Inkonsistenz der Begriffseinbettungen. So schreibt Reckwitz: „Artefakte stellen sich als Dinge, als Objekte dar, die materiell und kulturell zugleich strukturiert werden, indem sie in soziale Praktiken eingebunden sind" (Reckwitz 2010: 193). Das trifft wohl zu, liefert jedoch keine Erklärung, warum der Begriff ‚Artefakt' überhaupt verwendet wird. Es könnte ja bei ‚Ding' oder ‚Objekt' bleiben. Auch die darauffolgende Zuschreibung von ‚Materialität' macht noch nicht die Besonderheit eines Artefaktes ersichtlich:

> *„Als Ding, als Gegenstand kommt den Artefakten eine Materialität und damit eine Effektivität zu. Artefakte haben (wie Körper) Wirkungen, ob man will oder nicht, und damit eine Eigenmächtigkeit, die sich auf die Möglichkeiten von Praktiken, Diskursen und Subjektivitäten auswirkt" (ebd.).*

Es spricht bisher nichts dagegen, diese Definition ebenso für Objekte anzuwenden. Daher ist die Definition von ‚Artefakt' noch immer nicht ersichtlich. Auch die anschließende Betonung des Wortanteils ‚Fakt' bzw. des Wortstamms ‚Faktum' im Begriff ‚Artefakt' bringt keine Erhellung:

> *„Zugleich sind die Artefakte aber nicht nur Fakt, sie sind auch Faktum, sie sind ‚gemacht' und haben einen künstlichen, keinen natürlichen oder gar mechanischen Charakter. Artefakte sind teilweise von Menschen hergestellt worden, teils sind sie auch ‚entdeckt', teils sind sie von Menschen nutzbar und in dieser Nutzbarmachung wiederum verändert worden. In diesem Sinne geht der Begriff der Artefakte auch über die ‚Technik' im konventionellen Sinne hinaus. Es handelt sich vielmehr um Quasi-Objekte im Sinne Latours" (ebd.).*

Dieses Beispiel veranschaulicht einmal mehr (siehe auch Prinz/Moebius 2012: 9) eine eher verwirrende Verwendung der Begriffe. Deshalb wird im Folgenden zusammenfassend deutlich gemacht, welche Begriffseinbettungen in dieser Arbeit erfolgen.

Fazit zu ‚Dinge', ‚Objekte' und ‚Artefakte'

Der Begriff ‚Ding' wird in diesem Zusammenhang nicht weiterverwendet und die ertragreichen Beiträge von Boschs' Soziologie der Dinge auf Artefakte übertragen (mit den bereits genannten Einschränkungen).

Der Begriff ‚Objekt' macht die Gegenständlichkeit und die Expressivität deutlich und wird im Zusammenhang mit der Rezeption von Artefakten – selbstverständlich als Objekte – verwendet. Es gibt kein Artefakt, das nicht Objekt ist. Auch eine Idee wird in Form eines Buches, Films oder Bildes materialisiert;

sie benötigt zur Veranschaulichung immer einen ‚Objektträger', z. B. aus Papier, einen Datenträger, Zelluloid, eine Leinwand oder die Sprache als eine Form der Objektivation (Berger/Luckmann 2003: 72). Objekte sind jedoch nicht zwangsläufig Artefakte, wie beispielsweise Naturobjekte in der Form von Steinen oder Bäumen. Dabei müsste hier konsequenterweise am ehesten von einem Urwaldbaum ausgegangen werden – wobei selbst dieser in der heutigen Zeit von globalen klimatischen Veränderungen betroffen ist, die wiederum von Menschen verursacht werden.

Artefakte sind besondere Objekte in dem Sinn, dass sie von Menschen hergestellt werden, aber auch von diesen verändert oder zerstört werden können, d. h., sie verändern sich im Laufe der Zeit durch Menschenhand. Artefakte sind künstlich, jedoch spricht meines Erachtens nichts dagegen, dass auch ein mechanisches Produkt – von Menschen entworfen oder/und gebaut – ein Artefakt ist. Max Weber betont in seiner Erörterung der soziologischen Grundbegriffe als methodische Grundlagen noch eine zusätzliche, zutiefst soziologisch relevante Perspektive auf Artefakte:

> *„Jedes Artefakt, z. B. eine ‚Maschine', ist lediglich aus dem Sinn deutbar und verständlich, den menschliches Handeln (von möglicherweise sehr verschiedener Zielrichtung) der Herstellung und Verwendung dieses Artefakts verlieh (oder verleihen wollte); ohne Zurückgreifen auf ihn bleibt sie gänzlich unverständlich. Das Verständliche daran ist also die Bezogenheit menschlichen Handelns darauf, entweder als ‚Mittel' oder als ‚Zweck', der dem oder den Handelnden vorschwebte, und woran ihr Handeln orientiert wurde. Nur in diesen Kategorien findet ein Verstehen solcher Objekte statt" (Weber 1980: 3, Hervorh. im Original).*

Erst durch den Umgang mit und die Verwendung von Artefakten durch Menschen wird ihnen diese Bedeutung zugeschrieben.

2.1.5 Wahrnehmung

Die Begriffseinbettung von ‚Wahrnehmung', so wie sie in der vorliegenden Arbeit verstanden und verwendet wird, erfolgt in drei Schritten: Nach einer Wörterbuch-Definition von Wahrnehmung folgt eine Spezifizierung auf den kulturellen Blickwinkel. Dies mündet in einer Präzisierung auf den Bereich der hier behandelten Architektursoziologie als Teil der Kultursoziologie, der schließlich für eine empirische Analyse anschlussfähig ist.

Den Begriff ‚Wahrnehmung' definieren Astrid von der Lühe und Xenia Fischer-Loock im *Historischen Wörterbuch der Philosophie* wie folgt:

„Wahrnehmung bezeichnet (...) das Gewahrwerden sinnlich vermittelter Gegebenheiten. Wahrnehmung ist die Voraussetzung erstens für die Speicherung sinnlicher Gehalte im Gedächtnis, ihre Reproduktion in der Erinnerung und ihre Neukombination in freier Phantasie durch die Kräfte der Einbildung, Vorstellung oder Phantasia, zweitens für die Erfahrung regelmäßiger Zusammenhänge zwischen Dingen bzw. Ereignissen sowie drittens für fast alle höhere, geistige Erkenntnis durch Vernunft und Verstand. (...) Als Inbegriff der Perzeption d. h. des Erfassens durch die Sinne in Form von empirischen Sehen, Hören, Riechen, Schmecken und Tasten, setzt Wahrnehmung stets eine Affektion durch äußere Gegenstände voraus" (von der Lühe/Fischer-Loock 2005 (Bd. 12): Spalte 190).

Auf dieser Grundlage wird für eine kulturelle Ausrichtung die Begriffseinbettung von Heinz Bude dementsprechend ergänzt durch unterschiedliche Ebenen, die bei einer Erforschung in kulturellen Kontexten zu berücksichtigen ist: Auf einer der Ebenen „liegen kulturelle Regeln, die den längerfristigen Bestand einer bestimmten Kultur garantieren. Dies sind die stillschweigenden Hintergrundannahmen für die dominanten Rechtfertigungs- oder Problematisierungsstrategien einer Kultur" (Bude 1995: 101 f.). Diese Regeln entsprechen der oben zuerst genannten Voraussetzung. Auf einer zweiten Ebene befinden sich „die obligatorischen Regelungen des sozialen Lebens, die die Kulturmitglieder als geschichtliche Wahl begreifen können und die deshalb der Kritik zugänglich sind" (ebd.), und der dritten Voraussetzung entspricht eine dritte Ebene, bestehend aus „universelle(n) Regeln der Produktion, Kommunikation, Signifikation und Subjektivation, die auf gezielte Nachfragen hin von den Subjekten nicht spontan expliziert, sondern nur theoretisch rekonstruiert werden können" (ebd.). Mit der Überlegung, dass diese Wahrnehmung anschlussfähig ist zu anderen Gesellschaftsmitgliedern, beginnt der soziologisch relevante Aspekt – die Wechselwirkung zwischen Individuum und Gesellschaft – hineinzuspielen:

„Die Realität der ‚kollektiven Vorstellungen' ist weder als Generalisierung individueller Erfahrungen noch als Widerspiegelung objektiver Gegebenheiten zu begreifen. Es ist eine Realität eigener Art, die kollektiv und praktisch ist, und die Bedingungen setzt für individuelle Erfahrungen und mentale Repräsentationen. (...) Die erkenntnistheoretischen Implikationen liegen auf der Hand. Der Kohärenzaspekt des Erkennens dominiert den Konsens- und den Korrespondenzaspekt. Unter kulturellen Regeln kann man die Kohärenzregeln verstehen, an denen sich die Mitglieder einer Kulturgemeinschaft bei ihren Versuchen orientieren, einen befriedigenden Konsens darüber herzustellen, inwiefern ihren Aussagen über die Wirklichkeit etwas in der Wirklichkeit entspricht" (Bude 1995: 101 f.).

In diesem Zusammenhang wird hier zudem von der Annahme ausgegangen, die Hans-Georg Soeffner und Jürgen Raab unter dem Titel ‚Sehtechniken' formulierten: „(...) dass das Auge ein sozial und kulturell (...) eingestelltes und stimuliertes Organ der Wahrnehmung ist" (Soeffner 2004: 254). Die Autoren beschreiben die „Schulung des Sehens" als eine „andauernde Umformung und Erweiterung des menschlichen Wahrnehmungspotentials" (ebd.: 267). Um die subjektive Wahrnehmung zu vermitteln, wird über das Wahrgenommene gesprochen, d. h., erst die Kommunikation ermöglicht eine Anschlussfähigkeit zur intersubjektiven gegenseitigen Verständigung in der Wirklichkeit der Alltagswelt.

Der Begriff der Wahrnehmung umfasst also einen sehr komplexen Vorgang. Dieser wird nun exemplarisch im Zusammenhang mit der Wahrnehmung von gebauter Umwelt beschrieben und was dies für die Anwendung in der empirischen Feldforschung bedeutet:

> *„Schon die Wahrnehmung, die registriert: ‚Dies ist ein neues Haus' setzt ja ein beträchtliches Wissen darüber, was Menschen mit Häusern anfangen, wie Häuser entstehen, wie sie altern, usw. voraus. Eine Wahrnehmung ist schon viel mehr als ein bloßer Sinneseindruck. Ein einfacher Satz, der wiedergibt, daß man in einem Stück städtischer Umwelt etwas von der Struktur der Gesellschaft erkannt hat, z. B. der Satz ‚Dies scheint eine Arbeitergegend zu sein', setzt aber nicht nur ein viel umfangreicheres Wissen, sondern recht komplizierte Interpretationsvorgänge, die sich an eine Wahrnehmung anknüpfen, voraus. Auch wenn wir vielleicht blitzartig zu einem solchen Eindruck gelangen, so sind die jetzt präsentierten Interpretationen Ergebnisse von längeren Lernvorgängen, die sich an frühere Wahrnehmungen angeschlossen haben" (Bahrdt 1974: 191).*

Diese Begriffserläuterungen gelten als Rahmung, innerhalb dessen im nächsten Abschnitt der Themenbereich Architektursoziologie in seinen Grundzügen vorgestellt und im Kontext der Kultursoziologie behandelt wird.

2.2 Forschungsstand

Architektursoziologie

Die Ad-hoc-Gruppe Architektursoziologie, die im Rahmen des 32. DGS-Kongresses 2004 auf Initiative von Bernhard Schäfers gegründet wurde, kann auf eine sehr produktive Entwicklung mit regelmäßig stattfindenden Tagungen und zahlreichen Publikationen zurückblicken. Die Architektursoziologie hat viele

Themenfelder gemeinsam mit Nachbardisziplinen wie der Stadt- und Regionalsoziologie, der Raum- oder Wohnsoziologie oder der Lebensstilforschung. Allerdings verfügt sie über eigene, eben architektursoziologische Perspektiven und Zugänge: Architektur stellt nicht nur ein Gefäß dar, in dem sich soziologische Phänomene abspielen. Sie ist auch nicht nur eine Kulisse oder Dekoration für bestimmte Lebensstile oder Schicht- und Milieudarstellungen oder nur „kulturelle Beigabe" (Soeffner 1988: VI).

> *„Die Architektursoziologie analysiert konkrete architektonische Phänomene im engen Zusammenhang mit der Gesellschaft. Architektursoziologie interessiert sich nicht nur für das Soziale in der Stadt, sondern für die sozial höchst wirksame, gebaute Gestalt der Städte, Dörfer, Kulturlandschaften: und damit für die Gestalt der Gesellschaft" (Fischer/Delitz 2010: 12).*

Diese Gestalt kann auf unterschiedlichen, d. h. mikro- oder makrosoziologischen Ebenen analysiert werden. Neben einer anthropologischen Perspektive ist Architektur die Selbstvergewisserung und Konkretisierung des Menschen im dreidimensionalen Raum (vgl. Delitz 2009a, u. a.). Zudem ist Architektur auch als Ausdruck der menschlichen Gemeinschaft, des Angewiesenseins auf Gemeinschaft und Zivilisation aufzufassen (Schäfers 2010: 37). Außerdem sind die zur architektonischen Gestalt gewordenen Stil- und Epochenrepräsentanten in diesem Kontext zu nennen und hervorzuheben. Sie stehen für unterschiedliche kultur-, sozial- und wirtschaftsgeschichtliche Entwicklungen. Die kontinuierliche Auseinandersetzung mit den architektonischen Gestalten aus der Vergangenheit wird häufig mit solch großen Themen wie Identität, Orts- oder Nationalverbundenheit in Verbindung gebracht.

Eckpunkte der wissenschaftlichen Thematisierung von Architektur und Soziologie

Die mit der Industrialisierung einhergehenden markanten gesellschaftlichen Veränderungen in der westlichen Welt wurden in den Veränderungen der gebauten Umwelt deutlich sichtbar. Dieses neue Erscheinungsbild ergab sich (wie erwähnt) durch verkehrstechnische Neuerungen, durch städtebauliche Veränderungen angesichts des raschen Bevölkerungszuwachses in den Städten und durch neue technische Erfindungen, die der Architektur neue Möglichkeiten eröffneten, mit Materialien wie Stahl und Glas umzugehen.

Schäfers skizziert die Bemühungen und Proklamationen der Bauhaus-Protagonisten unter Einbezug der gesellschaftlichen Dimensionen: „architektonischer Gestaltungs- und sozialer Veränderungswille waren für die meisten Mitglieder des Bauhauses eine Frage der Ethik und der gesellschaftlichen Verantwortung"

(Schäfers 2006: 3405). Wie Schäfers weist auch der Architekturtheoretiker Vittorio Lampugnani darauf hin, dass nach Ansicht der Bauhaus-Strömung gesellschaftliche Aspekte gleichberechtigt neben dem architektonischen Ideal stehen sollten, da eine „bessere Architektur" für eine „bessere Gesellschaft und bessere Welt" angestrebt wird. Demnach sollte sich ein Architekt nicht auf Einzelbauten konzentrieren, sondern auf – vor allem städtische – Gemeinschaftsbauten. Die Architektur sollte nicht auf das Individuum ausgerichtet sein, sondern auf das Kollektiv, und sollte nicht an nationalen Grenzen Halt machen, sondern internationale Geltung anstreben (Lampugnani 1983: 245–250).

Doch räumt Schäfers ein, dass sich die damaligen Architekturerneuerer des Bauhaus-Umfeldes vorwiegend für ökonomische (vor allem der Taylorismus) und positivistische (Otto Neurath bzw. der Wiener Kreis) Thesen interessierten und davon inspirieren ließen (Schäfers 2006: 3405 f.). Diese recht enge Auswahl von soziologischen Konzepten wird besonders deutlich, wenn man die Texte der Manifeste und Proklamationen der Bauhaus-Vertreter genauer betrachtet und berücksichtigt, welches Gesellschaftsbild diesen einseitigen Auslegungen zugrunde lag. Die Architekten als Vertreter dieser Moderne formulierten einen eigenen Anspruch, die Gesellschaft aktiv mit zu gestalten: als Mustersiedlungen, mit neuen Grundriss-Entwürfen und städtebaulichen Neuordnungen. Die meist avantgardistischen Strömungen in der Architekturdisziplin zu Anfang des 20. Jahrhunderts beanspruchten nichts weniger als eine umfassende Neuordnung der Gesellschaft, und das „trostlose chaos" (Gropius 1927), womit die Großstadt dieser Zeit gemeint war, galt es – meist radikal – aus dem Weg zu räumen. Die damals proklamierten Neuerungen im Bereich der Architektur waren in der Regel gepaart mit dem Realisierungsanspruch ihrer Ideen zur Gestaltung einer neuen, d. h. modernen Gesellschaft.

Angelus Eisinger bringt dieses – unvollständige – Gesellschaftsverständnis mit prägnanten Zitaten aus den Original-Formulierungen der damaligen Programme und Manifeste der modernen Architektur-Vertreter auf den Punkt und kommt zum Schluss, das die Realitätsferne des Gesellschaftsverständnisses

> *„es erlaubte, die Frage der Zukunft der Städte als Problem ihrer räumlichen Organisation zu fassen (...) Die Stadt zu reformieren hieß damit räumliches Ordnen und Gestalten. Beides war mit den bekannten architektonischen und städtebaulichen Instrumenten und Arbeitsweisen zu bewältigen (...) Mit einem solchen Grundverständnis konnte das gezeichnete Projekt als adäquates Instrument zur Formung idealer gesellschaftlicher Zustände behandelt werden" (Eisinger 2006: 26–27).*

Mit dieser Lösungsorientierung als einer Komplett-Erneuerung konnten die tatsächlich gesellschaftlich relevanten Themen bequem außen vorgelassen werden.

Die zeitgenössische Kritik an diesen architektur-utopischen Entwürfen ließ nicht lange auf sich warten und wirkt mit den Formulierungen ihrer ablehnenden Haltung aus heutiger Sicht bemerkenswert zeitlos. Kritisiert wurde nichts weniger als die (einseitige) „Technisierung, (die) Endindividualisierung und (die) Entstellung des Lebens“ (Delitz 2009: 7). Auf der anderen Seite ignorierte die soziologische Disziplin lange die architektonischen Zeichen der Zeit, war sie in ihren Anfängen vollauf damit beschäftigt, die damaligen sich rasant entwickelnden gesellschaftlichen Veränderungen zu begreifen. So stellte die Großstadt „ein(en) ambivalente(n), gleichsam strukturell bedingte(n) Möglichkeitenüberschuss“ (Eisinger 2006: 23) dar.

> *„Großstadtleben äußerte sich als Herausforderung, wenn nicht gar als Überforderung in allen Belangen der Existenz. Die Soziologie suchte die Modi zu verstehen, mit Hilfe derer die Menschen sich in der Vergesellschaftungsmaschine ‚Großstadt‘ einrichteten, wie sie den Herausforderungen des Alltags begegnen konnten, auf die sie kaum vorbereitet waren“ (ebd.: 24).*

Die deutschsprachige Stadt- und Regionalsoziologie nahm diese Themen etwas verspätet auf – vor allem beeinflusst durch die Studien der Chicagoer School in den USA und der dort längst etablierten Stadtsoziologie – und befasst sich seit den 1960er Jahren vermehrt mit der Stadt, allerdings wiederum mit einer besonderen Perspektive auf die kapitalistische Stadt, in der soziologisch Relevantes stattfindet, ohne Beachtung des Gebauten selbst (Schäfers 2006: 3405 f.). Die gebaute Umwelt dient einmal mehr nur als Spiegelbild, ohne die Eigendynamik des Gebauten und die daraus resultierenden Wechselwirkungen mit Menschen zu berücksichtigen.

Der Begriff ‚Funktionalismus‘ galt bis Anfang der 1960er Jahre als Synonym für einen positiv konnotierten Fortschrittsglauben und laufende Verbesserungen durch technische Neuerungen. Kritik am Prinzip des Funktionalismus kam vor allem auf durch das grundsätzliche infrage stellen, ob sich die Gesellschaft und mit ihr die Individuen tatsächlich dem Diktat von Ökonomisierung und Rationalisierung in allen Lebensbereichen unterzuordnen habe. Alles, was eine solcherart einseitige Struktur aufwies, wurde nun (in den 1960er Jahren) verdächtig; dementsprechend stand auch der Funktionalismus unter Ideologieverdacht (vgl. Marcuse 1964). So wurde ab Mitte der 1960er Jahre der Begriff ‚Funktionalismus‘ in Verbindung gebracht mit einer einseitigen Gesellschaft, die sich einem funktionalen und vor allem ökonomischen Zwang unterordnen musste, deren kreatives und spielerisches Potenzial systematisch unterdrückt wurde und in den neuen Entwicklungen stark beeinträchtigt wurden. Sinnbildlich für den auf die Architektur bezogenen Funktionalismus als höchst einseitiges Gesellschaftsmodell steht Le Corbusiers *Unité d'Habitation* (was treffend mit ‚Wohnmaschine‘

übersetzt wurde) in Marseille: eine riesige Überbauung, die als Wohneinheit für ca. 2000 Menschen konzipiert wurde. Dieses Bauprogramm galt als Vorbild für Großüberbauungen, so wie sie beispielsweise Ende der 1950er Jahre in Berlin ganz im Geiste des Postulats form follows function bzw. dem Funktionalismus entstanden. Massiv fiel die Kritik aus, dass diese eigentlich mitten in einer Großstadt stehende „pseudo-großstädtische Lebenszelle" dennoch Autarkie beanspruche (Berndt /Lorenzer/Horn 1968: 118). Eine solche Wohneinheit gleiche einem „programmierten Verhaltensrepertoire, das durch keine Äußerung dysfunktional unterbrochen werden will" (ebd.).

Das soziologische Interesse an Wohnformen und Stadtentwicklung entwickelte sich stark und es etablierten sich je eigenständige Richtungen der Stadt- und Regionalsoziologie (die DGS-Sektionsgründung erfolgte 1975) und vor allem auch der Wohnsoziologie. Themenschwerpunkte waren die in der Stadt und den Wohnformen sich widerspiegelnden klassen- und schichtspezifischen Gesellschaftsstrukturen, allen voran soziale Ungleichheit, Segregations- und Gentrifikationsprozesse.

Eine ähnliche Entwicklung lässt sich seit den 1970er Jahren in der deutschsprachigen Soziologie feststellen. Während die Differenzierung und Ausbreitung verschiedener und zum Teil neuer Themenfelder „bis dahin sehr einseitig von Strukturfunktionalismus und der Systemtheorie und des Neo-Marxismus dominiert war" (Schäfers 2006: 3405 ff.), kam es im Rahmen einer „Renaissance qualitativer Methoden" zu neueren Entwicklungen in der Theoriebildung der Allgemeinen Soziologie (Kelle 2008: 32). Hervorzuheben ist der viel beachtete Beitrag von Thomas P. Wilson: „Theorie der Interaktion und Modelle soziologischer Erklärung" (1970, dt. 1981), worin Wilson den Begriff des „interpretativen Paradigmas" einbrachte. Dieser wurde seither

> *„oft als Sammelbegriff für ein heterogenes Feld theoretischer Ansätze (wie dem symbolischen Interaktionismus, der soziologischen Phänomenologie oder der Ethnomethodologie) verwendet (...), deren Gemeinsamkeit in der Akzentuierung der Binnenperspektiven und Interpretationsleistungen individueller Akteure bestand" (ebd.: 33).*

Die Postmoderne schließlich wurde und wird heute noch kontrovers diskutiert. So befürwortete z. B. Jürgen Habermas 1982 anlässlich eines Vortrag über „Moderne und postmoderne Architektur" die Kritik an „der seelenlosen Behälterarchitektur, an dem fehlenden Umweltbezug und der solitären Arroganz ungegliederter Bürogebäude" (Habermas 1982: 14). Dagegengehalten wurde von architekturtheoretischer Seite, dass mit der Postmoderne immerhin endlich die „Bedeutungsverengung" auf die rein technische Konstruktion aufgehoben und „aus der Inhaltsleere des Zweckrationalismus (Funktionalismus) herausgeführt" (Klotz 1996: 255) wurde.

Architektursemiotik – Architektur als Zeichen

> *„Gebaute Umwelt ist der sichtbarste Ausdruck des sozialen und kulturellen Handelns (...) sie fragt nach den Grundlagen der Orientierung der Menschen im Raum bzw. der gebauten Umwelt; hierbei spielen im Innen- und Außenbereich der Bauwerke Symbole und Zeichen und die ‚Sprache der Architektur' mit ihren Semantiken und Codierungen eine wichtige Rolle" (Schäfers 2010: 37).*

Vor allem Umberto Ecos Architektursemiotik wurde in der Architekturtheorie stark rezipiert. Das Neue und Spannende war Ecos auf der Basis von Charles S. Pierce' Zeichentheorie weiterentwickelte Theorie der Zeicheninterpretation. Damit, nach Eco, „ein Phänomen zu einem Zeichen werde, müsse es ‚im Geiste eines Anderen' als Bedeutungsträger gelten" (Albath, 20.02.2016 in der NZZ, eigene Hervorh.). Gemäß Ecos' Definition „stellt (ein Code) die Regel für die Korrelation von Ausdruckselementen zu Inhaltselementen auf" (Eco 1977: 170).

Dass es mit der Lesbarkeit von architektonischen Ausdruckselementen aber doch nicht so weit her ist, kann immer wieder aus (literarisch) kommentierten Entzifferungsversuchen der gebauten Umwelt entnommen werden. So schrieb z. B. Charles Dickens 1854 in *Hard Times*:

> *„Das Gefängnis hätte ebenso gut das Krankenhaus, das Krankenhaus ebenso gut das Gefängnis sein können. Das Rathaus hätte eins von beidem oder beides oder irgend etwas anderes sein können; die Anmut ihrer Bauart jedenfalls widersprach dem durchaus nicht" (Muscheler 2011: 72).*

Unter dem Einfluss von Entzifferungssystemen, um Architektur zu verstehen, entstanden zahlreiche neuere semiotische Arbeiten, wobei in diesem Rahmen nur eine davon beispielhaft vorgestellt wird, da der Autor auch heute noch zum Thema Architektursemiotik publiziert. Claus Dreyer schlägt in seiner Dissertation *Semiotische Grundlagen der Architekturästhetik. Untersuchungen zu Hegels Ästhetik und Architekturtheorie sowie Beiträge zur aktuellen architekturästhetischen Diskussion* von 1979 vor, „wie das Schöne in der Architektur g e d a c h t werden kann und wie mit Hilfe eines theoriebezogenen Denkens architekturästhetische Zustände formuliert, differenziert, klassifiziert, interpretiert und bewertet werden können" (Dreyer 1979: 5, Hervorh. im Original). Dies geschieht auf wissenschaftlicher Grundlage, „die allgemeine semiotische Theorie und die allgemeine semiotische Ästhetik, wie sie von Max Bense, Elisabeth Walther und ihren Stuttgarter Schülern auf der Basis der Zeichentheorie von Charles S. Pierce entwickelt worden ist" (ebd.). Ergebnis ist eine „semiotische Matrix der Architekturästhetik", entwickelt aus „zehn architekturästhetischen Konzepte(n), (die) empirische Entsprechungen haben" (ebd.: 261).

Weshalb dieser auf die Architektur angewandte semiotische Zugang hier keine weitere Beachtung findet, hat vier Gründe. Diese werden hier erwähnt, da sich ein ähnlich eingeschränkter Blickwinkel auch in der aktuellen Fachliteratur wiederfindet. Erstens bleiben die Vertreter der Architektursemiotik ausschließlich auf der Ebene der Architekten und der Architekturkritiker als Rezipienten, es wird also nur der Expertenblick fokussiert. Zweitens werden nur Solitärbauten der Analyse unterzogen; die Umgebung bleibt marginal oder gar ausgeblendet. Solche solitär betrachteten Bauten bilden ein geschlossenes Ganzes und die angekündigte Ausweitung auf die Stadt, d. h. ein größerer Kontext, bleibt nur eine Randnote. Drittens wird nur ‚klare' Architektur analysiert, nichts Halb-Umgebautes, Ergänztes wie z. B. Aufstockungen. Viertens schließlich bleibt die Analyse immer funktional-zeichenhaft und mess- und vergleichbar, damit überhaupt erst eine Matrix aufgebaut werden kann. Dadurch bleiben sämtliche emotionalen oder atmosphärischen Aspekte außen vor.

Generell ist bei einer semiotischen Analyse von Architektur bzw. der gebauten Umwelt zu fragen, ob sich die Menschen (als Nicht-Architekten), die in ihrem Alltag mit Architektur bzw. gebauter Umwelt konfrontiert sind, die Architektur-Semantik allgemein oder die Codierungen der Architekten überhaupt erschließen können bzw. dem auch folgen wollen. *Dass* Architektur und die gebaute Umwelt auch von Nicht-Architekten als solche erkannt wird, kann schwerlich unbeachtet bleiben, was Umberto Eco noch mitbedachte. Offen ist jedoch die Frage, was von der collagenartigen Zusammensetzung von Architektur-Zeichen wie erkannt und zugeordnet wird, um sich klar zu werden, was es einem bedeutet oder bedeuten könnte.

Letztlich bleibt Architektur-Semiotik der Soziologie immer *die Gesellschaft und ihre Individuen* schuldig, was sich mit einem Zitat von Umberto Eco am besten, weil höchst unterhaltsam und augenzwinkernd, ausdrücken lässt:

> *„Die Gegend von Wall Street in New York besteht aus Wolkenkratzern, neugotischen Kathedralen, antikisierenden Tempeln und Grundstrukturen in Würfelform. (...) Errichtet 1924 (...) beginnt er (der Wolkenkratzer, A. d. V.) unten wie in Florenz, beendet die Renaissance-Imitation korrekt nach der zweiten Etage, geht weiter mit acht Phantasie-Etagen, krönt sie mit einem welfischen Zinnenkranz und beginnt dann erneut als Wolkenkratzer. Dennoch wirkt das ganze nicht störend, denn die Südspitze von Manhattan ist ein Meisterwerk an lebendiger Architektur, bizarr wie das untere Zahngehege der Cowboy-Kathy" (Eco 1977/2002).*

Es ist unschwer zu erkennen, dass – bis auf die vergleichende Schlussfolgerung als essayistische Pointe – die verwendeten architektursemiotischen Zeichen und Symbole ausschließlich dem architektur- bzw. kunstgeschichtlichen Fachvokabular entnommen wurden.

Aktueller Forschungsstand zur Architektursoziologie

Maßgeblich beteiligt an wegweisenden Publikationen ist Heike Delitz mit ihren Veröffentlichungen *Architektursoziologie* (2009), *Gebaute Gesellschaft* (2010) und als Mitherausgeberin, zusammen mit Joachim Fischer, *Die Architektur der Gesellschaft* (2009), um nur die wichtigsten Werke zu nennen, neben weiterer Fachliteratur von Schäfers (2003), Sewing (2003), Weresch (1993) u. a. Delitz' Hauptanliegen ist die Anerkennung der großen gesellschaftlichen Bedeutung der Architektur und der daraus resultierenden Dringlichkeit, dass sich die Soziologie (endlich) angemessen, d. h. theoretisch und empirisch, mit Architektur und der gebauten Umwelt auseinanderzusetzen hat.

In *Gebaute Gesellschaft* ebenso wie in *Architektursoziologie* stellt Delitz fest, „dass die Architektur in der klassischen Soziologie nicht systematisch beobachtet werde" (Delitz 2010: 39) und dies, obwohl daran wichtige Hinweise auf gesellschaftliche Umbrüche, Neuorientierungen und Verwerfungen des Althergebrachten erkennbar seien. Vor allem durch die Industrialisierung veränderte sich das Sichtbare der Gesellschaft in Form von einschneidenden städtebaulichen Veränderungen, neu errichteten Fabriken und neuen Verkehrserschließungen und damit der Repräsentanz dieser technisch oder „artifiziell" (ebd.) neu ermöglichten Anpassungen. Delitz zeichnet die geringe Resonanz vonseiten der Soziologie nach, die auf die Veränderungen, die durch und in der Architektur bzw. der gebauten Umwelt vonstattengehen, nicht adäquat zur Kenntnis nimmt.

Laut Delitz pflegt die Disziplin Soziologie immer noch einen Soziozentrismus, „indem sie das Soziale als ‚Interaktion' oder ‚Kommunikation' fasst" (Delitz 2009: 95). Deshalb setzte sie sich in ihrer Dissertation *Gebaute Gesellschaft* zum Ziel, „eine Theorie für die soziologische Beobachtung der Architektur zu entfalten" (ebd.: 317), indem sie Architektur zu einem transitiven und konstitutiven Medium erklärt. Um von der in ihren Augen bisher passiven Rolle der Architektur abzukommen, schlägt sie vor, Architektur als Medium des Sozialen zu behandeln, was Folgendes heißt:

> *„Das Gebaute (...) ist notwendig für die je konkrete Vergesellschaftung. Architektur ist sozial konstitutiv, sofern sie es ist, die der Gesellschaft allererst ein Gesicht verschafft, in dem sich diese erkennt. Hier baut sich die Gesellschaft selbst" (ebd., Hervorh. im Original).*

Leider wird nicht ausgeführt, *wer* genau die bauende oder sich bauende Gesellschaft sein soll. Dieses Verharren auf einer unklaren Gesellschaftsebene, die nicht weiter ausgeleuchtet wird, ist auch der Grund, warum die Autorin im Anschluss daran methodisch nicht richtig Fuß fassen kann. So bleiben ihre methodischen Ansätze mutlos, wenn sie feststellt, dass „auch die qualitativen Methoden schnell an ihre Grenzen" (ebd.: 209 f.) kämen, ohne dass sie allerdings konkrete Vorschläge in Erwägung gezogen bzw. ausprobiert hätte. Die Konfrontation mit dem Gebauten, was nun wie genau empirisch zu untersuchen ist, wirkt offensichtlich übermächtig, was sie selbst hervorhebt, wenn sie ihre empirischen Studien als „in ihrem Anspruch begrenzt“ (ebd.: 217) bezeichnet. Dabei nennt sie in ihren Studien durchaus anschlussfähige und ausbaufähige Stichworte, vermag diese jedoch nicht als eine systematische soziologische Untersuchung anzulegen oder methodisch fundiert zu begründen. So gelangt sie nicht über die Aneinanderreihung subjektivistischer Erfahrungen hinaus. Dies schmälert jedoch nicht ihre theoretische Leistung und die grundlegenden Erkenntnisse daraus.

In der vorliegenden Arbeit wird mit Delitz die These vertreten, dass nur die Soziologie „die Frage nach dem Sozialen“ in der Architektur beantworten soll und kann, denn „ihr Begriff der Gesellschaft und ihre Diagnosen sind entscheidend und werden von der Architekturtheorie übernommen“ (Delitz 2009: 19). Daher sollte es auch die Soziologie sein, die definiert, was an der gebauten Umwelt gesellschaftlich und soziokulturell von Bedeutung ist und „nicht nur das, was von der Architekturtheorie als qualitätsvoll geadelt wird“ (ebd.), und somit unreflektiert bei der Untersuchung der Wahrnehmung von Architektur übernommen wird.

Auswahl aktueller Ansätze in der Architektursoziologie und ihre Theorieverknüpfungen

Der von Joachim Fischer und Heike Delitz herausgegebene Sammelband *Die Architektur der Gesellschaft. Theorien für die Architektursoziologie* (2009) umfasst eine facettenreiche Auswahl theoretischer und empirischer Zugänge in unterschiedlicher Qualität, von gehaltvollen Analysen bis zu eher kuriosen Überlegungen. Diese Beiträge und weitere aktuelle Publikationen im Bereich der Architektursoziologie wählen fast alle eine strenge Begriffseingrenzung für „Architektur“ (vgl. Steets 2010, 2015; Göbel 2015; Delitz 2009; u. a.). So wird mit „Architektur“ entweder ein bestimmter Hochkultur-Anspruch verbunden, also qualitativ hochstehende Gebäude, die zum anerkannten Architekturkanon als Kulturgut hinzugezählt werden, wie z. B. Bauhaus-Gebäude, Bauten von Zaha Hadid oder von Coop Himmelblau. Selbst Stefan Meissner, der mit einer offen formulierten Anfangsfrage einsteigt, bezieht in seiner Empirie ‚nur‘ Architekturzeitschriften ein und darüber hinaus auch „nur“ solche, die in den 1920er Jahren veröffentlicht wurden. Oder es werden, wenn nicht Hochkultur, so doch nur Solitäre ausgewählt: Einzelbauten, die mit angemessenem Abstand zu ihrer Umgebung stehen und für die empirische Untersuchung herangezogen werden. Für einen ersten Einblick seien hier drei Beiträge von Soziologen skizziert, um die Vielfältigkeit der Themenfelder in Verbindung mit Architektursoziologie aufzuzeigen:

(1) Markus Schröer arbeitet in seinem Aufsatz: „Materielle Formen des Sozialen“ das „Programm der sozialen Morphologie“ von Maurice Halbwachs auf, um es, verbunden mit einer „Morphologie des Sports“, auf Fußballstadien anzuwenden (Schröer 2009: 19–48). Der ursprünglichen Idee der sozialen Morphologie zufolge besteht „die Sozialwelt (...) auch aus Dingen und Sachverhältnissen“ (Steets 2010: 175), was Marcel Mauss als das „materielle Substrat der Gesellschaften“ bezeichnet hat (Mauss 1974, 183).

„Der zentralen Einsicht der sozialen Morphologie in den Zusammenhang von sozialen und räumlichen Veränderungen folgend, stellt sich die Frage, was wir aus der Architektur der neuen Stadien und dem jeweiligen Umgang mit den alten Stadien über unsere Gesellschaft lesen können“ (Schröer 2009: 20).

(2) Herbert Schubert befasst sich in seinem Beitrag Figurationszeichen. Die Architektur der Gesellschaft aus Sicht der Figurationssoziologie von Norbert Elias (Schubert 2009: 49–79) mit einer Operationalisierung der Figurations- und Zivilisationstheorie zu einer „Soziologischen Mehrebenen-Architektur-Analyse“ in seiner Untersuchung mit Gefängnisbauten, wobei die Figurationszeichen eines solchen Baus „physikalisch, sozial, organisatorisch, ökonomisch, funktional und symbolbezogen ‚gelesen‘ und bewertet“ (ebd.: 49) werden. Er zeigt auf, dass sich anhand einer speziellen Architekturform – der Gefängnisarchitektur – ein sich im Laufe der Zeit verändernder gesellschaftlicher Zivilisationsprozess abbilden lässt. Dies geschieht bis in die einzelnen Baupläne hinein, gilt jedoch umfassend für diese Architekturform als ein

„Kommunikationsmedium, das in bildhaften Zeichen nicht nur gesellschaftliche Normen und Werte zum Ausdruck bringt, sondern auch als Instrument der sozialen Integration Bedeutung hat. Die Architekten kommunizieren mit ihren Bauplänen und in deren Realisierung wird die veränderte Stellung von Gefangenen in der gegenwärtigen Gesellschaft öffentlich“ (ebd.: 75).

Damit wird sichtbar, dass Sozialisierung statt Ausgrenzung von Gefangenen mittlerweile als Lösung auch gesellschaftlich anerkannt wird.

(3) Stefan Meissner schließlich beschäftigt sich in seinem Aufsatz „Kann Architektur leben? Die Architektur der Gesellschaft aus Sicht der Diskursanalyse Michel Foucaults“ (Meissner 2009: 223–251) mit einer produktiven diskursanalytischen Herangehensweise, um der „Unmöglichkeit, Architektur zu verstehen ohne die gesellschaftlichen Deutungen zu berücksichtigen“ (ebd.: 225), entgegenzutreten. Er untersucht Architekturdiskurse, um die darin enthaltene „historische Plausibilität und Selbstverständlichkeiten“ zu rekonstruieren. Das Datenmaterial besteht aus historischen Architekturzeitschriften der 1920er Jahre, und darin die Diskussionen rund um das „Völkerbundgebäude“ in Genf. Damit wird

– wie schon im Beitrag von Schubert – ein bisher nicht explizit genannter Themenbereich der Architektursoziologie angesprochen, nämlich der der „sozialen, technischen, ökonomischen und rechtlichen Dimensionen des Bauens“ (Schäfers 2010: 37). Dieser Bereich wird in dieser Forschungsarbeit nicht weiter thematisiert und soll nur der Vollständigkeit halber erwähnt werden.

Mit ihrer Publikation *Der sinnhafte Aufbau der gebauten Welt* von 2015 wurde durch Silke Steets erstmals einen Beitrag zur architektursoziologischen Theoriediskussion vorgelegt, der die Architektursoziologie vonseiten der wissenssoziologischen Forschungsrichtung bearbeitet und die Alltagswelt mit der gebauten Umwelt in eine (längst fällige) Verbindung bringt. Steets beginnt mit einer Schwerpunktsetzung auf die Frage, „wie Menschen im Umgang mit ihrer Umwelt und mit menschlichen Interaktionspartnern die Sinnstrukturen der Alltagswirklichkeit hervorbringen“ (Steets 2015: 9). Theoretisch stützt sie sich auf die von Alfred Schütz’ Schülern Peter Berger und Thomas Luckmann entwickelte Theorie der Entstehung von Wirklichkeit einer Gesellschaft „vor dem Hintergrund einer Dialektik von ‚Externalisierung‘, ‚Objektivation‘ und ‚Internalisierung‘ “ (ebd.: 246). Die Leitgedanken von Berger und Luckmann lauten konkret:

> *„der Mensch – freilich nicht isoliert, sondern inmitten seiner Kollektivgebilde – und seine gesellschaftliche Welt stehen miteinander in Wechselwirkung. Das Produkt wirkt zurück auf seinen Produzenten“ (Berger/Luckmann 2003: 65)*

und

> *„das unmittelbare Erfassen und Auslegen eines objektiven Vorgangs oder Ereignisses, das Sinn zum Ausdruck bringt, eine Offenbarung subjektiver Vorgänge bei einem Anderen also, welche auf diese Weise für mich subjektiv sinnhaft werden“ (ebd.: 139).*

Diesen dialektischen Prozess, der aus den genannten drei Komponenten besteht, verwendet Steets für ihren empirischen Forschungsgegenstand, eine Bauhaus-Siedlung in Dessau-Törten, die zwischen 1926 und 1928 erbaut wurde (Steets 2015: 119). Steets tauscht die bei Berger/Luckmann ausschließlich auf immaterielle Aspekte gerichtete Theorieabhandlung aus und setzt an deren Stelle explizit materielle Objekte. Sie fasst Berger/Luckmanns verwendeten Begriff „begreiflich“ (Berger/Luckmann 2003: 36) wörtlich auf und überträgt ihn auf im weiteren Sinne greifbare materielle Objektivationen, in diesem Fall auf Bauhaus-Gebäude und deren Inneres. Laut Steets lässt sich mit Berger/Luckmanns Werk darlegen, dass auch die gebaute Alltagswirklichkeit, „die Wirklichkeit, in der wir leben“ (Steets 2015: 245), erstens „in kollektiven Handlungen hervorgebracht wird“, zweitens „diese Wirklichkeit (…) uns als Tatsache gegenübersteht“ und „dass wir sie drittens in unser subjektives Bewusstsein übernehmen müssen, um überhaupt Teil dieser Wirklichkeit zu werden“ (ebd.).

Bei den bereits genannten Komponenten handelt es sich erstens um die *Externalisierung*. Diese beruht auf dem Verständnis, dass der Mensch „unfertig" (Gehlen 1993: 4) ist und dadurch gezwungen, sich in der Welt einzurichten, sich eine Umgebung zu schaffen und sich weiterzuentwickeln, da er sonst der Natur schutzlos ausgeliefert ist. Bei diesen Einwirkungen in die Welt schafft der Mensch zum Ausgleich des Unfertigseins Produkte (Artefakte), die ihn selbst überdauern und in der Welt bleiben. Diese werden als *Objektivationen* bezeichnet. Die *Internalisierung* kann mit dem Sich-Einrichten in der Welt mit den Produkten der vorherigen Generationen beschrieben werden, die – gerade in Bezug auf die gebaute Umwelt – dauerhafter bestehen und die Handlungsmöglichkeiten der nachkommenden Generationen einschränken oder auch erweitern und weiterentwickeln können.

Diese Komponenten ergänzt Steets mit folgenden theoretischen Bezugnahmen, um sie für ihren Forschungsgegenstand fruchtbar zu machen. So steht bei ihr hinter dem Begriff ‚Internalisierung' eine Kombination von Alfred Schütz' entwickelter Arbeit zu Sinnsetzungsprozessen in der „Sphäre des einsamen Ich" mit körpersoziologischen und leibphänomenologischen Konzepten (Steets 2015: 69 ff.). Daraus leitet sie folgende These ab: „aus dem Zusammenspiel von Körper/Leib und Bewusstsein entstehen schließlich (...) subjektive und intersubjektive Strukturen der Weltorientierung sowie die Ordnung und die Grenzen der Alltagswelt" (ebd.). Durch diese Internalisierungsprozesse eignen sich die Menschen die gebaute Umwelt an und werden in ihr „heimisch" (ebd.: 246). Nach Steets handelt es sich um eine Frage von Sozialisationsprozessen, dass „die Übertragung der objektiven Welt in unser subjektives Bewusstsein und unseren Körper erfolgt", mit dem Ziel, „in einer Welt zu Hause zu sein" (ebd.). Dazu werden „Körpertechniken und Bewegungsformen" entwickelt und so auch die Architektursprache einer Gesellschaft erlernt und verstanden. „Durch Internalisierung werden gebaute Räume ‚stimmig' für uns"; gleichzeitig prägen sie durch ihre räumliche Gliederung und Gestaltung unser Verhältnis zur Welt und zu unseren Mitmenschen. Laut Steets weisen sie uns gar einen Platz und eine Identität zu (ebd.).

Insgesamt betrachtet lässt sich Steets' These von der Internalisierung unter Berücksichtigung einer „Dialektik von Körper/Leib und Bewusstsein" (Steets 2015: 246) auf architektonisch besondere Gebäude und daher eher handverlesene Artefakte anwenden. Jedoch darf bezweifelt werden, dass sich die These in der Alltagswirklichkeit der gebauten Umwelt eines Stadtquartiers aufrechterhalten lässt. Der Einbezug von körpersoziologischen und leibphänomenologischen Konzepten macht jedoch bei der Ausweitung der Analyse auf die Innen- bzw. Sozialräume der Gebäude durchaus Sinn (vgl. Kap. 2.3.2).

Den zweiten von Berger/Luckmann abgeleitete Begriff, den ‚Externalisierung', wendet Steets nur auf eine besondere Menschengruppe: die Architekten (und am Rande auf Bauingenieurinnen). ‚Externalisierung' ist bei Steets gleichbedeutend mit Architektur-Hersteller. Das kommt einem Idealtypus gleich, ist jedoch bestenfalls unter idealisierten Bedingungen haltbar: Die Ausgangslage, als Architektin Gestaltungsfreiheit zu haben, wird in der Praxis kaum zu halten sein, denn es besteht ein enger Gestaltungsspielraum zwischen rechtlichen Bauvorschriften, ökonomischen Bedingungen und den Vorstellungen der Auftraggeber. Selbst wenn in der Entwurfsphase Gestaltungsmöglichkeiten eingeräumt werden konnten, so müssen spätestens bei der Umsetzung der Pläne die Ideen an die Realität angepasst werden, d. h. an die Statik bzw. die technische Umsetzbarkeit und die Wünsche des Auftraggebers. Zudem handelt es sich nur in sehr seltenen Fällen um Solitärbauten, bei denen der Kontext, d. h. die nähere Umgebung ebenso aktiv mit gestaltet werden kann. Dieser Gestaltungsspielraum ist bei in ein bestehendes Stadtbild eingefügten Bauten ebenfalls vorgegeben.

Am meisten Potenzial für das vorliegende Forschungsvorhaben liegt in Steets' Überlegungen zum Begriff ‚Objektivation'. Hier stellt sie die Frage danach, „welche Mechanismen dazu führen, dass Gebäude zur Gewissheit werden und bestimmbare Eigenschaften haben" (ebd.: 204). Um dies näher zu untersuchen, greift sie auf Alfred Schütz' „Welt in aktueller Reichweite" (Schütz/Luckmann 2003: 71 f.) zurück und behandelt darunter die Aspekte der „Materialität von Architektur" (Steets 2015: 176). Daran anschließend stellt sie ihre Überlegungen zur Zeichenhaftigkeit von Architektur in den Kontext der Schütz'schen „Welt in potenzieller Reichweite" (Schütz/Luckmann 2003: 72–76), um schließlich das symbolische Potenzial von Architektur „im Schütz'schen Sinne (…) als sinnlich wahrnehmbare Elemente der Alltagswirklichkeit" (Steets 2015: 176) zu analysieren.

Wie bereits bei den an Berger/Luckmann angelehnten Begriffen ‚Internalisierung' und ‚Externalisierung' fokussiert Steets die für ihre Studie interessanten Verknüpfungen: So bezieht sie die Materialität von Architektur zu Recht auf das Innen und das Außen von Architektur, denn „Gebäude lassen ein Innen und ein Außen entstehen, sie riechen und klingen und kreieren Ein- und Durchblicke" (ebd.: 177). So kommt sie zum Schluss,

> *„dass uns Gebäude in unserer aktuellen Welt vorwiegend durch ihre materiellen Qualitäten wirklich werden, also dadurch, dass wir sie anfassen, sehen, riechen, hören und über Teile von ihnen stolpern können. Zur unhinterfragten Gewissheit werden sie erstens, wenn wir in Form von Körpertechniken einen gekonnten Umgang mit ihnen entwickeln, das heißt, wenn sie so selbstverständlich für uns werden, das wir nicht mehr über Teile von ihnen stolpern, und zweitens, wenn wir uns in ihnen wohlfühlen, wenn unser Aufenthalt in ihnen für uns stimmig ist" (ebd.: 183).*

Dabei bezieht sie anfangs zwar noch die innere und äußere Materialität mit ein, schwenkt bei ihren weiteren Ausführungen aber ins Innere der Gebäude und bleibt dort auch. Anders lässt es sich schwer nachvollziehen, wie man in der gebauten Umwelt über die Materialität von Architektur (*nicht* von gebauter Umwelt) stolpern könnte. Ähnliches gilt für die anderen Verben wie ‚riechen', ‚hören' oder ‚anfassen', die sich vor allem erst im Inneren eines Gebäudes wahrnehmen lassen. Wegen dieses wichtigen Unterschieds gilt es zu beachten, dass Architektur von außen die Menschen gewissermaßen auf Sehdistanz hält. Genau dadurch erhalten Gebäude einen besonderen Stellenwert und unterscheiden sich von anderen Objekten. Zudem verankert Steets die anschließenden Kontextualisierungen zur Zeichenhaftigkeit von Architektur im architekturtheoretischen Bereich und nicht im soziologischen, was in der Logik ihrer Studie auch stringent ist, da ihre Perspektive die der Architektur-Fachleute ist und nicht eine Nicht-Architekten-Perspektive.

Dennoch sind ihre Hinweise auf die potenzielle Bedeutung von Materialität, Zeichenhaftigkeit oder zum symbolischen Gehalt von Architektur unbedingt weiter zu vertiefen, können diese Kriterien doch auch von außen wahrgenommen eine Rolle spielen. Bedeutsam ist gerade ihre Feststellung, dass für Gebäude, die als Symbole aufgefasst werden, „die Wirklichkeit der Alltagswelt" (ebd.: 192) überschritten wird, und dass sich dies „nicht adäquat in sprachlichen Zeichen ausdrücken lässt". Denn „Symbole vermitteln den in ihnen objektivierten Sinn (…) nicht allein kognitiv (wie es Zeichen tun), sondern auch ästhetisch, atmosphärisch und leiblich spürbar" (ebd.: 192 f.). Vor diesen Fragen stehen also nicht nur Laien, sondern auch Architektur-Fachleute.

Einige neuere Beiträge befassen sich mit Gebäuden als *Aktanden* im Bereich der Architektur; so haben sich Hanna Katharina Göbel oder auch Hannah Steinmetz von der Akteur-Netzwerk-Theorie (ANT) von Bruno Latour ‚inspirieren' lassen (vgl. Göbel 2015: 219, 238; Steinmetz 2012: 339). Daher wird an dieser Stelle kurz darauf Bezug genommen: Die Auffassung, dass die „Wissensgesellschaft die Übertragung der dem Menschen eigentümlichen Subjektivität auf ein vom ihm Geschaffenes, auf die Gesellschaft als ein mit Subjektivität ausgestaltetes System" (vgl. Tänzler/Knoblauch/Soeffner 2006: 9) bedeutet, ist mittlerweile „Allgemeinplatz in der Soziologie" (ebd.).

Entscheidend bei der Verknüpfung von Objekt und Subjekt ist die kultursoziologische Perspektive und die unterschiedliche Einschätzung, welche Gewichtung den beiden Begriffen unterlegt wird. Die eine Strömung verbindet den Kulturbegriff bzw. kulturelle Objekte mit dem theoretischen Rahmen eines Diskurses oder einer Praxis (vgl. Wohlrab-Sahr 2010: 9–11). Deren Grundlage bildet vor allem eines der am häufigsten zitierten Konzepte, das der „symmetrischen Anthropologie" von Bruno Latour (2008). Darin versteht Latour „das Materielle nicht als soziale Strukturen, in denen kulturelle Wissensordnungen fundiert sind“ (Steets 2015: 173), „vielmehr begreift er das Materielle als Ensemble von Artefakten, die als eigenständige Komponenten in soziale Netzwerke und Praktikenkomplexe integriert sind“ (ebd.). Albena Yaneva (2008) übernimmt das Konzept der Akteur-Netzwerk-Theorie und schreibt Objekten ebenfalls ein eigenständiges Tun zu, indem „nicht nur auf das Subjekt fokussiert [wird,] sondern eben auch die materiellen Akteure als soziale Partizipanden berücksichtigt und somit einen Analysebereich von Praxis *zwischen* Körpern und Architektur erschließt“ (Göbel 2015: 223, Hervorh. im Original). Die andere Strömung geht hingegen davon aus, dass das Tun von materiellen Akteuren erst von Menschen bzw. Subjekten zur Kenntnis genommen und als solches erkannt werden muss und daher immer der Wahrnehmung und Interpretation von Subjekten zugewiesen ist, wobei Wechselwirkungen eingeschlossen sind.

Hanna Katharina Göbel folgt der Argumentationslinie der ANT, wenn sie „eine sozialtheoretisch-praxeologische Analyse von Architektur“ (Göbel 2015: 238) durchführt, um „den Interaktionscharakter zwischen Materialität und Sozialität“ zu untersuchen. Dazu baut sie in einer Gegenüberstellung den Kontrast auf zwischen „semiotisch entzifferbaren Strukturen“ und „visueller Repräsentation“ bzw. deren „Bildhaftigkeit“ (Göbel 2015: 219). Beiden dienen als Gegenpol der von ihr favorisierten „praktisch hergestellten, sozio-materiellen Existenzweisen von Architektur“. Dabei plädiert sie für deren verstärkte wissenschaftliche Anerkennung, um damit einen Gegentrend zu setzen zur eher „statischen Vorstellung von Architektur“ (ebd.), die nach Göbel vor allem vonseiten der Kunstwissenschaft vertreten wird. Göbel expliziert ihren Forschungsgegenstand als „gebaute Materialität im täglichen Gebrauch durch ihre Nutzerinnen (…) die sich *in* und *durch* die Architektur bewegen“ (ebd., Hervorh. im Original). Es geht Göbel um „Praktiken der Herstellung von Interaktionen- und Wahrnehmungsordnungen (…) vor allem (…) solche Praktiken, die mit einer ästhetischen Erfahrung der Architekturgestalt verknüpft sind“ (ebd.: 220). Dabei legt Göbel Wert darauf, dass sie mit „ästhetische Erfahrung“ nicht auf die elitäre, der Hochkultur zugerechnete Kunst Bezug nimmt, also nicht auf die „ideologische Doxa“ (ebd.), sondern sich auf John Deweys ästhetische Theorie des Pragmatismus abstützt (ebd.). Denn Deweys'

> *„Auffassung vom Ästhetischen unterscheidet sich nicht nur von Adornos postmarxistischer Ästhetiktheorie (…), sie widersetzt sich auch einem soziologistischen Verständnis von ästhetischen Wahrnehmungskonventionen und klassenspezifischen Geschmack, wie sie etwa von Pierre Bourdieu oder Howard S. Becker analysiert worden sind“ (Hennion/Grenier 2000).*

Göbels kulturwissenschaftliche Studie basiert einerseits auf der ANT als Inspirationsquelle (ebd.: 219, 239) und andererseits – wie schon erwähnt – auf John Deweys am Pragmatismus orientierter Theorie zur ästhetischen Erfahrung sowie Gernot Böhmes atmosphärischer Wahrnehmung. In dieser Zusammensetzung bekommt Göbel die unterschiedlichen Analyse-Ebenen von einerseits den „Formen der Interaktion zwischen den Dingen und den Wahrnehmenden" sowie andererseits deren „ästhetische(r) Erfahrung als Tätigkeitsvollzug" als „Ganzes" bzw. als „Einheit" unter einen Hut. Die Akteur-Netzwerk-Theorie (ANT) ermöglicht Göbel den Zugang zu einer „praxeologische(n) Forschung zur Architektur" (ebd.: 223). Daher schlägt Göbel auch vor, den Wahrnehmungsbegriff in der Architektursoziologie, der bisher nur aus anthropologischer Sicht verwendet wurde, zu erweitern um eine „synästhetische Dimension" (ebd.). Unter Berücksichtigung dieser zusätzlich eingeführten Dimension sollen auch Untersuchungen der Interaktionsbeziehungen durch Praktiken ermöglicht werden: Architektur und deren Nutzung, als „Ästhetik der Praxis" (ebd.), speziell der körperbezogenen Nutzung bzw. des Körpereinsatzes bei der Nutzung. Die Akteur-Netzwerk-Theorie als Inspirationsquelle dient „als Chance, nicht nur auf Subjekte basiert" zu bleiben, sondern die „materiellen Akteure als soziale Partizipanden" berücksichtigen zu können (ebd.).

Als Forschungs-Exempel dient Göbel der (ehemalige) Palast der Republik in Berlin, der in der Zeit von 2003 bis 2006, vor seinem Abriss, von einer breiteren Öffentlichkeit legal und z. T. auch illegal zwischengenutzt wurde. Göbels empirisches Datenmaterial besteht aus visuellen Daten der Zwischennutzungszeit, „künstlerische(n) und nicht-künstlerische(n)" (ebd.), wobei sie davon ausgeht, dass deren Gebrauch als visuelle Trägermedien mehr als „nur visuell" sei (ebd.). Nach ihrer These geht es um das „zirkulierende visuelle Datenmaterial", in dem „sich eine spezielle ästhetische Ordnung der kollektiv geteilten Wahrnehmung und Erinnerung zeigt", mit dem explizit gemachten Anspruch, „nicht einfach persönlich-individuelle Erinnerungen" wiederzugeben, damit also die rein ethnografische Ebene ihrer Forschung zu verlassen und durch die gemeinsamen Praktiken mit den visuellen Datenerhebungen eine zusätzlich entstandene Interaktion mit einbeziehen zu können (ebd.: 222).

Die von ihr selbst formulierte „zentrale Frage ist, *wie* diese ‚kollektiv geteilte Wahrnehmung und Erinnerung' hergestellt und reproduziert wird und *wie* dabei der modernistische Topos der ästhetischen Ruine aufgenommen und weitergegeben wird" (ebd.: 222., Hervorh. im Original). Die Überlegung, *ob* diese tatsächlich hergestellt wird (und nicht etwa auf der subjektiven bzw. intellektualisierten Ebene haften bleibt), und *ob* überhaupt ein *ganz bestimmter* Topos aufgenommen wird, nämlich der „modernistische Topos der ästhetischen Ruine", wird von ihr nicht weiter in Frage gestellt.

Karin Knorr-Cetina führt eine andere Argumentationslinie bezüglich einer

Verbindung zwischen Objekt und Subjekt entlang zur Postulierung einer „Sozialität und Objekten“ (Knorr-Cetina 2006: 101), indem sie soziale Bindungsmöglichkeiten nicht ausschließlich auf Subjekt-Subjekt-Beziehungen bezieht, sondern in einer (von Knorr-Cetina bezeichneten) „postmodernen Welt“ (ebd.) auch Objekt-Subjekt-Beziehungen an Bedeutung gewonnen haben. Interessant ist vor allem die These von Knorr-Cetina, dass Objekte nicht einfach nur sachlichen und für ein Individuum eher entfremdenden Charakter haben, sondern dass durchaus starke soziale Bindungen von Subjekten zu Objekten möglich sind, die stabilisierenden Charakter haben können. Ohne das von Knorr-Cetina weiter entwickelte Konzept zu befürworten – denn sie stellt ihre Überlegungen an mit Blick auf einen klar abgegrenzten Bereich: den der Wissenschaftswelt, in der nur bestimmte Objekte (Wissensobjekte) und bestimmte Subjekte (Wissenschaftler) als an der Sozialität mit Objekten aktiv Beteiligten gedacht werden –, scheint im Hinblick auf die gebaute Umwelt eine Weiterentwicklung des Konzepts „Sozialität mit Objekten“ ausbau- und anschlussfähig. Knorr-Cetina betont, dass „die Entwicklung der modernen Naturwissenschaft Objektbeziehungen ermöglicht und verstärkt hat, die von anderen in der Soziologie thematisierten Objektrelationen unterschieden werden müssen – solchen der Waren und Instrumente“ (ebd.: 102). Denkt man in diesem Zusammenhang an die Elemente der gebauten Umwelt, lassen sich diese ebenso wenig *nur* als Waren oder Instrumente fassen. Interessant an Knorr-Cetinas theoretischem Konzept ist vor allem eine nähere Betrachtung und Berücksichtigung einer anthropologischen Tendenz der Subjektivierung, d. h. dass Menschen Beziehungen zu Objekten eingehen und sich dies reziprok auswirkt, was wiederum handlungsleitende Folgen haben kann.

Für den vorliegenden Kontext hilft eine solche übertriebene Eigenleben-Zuschreibung von Objekten jedoch nicht weiter, da die Datenerhebung auf Aussagen personaler Akteure basiert.

Daher wird als Forschungseinstellung folgende Auffassung vertreten: Bei der Artikulation der Wahrnehmung von Objekten können Zuschreibungen von Subjektivierung stattfinden. Wenn Objekte subjektiven Charakter zugeschrieben bekommen, können auch soziale Bindungen eingegangen werden. Diese Bindungen erreichen jedoch nicht denselben Interaktionsstellenwert wie den zwischen Subjekten, denn die Interaktion bleibt nach der ersten Austausch- oder Kommunikationsschlaufe stecken. Wenn z. B. ein Auto bzw. ein Oldtimer als Objekt Gefallen erregt, wird dem Objekt eine Ausdruckskraft zugestanden: Es wirkt im wahren Wortsinn ‚an-sprechend‘ und der Mensch reagiert dementsprechend darauf: Das Objekt gefällt und wird vielleicht erworben; es wird gepflegt, geputzt, Instand gehalten und damit spazieren gefahren. Doch im Grunde ist mit der ersten Kommunikationsschlaufe die Interaktion abgeschlossen, denn vonseiten des gehegten und gepflegten Objekts kommt keine wirklich neue Ausdruckskraft hinzu, es sei denn durch Erlebnisse mit dem Objekt. Vorstellbar wären in diesem Zusammenhang auch intersubjektiv erlebte Ereignisse von Gleichgesinnten, also, um beim Beispiel zu bleiben, Oldtimer-Treffen mit gemeinsamen Vergnügungsfahrten, Erfahrungs- und Anekdotenaustauschs usw. Durch den Besitzer des Oldtimers wird die soziale Bindung zum Objekt aufrechterhalten, man entwickelt gar eine gemeinsame Lebens-Geschichte, jedoch ausschließlich durch Zuschreibungen des Subjekts.

Generell wird hier die Perspektive eingenommen, dass nicht-menschliche Akteure bzw. „Aktanden" (Latour 2005) im Vergleich zu Subjekten als Akteure in ihrem aktuellen Ablauf (z. B. der Wahrnehmung oder des Vermittelns) nie voll handlungsfähig sind. Objekte können fraglos stark handlungsbeeinflussend sein, doch können auch diese Handlungsformen nur durch Menschen rezipiert und interpretiert, d. h. (re)konstruiert werden und eine Rück- bzw. Wechselwirkung auf das Handeln der subjektiven Akteure haben. Damit wird jedoch nicht einfach eine „subjektzentrierte Perspektive" (Steinmetz 2012: 344) eingenommen, sondern es wird durch die Forschungslogik der Grounded Theory Methodologie eine intersubjektiv geteilte Basis herausgearbeitet, um darauf aufbauend fallübergreifende Kategorien zu erarbeiten.

2.3 Was wurde bisher nicht beachtet? Abgrenzung zur aktuellen Forschung im Bereich der Architektursoziologie und offene Fragen

Nach diesem komprimierten Überblick über den aktuellen Forschungsstand (Stand Februar 2016) werden die bisher zu wenig beachteten Blickwinkel thematisch sortiert und dargelegt, um anschließend bisher unbeantwortete Forschungsfragen zu formulieren.

2.3.1 Wo sind die handelnden Subjekte, die sich in der gebauten Umwelt als Alltagswirklichkeit bewegen?

Um dem Ansatz der empirischen, rekonstruktiven Sozialforschung gerecht zu werden, muss im Feld geforscht werden, d. h. in der Alltagswirklichkeit. Gut dafür geeignet ist die Forschungseinstellung der sozialen Konstruktion von Thomas Luckmann, die „trotz allem Interesse für übersubjektive kommunikative Prozesse immer rückgebunden bleibt an ein Konzept personaler Identität" (Wohlrab-Sahr 2010: 11). Daher werden rekonstruktiv – ausgehend von personalen Akteuren – die Logiken der alltäglichen Wirklichkeitskonstruktion zur soziologischen

Begriffsbildung bzw. Kategorienbildung verwendet. Nur auf dieser Basis können systematisch die in der Lebenswelt konstruierten, sozialen und kulturellen Vermittlungszusammenhänge erkannt und rekonstruiert werden.

Zu Anfang wird daher gefragt, mit welcher Art von Realität man es bei der gebauten Umwelt zu tun hat. Die Wirklichkeit oder das, „wo Objektivationen Realität geworden sind“ (Steets 2015: 247), bleibt vorerst nur ein Abstraktum. Erst durch die Wahrnehmung von Subjekten werden die Objektivationen in einen subjektiven Sinnzusammenhang gestellt. Um diese Sinndeutungen und diese Kongruenzherstellung auf einer intersubjektiven Ebene wissenschaftlich zu fassen zu bekommen, werden Kategorien und (Ein-)Ordnungsstrukturen benötigt, die wiederum intersubjektiv vermittelt und offen bleiben für einen wechselseitigen Austausch. Daher wird durch dieses systematisch-kontrollierte Vorgehen überhaupt erst die Möglichkeit geschaffen, die sozialen Phänomene der Wahrnehmung von gebauter Umwelt denkbar und darstellbar zu machen. Mit Hilfe der hier angewandten rekonstruktiven, verstehenden Sozialforschung soll bezüglich des sozialen Phänomens der gebauten Umwelt herausgearbeitet werden, mit welcher ‚Wirklichkeit‘ man es zu tun hat, und die beschreibende Ebene von Einzelfall-Studien überwunden werden.

Hanna Katharina Göbel geht zu Anfang von bestimmten Subjekten aus, die sich als Bloggerinnen und temporäre Zwischennutzer intensiv (und in der Regel mit einem künstlerisch motivierten Selbstverständnis) mit ihrem Tun auseinandersetzen und darüber in ihrer digitalen Community kommunizieren. Göbel verlässt allerdings rasch diese anfängliche Erkenntnisebene durch ihren Fokus auf den praxeologischen Umgang mit der gebauten Umwelt. Sie fasst in ihrem Aufsatz „Die Aussicht. Zur Herstellung ästhetischer Wahrnehmungsordnungen von Architektur“ Ruinen als Aufforderungen zur Reise in die Vergangenheit auf (Göbel 2015: 221). Ein solches Angebot vonseiten eines Gebäudes ist bei näherem Hinsehen jedoch nicht nur Ruinen vorbehalten. Im Gegenteil: Intakte Bauten können atmosphärisch noch stärker aufgeladen sein als Ruinen, die im Vergleich vielleicht nur noch wenig gebaute Substanz für Assoziationsketten anbieten. Ruinierte Gebäude gleichen sich umso mehr, je stärker ihnen (wieder)erkennbare Elemente wie Fenster oder Dächer fehlen. Göbel führt zur Ruinen-Definition zwar Gernot Böhme an: Ruine „heißt vor allem, dass der funktionale oder repräsentative Sinn intakter Bauwerke aus diesem ausgezogen sind“ (Böhme 1989: 287). Unbeantwortet bleibt jedoch folgende Frage: *Wer* verleiht dem Bauwerk Sinn, der jetzt als fehlend konstatiert wird? Dasselbe gilt für die „wechselnde(n) Gestalthaftigkeiten von Architektur“ (Göbel 2015: 222): *Wer* nimmt die wechselnde Gestalthaftigkeit zur Kenntnis, wenn nicht der sie wahrnehmende Mensch?

Markus Schröer thematisiert architektonische Manifestationen aus Sicht der sozialen Morphologie. Am Beispiel von Fußball-Stadien untersucht er diese Bauten mit ihren sozialstrukturellen Bedeutungen und vergleicht Bewertungen von alten und neuen Stadien. Dabei bleibt unbeachtet, *wer* die Bewertung vornimmt, denn es ist wohl davon auszugehen, dass Fußballfans anders zu ihren Wertungen kommen als Städteplanerinnen oder Sponsoren und diese, wiederum andere, Bewertungskriterien anwenden als eine Interessenvertretung für Denkmalschutz.

Auch Herbert Schubert erarbeitet, basierend auf Norbert Elias' Figurations- und Zivilisationstheorie, eine „soziologische Mehrebenen-Architektur-Analyse" (Schubert 2009: 49), bei der Subjekte ebenfalls zwangsläufig außen vor bleiben, ebenso wie bei Stephan Meissners diskursanalytischer Arbeit zu Gefängnisbauten. Auch Heike Delitz erarbeitet ihre Einzelfall-Studien fast ausschließlich aus einer (architektur-)historischen Perspektive, bezieht sie doch in ihre Falldarstellungen (Delitz 2009: 217–315) soziologische Konzepte nur am Rande mit ein.

Im Gegensatz zu den soeben genannten Forschungsansätzen wird die in dieser Arbeit zu erforschende gebaute Umwelt als konstitutives Element des Sozialen aufgefasst, die immer wieder eine mehr oder weniger starke Verbindung zwischen den Individuen und dem Sozialen herstellt (vgl. Fischer/Delitz 2009: 9–17). Dabei werden der gebauten Umwelt von personalen Akteuren dynamische und antizipierende Wirkungen zugeschrieben. Die so wahrnehmbare Eigendynamik der gebauten Umwelt hat wiederum Auswirkungen auf die sie wahrnehmenden Individuen. Personale Akteure beeinflussen ihre gebaute Umwelt über die Zeit hinweg. Sie können z. B. in der Vergangenheit ihren Einfluss ausgeübt haben, indem sie Gebäude entwarfen oder erbauen (oder abreißen) ließen, ebenso wie zeitgenössische Akteure Bestehendes verändern, erneuern oder abreißen lassen.

Die vorliegende Forschung konzentriert sich auf die Frage, wie Menschen ihre gebaute Umwelt als Alltagswirklichkeit auffassen. Darin einbezogen ist das Interesse an dem, was die Architektur *macht* – allerdings ausschließlich in der ihr von Menschen verliehenen, zugeschriebenen Eigendynamik. Der Architektur muss nicht ein Eigenleben diagnostiziert werden, um die Verwendung von Alltagswissen bzw. Wissensvorräten sowie Interaktionen zwischen Subjekt und Objektzuschreibungen zu analysieren. Dass Architektur handlungsrelevant sein kann, steht außer Frage.

2.3.2 Die Alltagswirklichkeit der gebauten Umwelt als eine von außen wahrgenommene gebaute Umwelt

Die bisherige empirische Forschung auf dem Gebiet der Architektursoziologie räumt dem Äußeren und dem Inneren der gebauten Umwelt, konkret dem Innen und Außen eines Gebäudes, in der Regel denselben Stellenwert ein und wendet dadurch häufig ihre erarbeiteten Kriterien auch auf beide Bereiche gleich an (vgl. Delitz 2009; Steets 2015; Bosch 2010 u. a.). Viele Studien, die sich mit ästhetischen oder atmosphärischen Themen befassen, betrachten Architektur sogar ausschließlich im Inneren eines Gebäudes, wie z. B. Steinmetz (2012: 337–358), Duttweiler (2015: 195–218), Frers (2015: 243–266) oder Threuter (2015: 177–193).

Ohne Frage hat das Innere der gebauten Umwelt eine große Bedeutung. Einzig die Vermischung von wissenschaftlichen Ansätzen erscheint problematisch, da sich die beiden Untersuchungsgebiete des Innen und Außen zum Teil grundsätzlich voneinander unterscheiden. Daher wird in der vorliegenden Forschungsarbeit die gebaute Umwelt ausschließlich als die von außen wahrgenommene erforscht. Selbstredend werden jedoch die Mutmaßungen und Vorstellungsbeschreibungen von dem (möglichen) Inneren mit einbezogen, denn sie entstehen durch die Außenansicht.

Somit geht es ausdrücklich nicht um das Wahrnehmen der Innenräume. Relevant ist nicht die Aneignung des Inneren von Gebäuden, sondern nur deren Außenwahrnehmung und die damit zusammenhängenden Wirkungen. Vor allem Aida Bosch gibt interessante Denkansätze zur haptischen, körperlichen Wahrnehmung bei der Erforschung von Architektur (vgl. Bosch 2010). Bezogen auf die äußere Wahrnehmung von gebauter Umwelt dürfen sie jedoch nicht überbewertet werden: Die haptische, körperliche (sinnliche) Wahrnehmung wird vor allem wichtig und bedeutsam, wenn es ins Innere von Gebäuden geht. Im Inneren eines Gebäudes wird der Mensch ganz anders angesprochen und reagiert empfindlicher auf ein Raumerlebnis als im Außenbereich. Die Perspektive von außen auf die gebaute Umwelt findet zwar sicherlich in der einen oder anderen Form als sinnliche Wahrnehmung statt, jedoch wird man als Betrachter körperlich-haptisch auf Distanz gehalten – zwangsläufig allein wegen der Größe und Immobilität von Gebäuden, aber auch, weil im Umgang mit der gebauten Umwelt andere Umgangsformen üblich sind.

Betrachtet man die gebaute Umwelt von außen, z. B. ein Stadtquartier, dominiert zuerst die visuelle Wahrnehmung. Diese findet jedoch, bedingt durch die Fußgängersituation, immer nur ausschnitthaft statt: Gebäude verdecken die dahinterstehenden, und die oberen Stockwerke oder Dachgestaltungen werden nur aus einer gewissen Distanz sichtbar. Die unmittelbare Umgebung eines Gebäudes bekommt jedoch durch die Nähe eine besondere Bedeutung: Der Kontext eines Gebäudes hat Gewicht, sei es als Kontrast im Sinne von einer Abgrenzung der Innen-Außen-Welt durch Vorgärten, Zäune oder Mauern, oder als ein Ineinanderfließen des Äußeren mit dem Inneren, beispielsweise durch Transparenzwirkung von Materialien oder offen dargestellter Umgänglichkeit, z. B. von öffentlichen Anlagen.

2.3.3 Die Alltagswirklichkeit der gebauten Umwelt zwischen Alltags- und Sonntagsarchitektur

Zahlreiche Arbeiten der Architektursoziologie befassen sich mit außergewöhnlicher, besonderer Architektur. Dabei handelt es sich entweder um Gebäude, die von berühmten Architekten entworfen wurden, wie z. B. von Zaha Hadid (Delitz 2009: 181 ff.), Rem Kohlhaas (Latour/Yeneva 2008) oder Le Corbusier (Delitz 2009: 178 ff.; Meissner 2009: 233 ff.), Herzog/DeMeuron (Schröer 2009: 19–48), Walther Gropius (Steets 2015) oder Eileen Gray (Threuter 2015: 177 ff.). Oder es dreht sich um historisch bedeutende Gebäude, die wegen ihrer Vergangenheit einen besonderen Stellenwert erlangt haben, wie z. B. das Berliner Stadtschloss (Schöttker 2009: 155 ff.) oder der ehemalige Palast der Republik (Göbel 2015: 220; Baecker 2009: 209 ff.). Dadurch ist die Auseinandersetzung nach wie vor hochkulturlastig bzw. auf die Hochkultur fokussiert. Bei diesen manchmal auch als „Sonntagsarchitektur" bezeichneten Bauten handelt es sich in der Regel um separiert stehende Gebäude oder ein zusammenhängend konzipiertes Gebäude-Ensemble, also Firmensitze, Kongress- oder Museumsbauten, Villen oder einheitliche Siedlungen. Sie besitzen ihre eigene Umgebung und halten als Solitäre Distanz zu der restlichen gebauten Umgebung.

Trotz ihres Bekanntheitsgrades in der Öffentlichkeit ist ihr Anteil an der uns heute umgebenden gebauten Umwelt jedoch gering. Deshalb soll nun vielmehr der Ort der Alltagswelt im Zentrum stehen. Exemplarisch dargestellt anhand eines Zürcher Stadtquartiers kommt die alltägliche Architektur in der gebauten Umwelt in den Blick.

2.3.4 Abgrenzung von einer einseitigen Bedeutungsanalyse mit einem Fokus auf Spezialwissen oder von der Architekten-Perspektive

Der Alltagswirklichkeit der gebauten Umwelt entsprechend wird der Hintergrund des Wissensvorrats differenziert: Bei der bisherigen Thematisierung von besonderer Architektur wurde von einem dementsprechenden Fach-Wissensvorrat ausgegangen (Delitz 2009; Threuter 2015; Schröer 2009).

Doch beim vorliegenden Forschungsvorhaben geht es nicht um die (fach)differenzierte Bestimmung wahrnehmbarer Architekturzeichen oder um Wissensabfragen nach bestimmten Bautypen oder Sonderformen des Bauens, sondern um die Anwendung von subjektivem Alltagswissen, das zwar von anderen Wissensvorräten ergänzt und flankiert wird, jedoch nicht auf der Suche nach Architektur-Fachwissen ist. Denn es wird davon ausgegangen, dass in der Alltagswirklichkeit verschiedene Elemente der gebauten Umwelt aus unterschiedlichen Zeiten und in unterschiedlichen Veränderungsprozessen zur Verfügung stehen. Auch die von

Steets angesprochenen „Experten, wie Architektinnen oder Ingenieure, die im Auftrag von Laien Häuser gestalten“ (ebd.: 11 f.), stellen mit ihrem Wissensvorrat nur einen Teil derjenigen Personen dar, die tatsächlich die Entscheidungen treffen, wie die alltagsweltliche gebaute Umwelt aussieht. Als allgemeine Bevölkerung konnte man weder damals noch heute tatsächlich Einfluss nehmen auf das, was an Gebautem in der gebauten Umwelt steht. Selbst Veränderungen in der Gegenwart können wir in unserer Alltagswelt nur selten umfangreich beeinflussen. (Es sei denn, man ist Immobilienbesitzer, doch selbst dann muss man sich nach baurechtlichen Vorschriften richten). Ein wichtiger Aspekt dieser Arbeit ist daher die aktuelle Wahrnehmung der gegenwärtig immer noch sichtbaren Entscheidungsergebnisse von damals. Das hängt damit zusammen, dass die gebaute Umwelt in der Regel, zumindest in den westlichen Kulturkreisen, ein wichtiges kulturelles Erbe darstellt. Als solches ist es unweigerlich präsent in unserer Alltagswelt.

Doch sind ursprüngliche Handlungszusammenhänge, die anhand von Gebäuden nachvollziehbar sind bzw. waren (z. B. eine Nutzungserkennbarkeit von außen), nicht mehr grundsätzlich oder wie selbstverständlich erklärbar. Folgende Beispiele können dies illustrieren: Frühere Handlungszusammenhänge zu Fabrik-Gebäuden können zwar erkannt und zu einem Fabrikalltag, beispielsweise zu klaren Schicht- bzw. Klassenzugehörigkeiten zugeordnet werden. In der spätindustriellen Zeit bestehen jedoch diese Zusammenhänge nicht mehr, nachdem diese Gebäude zu Wohnungen mit ungewöhnlichen Grundrissen oder zu Event-Lokalitäten etc. umgebaut und umgenutzt wurden. Oder ehemalige Gebrauchsbauten, die eindeutig bestimmten Zwecken zuzuordnen waren, wie Kirchen, Werkstätten, Garagen oder Bauernhöfe, Bahnwärterhäuschen bis hin zu repräsentativen Stadtvillen und Herrschaftshäusern – diese Gebäudetypen stehen zwar zweckentfremdet, aber heute immer noch als symbolische Hülle in der gebauten Umwelt. Der einstige Handlungszusammenhang ist verloren gelangen, bleibt aber als gebautes, zeitgeschichtliches Zitat vorhanden. Daher gilt: „Gebaute Umwelt ist der sichtbarste Ausdruck des sozialen und kulturellen Handelns“ (Schäfers 2010: 37) und „Architektur aus den verschiedenen Epochen der Bau- und Kunstgeschichte symbolisiert das Gedächtnis eines Volkes für seine Kultur und Geschichte“ (ebd.).

Dieser sichtbare Ausdruck wird auch bei Aida Bosch als Spiegelung für soziales Wissen, Wertsetzungen u. Ä. (Bosch 2010: 23) thematisiert. Sie beschreibt, dass „Dinge“, die sich in der gebauten Umwelt befinden, als Projektionsflächen funktionieren. Diese Dinge sind Ergebnis menschlicher Arbeit, die materialisierte Manifestationen von sozialen Strukturen und sozialer Symbolik widerspiegeln (ebd.), wie die oben genannten Beispiele illustriert haben. Ihr strukturierender Charakter als Handlungsaufforderungen ist jedoch nicht überall oder gleich ausgeprägt vorhanden: Der Einfluss ist abhängig von der Unterscheidung zwischen dem Inneren und dem Äußeren eines Gebäudes. Dabei können vom Äußeren des Gebauten kaum solche Ableitungen vorgenommen werden, jedoch kann dies im Inneren eines Gebäudes wirksam sein; Beispiele sind das angepasste, leisere Sprechen in Bibliotheken oder Krankenhäusern oder die Rücksicht, die beim Betreten religiöser Gebetsräume in der Regel genommen wird. Dabei sind diese Handlungsaufforderungen das Resultat von Bedeutungszuweisungen von Individuen und nicht nur eine gesetzte Norm bzw. ein determinierter Sinn.

Aus architektursoziologischer Perspektive wurde die gebaute Umwelt bisher zu wenig beachtet als die Alltagswirklichkeit von gebauter Umwelt aus der Perspektive von handelnden Subjekten: der Umgang mit dem Durcheinander und dem gleichzeitigen Nebeneinander. Sie stellt sich zeitweise dem Routinesehen im Alltag in den Weg, weil gebaute Umwelt einfach da steht und manifest bzw. immobil ist. Das mag daran liegen, dass sie in den meisten Fällen unauffällig, ja geradezu unspektakulär ist. Bei der Jedermanns-Alltagsumgebung handelt es sich in der Regel nicht um modische Event-Räume, die temporär wie ein Abenteuerspielplatz angeeignet werden können. Es handelt sich genauso wenig um ein historisiertes Freilichtmuseum, das zum Flanieren und ästhetischen Genuss durch Einheitlichkeit einladen soll, genauso wenig, wie sie viel Ähnlichkeit hat mit dem, was im Rahmen von Städtereisen konsumiert wird. Die gebaute Umwelt hat für jeden eine andere Bedeutung und unterliegt je nach Lebenssituation unterschiedlichen Zuschreibungen. Dennoch ist offenbar eine Verständigung über diese geteilte gebaute Alltagswirklichkeit möglich. In welcher Form und auf welcher Basis findet diese Verständigung statt?

2.3.5 Forschungsfragen

Basierend auf den Ausführungen der vorigen Abschnitte können nun folgende Forschungsfragen formuliert werden, die in der vorliegenden Arbeit beantwortet werden sollen:
- Inwiefern wird die gebaute Umwelt von außen von denjenigen, die in ihr leben und in sie eingeordnet sind, in der Alltagswirklichkeit zur Kenntnis genommen?
- Welche (kulturell bereits bestehenden und durch Sozialisation erworbenen Interpretationsmuster von) Sinn- und Bedeutungszuschreibungen können bei der Wahrnehmung der gebauten Umwelt als Alltagswirklichkeit festgestellt werden? (Was für Typen/Kategorien werden genannt? Was wird wie in welche bestehende, sozialisierte Interpretationsmuster eingeordnet? Welche Bedeutung hat gebaute Umwelt als soziales Phänomen?)
- Welche architektonischen Wirklichkeitsauffassungen kommen zur Sprache? Welche Kriterien, Kategorien, Metaphern werden dabei verwendet, um das

Wahrgenommene einem Gegenüber zu vermitteln? Und wie wirken diese gesellschaftlichen Konstrukte auf ihre Konstrukteure zurück?

2.4 Wie sollen diese Fragen beantwortet werden?

Mithilfe von Berger und Luckmann lässt sich die Alltagswirklichkeit untersuchen als „eine gesellschaftlich konstruierte Wirklichkeit“ (Berger/Luckmann 2003: 201). Gesellschaft ist „Teil einer menschlichen Welt, geschaffen von Menschen, bewohnt von Menschen und in unaufhörlichem historischem Prozess wiederum an Menschen schaffend“ (ebd.). Mit einer Untersuchung der menschlichen Wahrnehmung der gebauten Umwelt wird als spezifischer Ausschnitt jener Teil der Welt gewählt, der uns tagtäglich umgibt und in dem wir körperlich präsent sind.

In der phänomenologisch-protosoziologischen Tradition, auf die sich diese Arbeit vorrangig bezieht, wird von einer „Welt in aktueller Reichweite“ (Schütz/Luckmann 2003: 71 ff.) gesprochen, der gegenüber die „Welt in potentieller Reichweite“ steht. Die aktuelle Reichweite umfasst die körperliche, sinnliche Wahrnehmungsreichweite, allen voran die Sehwelt, aber auch die akustische, olfaktorische und haptische Wahrnehmung der Umwelt, die „alltägliche Lebenswelt“ (ebd.: 53). Diese ist im Erleben durch Routine-Situationen (ebd.: 168) geprägt. Der „Welt in aktueller Reichweite“ entspricht das alltagsweltliche Handeln nach Alfred Schütz mit der Idealisierung der Vertauschbarkeit der Standorte und die Idealisierung der Kongruenz der Relevanzsysteme (Schütz 2005: 341). Es werden Typisierungen als Bezugsrahmen für die Weltauslegung und der Verständigung darüber entwickelt oder übernommen (Schütz/Luckmann 2003: 71). Das alltägliche, routinierte Handeln basiert auf Gewohnheitserfahrungen, d. h. auf einem gemeinsamen Wissensbestand als selbstverständlich genommene Ausgangslage. Dementsprechend beinhaltet Alltagswissen (Common-Sense-Knowledge) unmittelbares, praxisnahes, routiniertes und selbstverständliches Wissen.

> *„Da Zweckmäßigkeitsmotive die Alltagswelt leiten, steht Rezeptwissen, dass sich auf Routineverrichtungen beschränkt, im gesellschaftlichen Wissensvorrat an hervorragender Stelle. (...) Solange ich Probleme mit ihrer Hilfe noch bewältigen kann, habe ich meistens kaum Interesse, über pragmatisches Wissen hinauszugehen“ (Berger/Luckmann 2003: 44).*

Bezogen auf die Forschungsarbeit bedeutet die obige Aussage für eine empirische Erhebung, dass verschiedene Welten mit dementsprechend unterschiedlichen Reichweiten berücksichtigt werden müssen. Die Wahrnehmung der Teilnehmenden wird zum einen mit ihrem individuellen Wissensvorrat verknüpft bzw. aus ihm gespeist. Zum anderen findet die Datenerhebung nicht in ihrer normalen, aber doch in einer kulturell vertrauten Alltagsumgebung statt und die Gespräche werden zu einem ihnen nicht geläufigen Thema geführt.

Verschiedene Alltagswirklichkeiten zu berücksichtigen heißt in diesem Fall, einerseits die subjektive Alltagswelt als Quelle des Alltags- und Routinewissens aufzufassen und andererseits die Wirklichkeit der Alltagswelt miteinzubeziehen, die als „bereits objektiviert“ (ebd.: 24) wahrzunehmen ist, „das heißt, konstituiert durch eine Anordnung der Objekte, die schon zu Objekten deklariert worden waren, längst bevor ich auf der Bühne erschien“ (ebd.). Denn gerade die gebaute Umwelt besteht aus Elementen, die über mehrere Generationen hinweg erbaut und (mehrmals) verändert wurden. Wahrgenommen werden sie in der je aktuellen Wirklichkeit, jedoch besteht ihr Aussagegehalt (Ausdruckskraft) nicht nur aus tradierten Aussagen der gebauten Umwelt, die sich nicht immer problemlos mit einem Alltagswissen verbinden lassen, weil vielleicht bestimmte traditionelle (Routine-)Handlungen mit einer Gebäudenutzung in enger Verbindung standen, die heute nicht mehr in der Form praktiziert werden. Ein Beispiel ist die Nutzung ehemaliger Milch-Läden, von denen nur noch die äußere Hülle – das Schaufenster und eine Beschriftung über der Eingangstür – darauf hindeutet.

Zwar fanden in der vorliegenden Forschungsuntersuchung die Gespräche mit den Teilnehmenden in der Alltagswirklichkeit statt, aber es handelt sich nicht immer um die unhinterfragte Alltagswelt, sondern durch die Begehungen und das Folgeinterview werden die Teilnehmenden in einer für sie ungewöhnlichen Situation zu ihrer Wahrnehmung der gebauten Umwelt befragt. Erst im Folgeinterview wird die persönliche Lebensumgebung, d. h. nach Schütz/Luckmann die „unmittelbare soziale Umwelt“ (Schütz/Luckmann 2003: 112), einbezogen.

In der Alltagsroutine schaut man sich gewöhnlich die gebaute Umwelt nicht gesondert an, es sei denn, es hat sich etwas verändert oder die Routinehandlungen werden unterbrochen und die Menschen ‚genötigt‘, sich neu oder anders zurechtzufinden, um ihre ursprünglichen (Routine-)Handlungen fortzuführen.

Am Beispiel der Aufschichtungen der Lebenswelt durchdekliniert bedeutet dies, dass die Welt in aktueller Reichweite sämtliche aktuell wahrgenommenen und wahrnehmbaren Objekte der gebauten Umwelt beinhaltet. Die Welt der potenziellen Reichweite wird hingegen auf zwei Idealisierungen beruhend wahrgenommen: erstens dem Vertrauen darauf, dass alles so bleibt, wie man es wahrgenommen hat, und zweitens darauf, dass man seinen bisherigen Erfahrungen und deren Typisierungen vertraut (vgl. Schütz/Luckmann 2003). So beruht ein Wissensvorrat auf sedimentierten typischen Erfahrungen von der Welt. Der Umgang mit diesen „mittelbaren Erfahrungen der Sozialwelt“ (ebd.: 116) umfasst auch das Kommunizieren darüber. „Meine Erfahrungen von Dingen (…) in der Lebenswelt, von Geräten und Artefakten im breitesten Sinn, enthalten Verweise auf die Sozialwelt – auf die Welt meiner Zeitgenossen und meiner Vorfahren“

(ebd.: 117). Bei der Wahrnehmung der gebauten Umwelt kommen also die noch bestehenden Bauten aus der „Vorwelt“ zum Tragen, die ihren damals zugeschriebenen Aussagegehalt bewahrt haben, der jedoch dem aktuell Wahrnehmenden nicht zugänglich ist. Die gebauten Überlieferungen von historischen Gebäuden sind heute in den seltensten Fällen noch in ursprünglicher Form vorhanden. Wohl aber sind die historischen bedeutungszugewiesenen Gebäude durch die jeweiligen Überlieferungen der nachfolgenden Epochen vorhanden, wenn auch gefiltert oder verändert. Ähnlich wie ein Palimpsest werden Bedeutungszuschreibungen überschrieben, können aber noch durchschimmern. Das heißt auch, dass erste Ausdrucksgehalte durch Rekonstruktionen und Rezeptionen mitgetragen werden können und dementsprechend wechselseitig zusätzlich einen Einfluss auf die Wahrnehmung ausüben.

Hier wird die Berger/Luckmann-Auslegung der Schütz'schen phänomenologisch und anthropologisch fundierten Sozialtheorie als Ausgangspunkt genommen, jedoch nicht der daran anschließenden Logik einer (rein) phänomenologischen Hermeneutik als Auswertungsmethode gefolgt, da diese mit ihrem Schwerpunkt auf subjektive, multisensuelle und leibliche Erfahrungen in der gebauten Umwelt abzielt (vgl. auch Kap. 2.3). Vielmehr liegt der Schwerpunkt der vorliegenden Arbeit auf verbalen Ausdrucksroutinen und Sprachakten, metaphorischen Gefühlsausdrücken oder sprachlich-narrativen Repräsentationen von Wahrnehmungen beim Anblick der gebauten Umwelt von außen. Der Sprache steht (im wahrsten Sinne des Wortes) die gebaute Umwelt als Objektivationen gegenüber, die ebenfalls über eine bestimmte – allerdings besondere – Form von Auslegungsangeboten und Ausdruckskräften verfügen. Aber dieser Aussagegehalt wird immer erst durch subjektive Akteure ermöglicht, die sich auf irgendeiner Ebene „angesprochen“ fühlen. Daher werden mit Berger/Luckmann die intersubjektiven Prozesse in den Mittelpunkt gestellt, in „denen die Menschen ihr Wissen um die Welt erwerben, es gesellschaftlich verfestigen, kontrollieren und weitergeben“ (Steets 2010: 180). Bei diesem sprachlich weitergegebenen Ausdruckspotenzial ist mit Berger/Luckmann davon auszugehen, dass Elemente der gebauten Umwelt

> *„subjektive Intentionen meiner Mitmenschen ‚proklamieren‘, obgleich ich manchmal nicht sicher bin, was ein bestimmter Gegenstand eigentlich ‚proklamiert‘. Das gilt besonders dann, wenn er von Menschen stammt, die ich kaum oder gar nicht in Vis-à-vis-Situationen erlebt habe. (…) Aber die einfache Tatsache, dass er sie überwinden und aus einem Artefakt auf eine subjektive Intention von Menschen schließen kann, deren Gesellschaft seit Millennien erloschen ist, beweist die Macht und Hartnäckigkeit menschlicher Objektivationen“ (Berger/Luckmann 2003: 37 f.).*

So gelten Elemente der gebauten Umwelt ebenfalls als „Erzeugnisse menschlicher Tätigkeit“ (entsprechend der oben bereits erfolgten Definition als Artefakte), die eine ganz eigene „Kraft der Objektivation“ durch ihre Vielschichtigkeit beinhalten. Wenngleich die besagte gebaute Umwelt mit den transzendierenden Fähigkeiten von Sprache selbstredend nicht mithalten kann, präsentiert sie dennoch vermutlich mehr als nur einfach Zeichenhaftes oder nur Symbolisches.

Die hier vertretene Ausgangsposition dieser Forschungsarbeit ist der obigen Diskussion zufolge eine wissenssoziologische, wenn das Materielle, d. h. die gebaute Umwelt, als soziale Struktur aufgefasst wird, in der kulturelle Wissensordnungen in Form von Artefakten fundiert sind. Artefakte werden durch und von Personen als Produkte menschlichen Handelns entworfen, gebaut, erkannt, wahrgenommen, verändert oder zerstört. Dieses Erkennen/Wahrnehmen hängt von unterschiedlichen Voraussetzungen ab, die wiederum abhängig sind von der wahrnehmenden Person und deren subjektivem Wissensvorrat. Die Verständigung über das Wahrgenommene basiert während eines Gesprächs auf vokalen Übersetzungen; erst so gelingen intersubjektive Sinn- und Deutungszuschreibungen.

Der zu untersuchende Forschungsgegenstand ist gebaute Umwelt. Exemplarisch wird ein Stadtquartier analysiert, das geprägt ist durch die Ausdruckskraft von verschiedensten in ihm befindlichen Artefakten (meist Gebäuden). Diese Lebenswelt befindet sich in steter Wechselwirkung: Einerseits verkörpern Gebäude die dortige Alltagswirklichkeit, andererseits prägen die Artefakte diese Alltagswirklichkeit, indem sie Handlungsmuster vorgeben und Lebensformen mit kreieren. Dies wirkt sich langfristig auf die Lebensqualität und damit auf die intersubjektive Deutungszuordnung von Lebenszufriedenheit aus, und dies schicht- und klassenübergreifend.

Des Weiteren spielt auch die Zeitdimension eine Rolle, weil sich die gebaute Umwelt in einem laufenden Veränderungsprozess befindet. Dazu Emile Durkheim:

> *„Der Typus der Wohnstätte, der uns aufgezwungen wird, besteht lediglich in der Art, wie unsere Umwelt und zum Teil schon frühere Generationen ihre Häuser zu bauen sich gewöhnten. Die Verkehrswege stellen nur das Bett dar, das der regelmäßige Strom der Wanderungen und des Handels sich selbst gegraben hat. Wären freilich die Erscheinungen der morphologischen Ordnung die einzelnen, die eine solche Beharrlichkeit zeigen, so könnte man glauben, dass sie eine Art für sich bilden. Aber eine rechtliche Norm ist eine nicht minder dauerhafte Einrichtung wie ein architektonischer Typus, obwohl es sich um eine physiologische Tatsache handelt. (...) Die einen wie die anderen sind nur mehr oder minder kristallisiertes Leben. Zweifelsohne können Gründe dafürsprechen, die Bezeichnung morphologisch jenen soziologischen Tatbeständen vorzubehalten, die das Substrat der Gesellschaft betreffen; doch darf*

dabei nicht außer Acht gelassen werden, dass sie ihrer Natur nach den anderen gleichen." (Durkheim 1999: 113 f.)

Die Arbeit ist als kultursoziologischer Beitrag konzipiert, da die gebaute Umwelt grundsätzlich als materiale Kultur aufgefasst wird.

Somit spielen Tradition und Moderne eine große Rolle, wobei gerade der Moderne-Begriff, der mittlerweile längst in die Alltagswirklichkeit eingesickert ist, näher angeschaut werden soll. Daher wird auch gefragt, welche sozialen Folgen die Moderne-Diskussion hat, ob es z. B. einen Wandel beim Erkennen und Zuordnen vom Gebautem gibt. Die Objektivationen in der Form von gebauter Umwelt sind ohne Frage stabil und statisch, aber ihre Erscheinungsformen sind wandelbar. Sie unterliegen zwar individuellen Bedeutungszuschreibungen, doch durch ihre Präsenz beeinflusst die gebaute Umwelt auch menschliche Handlungsprozesse, z. T. vermutlich mit dem Potenzial, auch Veränderungen herbeizuführen.

Diesen Handlungs- und Veränderungsprozessen und den damit zusammenhängenden Wahrnehmungen werden durch systematische empirische Datenerhebungen aufgespürt. Wobei sowohl die zweistufigen Interviews Veränderungsprozesse aufnehmen können, als auch der sukzessive, zirkuläre Forschungsverlauf (Datenerhebung, Auswertung und erneut Datenerhebungen aufgrund der Auswertungen etc.) über 21 Monate hinweg ebenfalls den Veränderungen Rechnung tragen.

Dazu werden etablierte und z. T. bisher eher unübliche Methoden entwickelt und angewandt – unüblich deshalb, weil sie bisher in dieser Form nicht häufig durchgeführt wurden. Allerdings lässt sich darin unschwer die Traditionslinie der klassischen qualitativen Erhebungsmethoden erkennen. Wie und warum diese Methoden entwickelt wurden und sich ergänzen, ist Thema des folgenden Kapitel.

3. Methodik und Forschungsdesign

Das Kapitel ist wie folgt gegliedert: Zuerst werden im ersten Teil (Kapitel 3.1) methodologische Überlegungen diskutiert, inwieweit sich der Forschungsstil der Grounded-Theory-Methodologie (GTM) für die Fragestellungen, die im vorangegangenen Kapitel 2 dargelegt wurden, eignet. Anschließend werden die Vorbereitungen der Feldforschung und die Vorstudien beschrieben (Kapitel 3.2), die als Entscheidungsgrundlage dienten, weshalb die im darauffolgenden Kapitel 3.3 vorgestellten Erhebungsmethoden der qualitativen Sozialforschung angewandt wurden. Das im Kapitel 3.1 bereits erwähnte Theoretical Sampling im methodologischen Kontext wird im Kapitel 3.4 entlang den verschiedenen Phasen der Datenerhebung im kontinuierlichen zirkulären Forschungsprozess – ganz im Sinne des Forschungsstils der GTM – im Untersuchungsverlauf anhand von ausgewählten Entscheidungspunkten geschildert.

3.1 Im Forschungsstil der Grounded-Theory-Methodologie

> *„Es muss systematisch der Aufbau jener Erlebnisse untersucht werden, welche den Sinn eines Handelnden konstituieren.“ (Schütz 2004 [1932]: 126)*

In der qualitativen Forschung werden zwei Sinnebenen unterschieden, wenn – wie in diesem Fall – der Schwerpunkt des Interesses auf dem alltäglichen Wissen und den damit zusammenhängenden Alltagstheorien liegt. Aglaja Przyborski und Monika Wohlrab-Sahr (2009: 34 f.) unterscheiden zwischen den Konstruktionen zweiten Grades nach Schütz (1971), die „auf die Rekonstruktion der Theorie des Alltags und deren Aufbau gerichtet“ sind. Diese beruhen weitgehend auf Allerweltswissen, die als Jedermannswissens-Argumente reproduziert werden, gestützt auf den subjektiven Sinn von Individuen. Sie bezeichnen diese Analyse-Einstellung als „stark deskriptiv orientiert“ (ebd.: 34). Im Unterscheid dazu richtet die zweite Analyse-Einstellung ihr Forschungsinteresse auf die Sinnstruktur, die auch die „Prozessstrukturen der Hervorbringung praktischen Handelns und anderer sozialer Gegenstände“ (ebd.: 35) einbezieht. Aus dieser Perspektive wird es erst soziologisch interessant, wenn man nach gesellschaftlichen Einordnungssystemen fragt, nach Ordnungen und Gewohnheiten, die intersubjektiv wirksam sind. Diese zweite Analyse-Einstellung wird im Allgemeinen mit dem Forschungsstil der GTM in Verbindung gesetzt (Przyborski/Wohlrab-Sahr 2009; Mey/Mruck 2009; Strauss 1998; Breuer 2010, u. a.), denn:

> *„Objektiver Sinn steht daher nur in einem Zusammenhang für das Bewusstsein des Setzenden. Subjektiver Sinnzusammenhang liegt also dann vor, wenn das, was in einem objektiven Sinnzusammenhang gegeben ist, von einem Du seinerseits als Sinnzusammenhang erzeugt wurde“ (Schütz 2004 (1932): 270).*

Um der Forderung der zahlreichen Methoden-Handbücher gerecht zu werden, anhand der Forschungsfragen und des empirischen Datenmaterials die geeignete Methode zu bestimmen und nicht etwa umgekehrt, wird im Folgenden begründet, warum die Grounded-Theory-Methodologie (GTM) die am besten geeignete soziologische Forschungs- und Auswertungsmethode für das hier angestrebte Forschungsvorhaben ist. Zu betonen ist an dieser Stelle, dass im Stil der GTM vorgegangen wird, da zu unterscheiden ist

> *„zwischen einer Grounded Theory (GT) als dem Ergebnis einer empirischen Studie (eben der generierten Theorie) einerseits und der Grounded Theory Methodologie (GTM) andererseits, wobei die GTM den gesamten Forschungsansatz umfasst und nicht nur einzelne Methodenelemente wie z. B. die Anwendung von Kodierprozeduren in der Phase der Auswertung“ (Mey/Mruck 2009).*

Aktuell werden die unterschiedlichen Ausprägungen der Grounded Theory anhand der Generationenfolge nachvollziehbar dargestellt (Reichertz/Wilz 2016: 50 f.). Als grundlegend gelten seit der ersten Generation (Glaser/Strauss 1967, in dt. Übersetzung 1998) folgende Prämissen zur Erfassung der sozialen Wirklichkeiten: Wenn man verstehen möchte, was geschieht, ist es notwendig, ins Feld zu gehen. Menschen spielen eine aktive Rolle beim Gestalten der Welt, in der sie leben. Die sich dadurch ununterbrochen entwickelnde und verändernde Natur von Erfahrung und Handlung spiegelt sich in prozesshaften Veränderungen wider, die die ganze Variabilität und Komplexität des Lebens enthalten. Diese Veränderbarkeit gilt es durch Anwendung einer prozessualen Methode zu berücksichtigen. Außerdem werden Zusammenhänge zwischen Bedingungen, Bedeutung und Handeln vorausgesetzt:

> *„Mit in die Betrachtung einbezogen werden die Bedingungen, unter denen sie (die Akteure) handeln, die Optionen, die sich ihnen eröffnen (oder die ausgeblendet werden), die Entscheidungen, die sie unter diesen Bedingungen*

treffen(,) und die Konsequenzen, die aus diesen Entscheidungen resultieren" (Przyborski/Wohlrab-Sahr 2009: 193).

Ziel der Forschung im Sinne der GTM ist es, die für die Beantwortung der Forschungsfragen relevanten Kategorien und ihre Beziehungen untereinander zu erkennen, mögliche Zusammenhänge aufzudecken und präzisere theoretische Formulierungen zu entwickeln. Die Entscheidung, die GTM – als Forschungsstil und als Auswertungsmethode – zur Beantwortung der Forschungsfragen anzuwenden, hat mehrere Gründe, die im Folgenden genannt werden:

Erstens eignet sich der Forschungsstil für eine sukzessive Weiterentwicklung und Präzisierung der Forschungsfragen (und später auch deren Beantwortung), die zu Beginn des Forschungsprozesses noch offen formuliert wurden. Das im Kapitel 2 skizzierte Forschungsthema gehört zweifellos zu den nicht einfach abfragbaren soziologischen Phänomenen. Das, was subjektiv von der gebauten Umwelt wahrgenommen wird, ist bereits eine komplexe Angelegenheit; was über diese wahrgenommene gebaute Umwelt sprachlich dem Gegenüber vermittelt wird, erhöht diese Komplexität noch. So bleibt zu Anfang offen, ob die Fragestellungen in der Form, wie sie mehr oder weniger ad hoc formuliert wurden, aufbaufähig sind. Da das Forschungsthema bisher weitgehend unbeforscht ist, wurden die ersten Feldforschungen möglichst offen durchgeführt, um hellhörig zu sein, welche Themen die Menschen tatsächlich bei der Wahrnehmung der gebauten Umwelt beschäftigen. Die in den Vorstudien (siehe ausführlich in Kapitel 3.2) erarbeiteten möglichen Kriterien decken vielleicht nur einen kleinen Ausschnitt ab.

Um mit solchen Unklarheiten umgehen zu können, wurde beispielsweise anfänglich ein Schwerpunkt rund um das Thema Ästhetik vermutet, da viele Äußerungen in Zeitungsartikeln, Leserbriefen und bei Stadtführungen in diese Richtung wiesen. Die Geschmacksfrage bzw. die Ästhetikthematik ist in der soziologischen Forschungsliteratur bisher jedoch stets auf Kunst oder Innenräume wie beispielsweise Wohnungseinrichtungen fokussiert. Wie verhält es sich jedoch mit der Wahrnehmung der gebauten Umwelt, welche Rolle spielt eine wie auch immer umschriebene Ästhetik überhaupt in diesem Zusammenhang? Zumal das Gebaute als Architektur – selbst im idealtypischen Sinn – in der Architekturtheorie nie als rein ästhetische Frage behandelt wird, da Architektur nicht, oder zumindest nie ausschließlich, als Kunst verstanden wird, sondern stets mindestens gleichwertig dem Gebrauch, dem Nutzen zugeordnet wird; ganz zu schweigen von den ökonomischen Faktoren. Aber wie verhält es sich mit der menschlichen Wahrnehmung in einer alltagsweltlichen gebauten Umwelt? Werden beispielsweise Geschmacksfragen angesprochen? Wenn ja, in welcher Form? „Daher müssen die Fragestellung(en) die notwendige Flexibilität und Freiheit geben, ein Phänomen in der Tiefe zu erforschen" (Strauss/Corbin 1996: 22 f.). Es wird davon ausgegangen,

> *„dass bisher noch nicht alle Konzepte, die im Bezug zu dem jeweils interessierenden Phänomen stehen, gefunden und identifiziert wurden, zumindest nicht in dieser an diesem Ort. Und es ist noch nicht klar, welche Variablen für den Gegenstandsbereich relevant sind" (ebd.).*

Daher ist es nicht sinnvoll, sich bereits zu Anfang auf eine (theoretisch vermutete) basale Theorie zu stützen, wenn doch die Möglichkeit besteht, dass sich im Datenmaterial noch weitere basale Theorien verbergen und dort im Dunkeln liegen. Um dieses Potenzial zu nutzen, kommen folgende Prinzipien der qualitativen Sozialforschung zum Tragen: das Prinzip der Offenheit durch eine anfangs offene Fragestellung und das Prinzip der Kommunikation:

> *„die Orientierungsmaximen von Kommunikation und Offenheit (fordern), dass sich die Forschungspraxis einer qualitativen Sozialforschung an der Fragestellung und der Lebenswelt der Beforschten, insbesondere seiner interaktiven und kommunikativen Praktiken auszurichten habe" (Detka/Reim 2015).*

Ausgangslage für die Erforschung von sozialer Wirklichkeit ist die Alltagswirklichkeit der Befragten selbst. Die kommunikativen Beziehungen machen die empirische Erfassung erst möglich: darüber zu sprechen, was wahrgenommen wird und wurde. Wo setzen die Teilnehmenden selbst die Schwerpunkte? „Mit der Analyse der Daten, die mit der ersten Erhebung beginnt (1. Interview, 1. Beobachtung), beginnt auch der Prozess des Verfeinerns und der Spezifizierung der Fragestellung" (Strauss/Corbin 1996: 24).

Zweitens: Das soziale Phänomen steht bei der Datenerhebung und -auswertung mit der Grounded Theory im Mittelpunkt. Das heißt konkret: Es werden keine Einzelfallstudien durchgeführt, sondern fallübergreifend geforscht auf der Suche nach sozialen Phänomenen, die gesellschaftlich relevant sein könnten. Die Daten werden jedoch auf der Basis von Personen erhoben, im Sinne von Alfred Schütz und Thomas Luckmann, „bei denen ‚Sinn' immer auch als personal gebundener gedacht war: als biographische Relevanzstruktur und in Um-zu- und Weilmotive eingebettete Handlungslogik" (Wohlrab-Sahr 2012: 14). Dazu wird nach den Bezugssystemen der Befragten geforscht und nach deren Sinn- und Deutungsstrukturen beim Anblick der gebauten Umwelt. Die Voraussetzungen, die Umstände, was das Phänomen vermutlich ausmacht, stellen das Forschungsinteresse dar. Und die Frage, in welche Struktur die jeweilige Wahrnehmung einer gebauten Umwelt einfließt. Was wird genau aus der Erinnerung abgerufen bei deren Beschreibung und wie das Wahrgenommene in einen bestehenden Vorrat von Alltagswissen eingeordnet?

Drittens: Die Berücksichtigung der Prozesshaftigkeit des Forschungsverlaufs begleitet von Anfang an die Forschung. Dies beginnt bereits bei den offen formulierten Forschungsfragen. Die „Fragestellungen in der Grounded Theory besitzen darüber hinaus immer eine Handlungs- und Prozessorientierung“ (Strauss/Corbin 1996: 23), und sie bleibt dies während der Datenerhebung, im Besonderen bei der Begehung, bei der die Wahrnehmung der gebauten Umwelt im Verlauf eines Spaziergangs durch ein Stadtquartier prozess- und handlungsorientiert strukturiert wird. Prozesshaft ist ferner der systematische und kontrollierte Auswertungsverlauf und die wiederholte Rückkehr ins Forschungsfeld zur Generierung weiterer Daten.

> *„Die Besonderheit besteht darin, dass Forschung als interaktiver Prozess verstanden wird, der durch ein Wechselspiel zwischen Erhebung, Auswertung und Theoriebildung charakterisiert ist (...) also der sukzessiven Auswahl von für die weitere Theorieentwicklung relevanten Fällen“ (Mey/Mruck 2009: 147).*

Viertens: Die Möglichkeit der Methodenkombination spielt in der Forschungslogik der GTM eine große Rolle. Dies beinhaltet auch die Gelegenheit, bei Bedarf die einzelnen Methoden dem empirischen Material, das es zu erheben gilt, anzupassen (Strauss/Corbin 1996: 23). Durch die Anerkennung des bei den Forschenden vorhandenen theoretischen Wissens (Equit/Hohage 2016: 49) kann dieses – explizit gemacht – mit einfließen. So können zusätzliche Perspektiven einbezogen werden – dies jedoch nicht forschungsleitend am Beginn, sondern erst, wenn sich eine Kategorie als relevant erwiesen hat. Ferner kann Fachliteratur herangezogen werden, um festzustellen, ob diese aus dem Datenmaterial erarbeitete Kategorie in der Form verwendet werden kann, und wenn ja, was andere Forschende dazu bereits herausgefunden haben. Zusätzlich werden thematische Bezüge aus Zeitungsartikeln und Leserbriefen als sekundäre Daten bei Untersuchungen mit der Grounded Theory einbezogen. Schließlich konnten unter denselben Bedingungen, d. h. auf der Ebene der Kategorienschärfung, geeignete Bildanalyse- und Dokumentanalyse-Methoden ertragreich ergänzt werden.

Fünftens: Als einer der wichtigsten Gründe kann der explizit erwünschte Einbezug von gemeinsamer Interpretationsarbeit in Forschungswerkstätten genannt werden.

> *„Die Wirksamkeit zentraler Aktivitäten der Datenanalyse (...) kann dadurch gesteigert werden, dass sie sich in der Interaktion einer Arbeitsgruppe von (...) Forscherinnen und Forschern entfaltet: man entdeckt mehr im gemeinsamen – mündlichen – Beschreiben von Texten, die Darstellung wird facettenreicher und dichter; und das dialogische Argumentieren (...) führt zu einer Differenzierung und Verdichtung von analytischen Abstraktionen, kontrastiven Vergleichen und theoretischen Modellen“ (Riemann 2001: 413).*

In der Tradition von Anselm Strauss wird die Forschung als kommunikativer Prozess verstanden und die Praxis von Forschungswerkstätten begründet mit:

„- der Problematik des Fremdverstehens: alter und ego kommunizieren und deuten auf Basis des eigenen Wissenshintergrundes (Schütz 2004 [1932]).
- Subjektiv gemeinter Sinn der Interaktionspartner wird in das eigene Relevanzsystem übersetzt und ist somit ein Fremdverstehen.
- Dadurch ist methodisch kontrollierte Perspektiventriangulierung und Intersubjektivität des Fremdverstehens zu verwirklichen.
- Die Heterogenität biographischer und milieuspezifischer Voraussetzungen gilt als wichtige Bedingung der Ermöglichung eines fremden Blicks" (Vorheyer 2013).

3.2 Vorbereitungen der Feldforschung und Vorstudien

Feldsuche und Feldzugang

Vor Beginn der Datenerhebung wurden verschiedene kleinere Vorstudien durchgeführt. Aufgrund dieser ersten Erkenntnisse wurde die Entscheidung getroffen, wo und unter welchen Konditionen die Feldforschung stattfinden wird und mit welchen Erhebungsmethoden die Daten sukzessive erarbeitet werden.

Teilnahme an Stadtführungen (Vorstudie I)

Um herauszufinden, was denn ein geeignetes Feld darstellen könnte, nahm die Verfasserin als Erstes an verschiedenen Stadtbesichtigungstouren in Zürich teil, die vom Amt für Stadtentwicklung der Bevölkerung regelmäßig angeboten werden. Auf diese Weise wurden während der Besichtigung unterschiedlicher Zürcher Stadtquartiere möglichen Themen in Erfahrung gebracht, die in diesem Zusammenhang den anderen Teilnehmenden „unter den Nägeln brannten". Auch bot dieser Anlass Gelegenheit zur Kontaktaufnahme mit potenziellen Teilnehmenden an der Forschung (was im weiteren Forschungsverlauf in den Hintergrund rückte, da genügend Teilnehmende gefunden wurden).

Als Fazit können folgende neu gewonnene Erkenntnisse angeführt werden: Die Konzentration auf nur ein Stadtquartier mit einer möglichst starken Mischung an verschiedensten Gebäuden aus unterschiedlichen Epochen, in verschiedenen Bauzuständen und von außen sichtbaren Nutzungszusammenhängen schien am sinnvollsten zu sein. Des Weiteren fiel auf, dass die unterschiedlichen Jahreszeiten einen größeren Einfluss auf die Wahrnehmung der gebauten Umwelt haben, ebenso wie generell die Wetterverhältnisse zu beachten sein waren.

Bestimmung des Stadtquartiers und der Begehungsroute

Nach dieser Mini-Vorstudie wurde durch Aufnahmeproben eine engere Auswahl an Begehungsrouten getroffen. Ein Stadtquartier mit zahlreichen Neubauten schied aus wegen der dort festgestellten zu hohen Nebengeräusche, die die Aufnahmequalität beim Interview erheblich beeinträchtigten. Ein anderes Stadtquartier wurde für eine Begehung verworfen, da es ein zu neu gebautes Gebiet war: In der Fachliteratur (zu Architekturtheorie und zur Praxis der Landschaftsarchitektur) wird immer wieder darauf hingewiesen, dass ein neu entstehendes Gebiet eine bestimmte Zeit benötigt, bis die Menschen beginnen, diese Neuerungen zu beleben, und sich ihre Wege darin bahnen.

Die Wahl fiel schließlich auf das Zürcher Stadtquartier „Seefeld“, da dort in den letzten Jahren größere bauliche Veränderungen stattfanden, jedoch gleichzeitig ein hoher Anteil von alten und älteren Gebäuden vorhanden ist. Die ersten Beobachtungen im Forschungsfeld fanden in der Form einer Selbst-Beobachtungsstudie mit Beobachtungsprotokoll Mitte Oktober 2011 statt, um einen eigenen Eindruck zu bekommen und nochmals die Aufzeichnungsqualität auszuprobieren. Die Begehungsroute wurde daraufhin in einer Art Zickzackkurs vom Stadtrand her in Richtung Stadtzentrum angepasst, um so den Strassenbahnlärm – als Hauptlärmquelle – möglichst weitgehend auszuschließen. So kann die Begehung auch nach den allgemeinen Bedürfnissen eines Spaziergangs ausgerichtet werden: Man wählt ruhigere Straßenzüge, wenn man sich unterhalten will.

Die relevanten Kriterien für die Wahl dieser Route waren in erster Linie unterschiedliche Gebäudetypen, die auf der Begehungsroute zu sehen sind: Gewerbegebäude, alte und neuere Büro und Wohngebäude, Nutzungsdurchmischung und Mononutzung. Ferner sind historische, denkmalgeschützte Gebäude zu sehen. Damit sind unterschiedliche Bauepochen abgedeckt.

Zugang zum Feld

Relativ früh fiel die Entscheidung, den Großteil der Datenerhebungen direkt im Feld als gebaute Umwelt unmittelbar zu erforschen und nicht etwa nur durch Fotografien, also nur mittelbar, zu erheben. Die gebaute Umwelt und die darin stehende Architektur kann nicht allein als visuelles Wissen erforscht werden, was im Fall der Vermittlung einzig durch Fotografien eingeschränkt worden wäre.

Die kontinuierliche Entwicklung einer Begehung durch ein Stadtquartier als Datenerhebungsmethode wurde von Architekturbesichtigungen inspiriert, die am Departement für Architektur an der Eidgenössischen Technischen Hochschule in Zürich (ETH Z) während Seminarreisen für Architektur-Studierende durchgeführt wurden. Während der Teilnahme an Quartierbegehungen kam die Erinnerung daran wieder auf, mit der Idee, diese Form für die Stadtquartiere anzuwenden, allerdings mit Gesprächsaufzeichnung, um den wissenschaftlichen Standards der systematischen kontrollierten Datenerhebung zu gewährleisten.

Erst rund zwei Jahre nach Beginn der Datenerhebungen fielen Schriften des Stadt-Soziologen Lucius Burckhardt auf, der in den siebziger Jahren eine „Promenadenwissenschaft“ oder auch als „Spaziergangswissenschaft“ titulierte Version einer Art Begehung praktizierte, die allerdings bei näherem Hinsehen keine neuen Erkenntnisse in Bezug auf die bereits ausgearbeitete Eigenkreation der Begehungsgespräche brachte (siehe Abschnitt 3.3). Die Zugänglichkeit zum Feld stellt bei anderen Feldforschungen vielleicht eine Schwierigkeit dar, nicht aber bei einer Stadtbegehung, denn das Feld steht als öffentlich zugänglicher Raum allen für Stadtbegehungen durch ein Quartier zur Verfügung. Durch die Fokussierung der Außenperspektive auf die gebaute Umwelt stellt die Zugänglichkeit zum Forschungsfeld also keine Schwierigkeit dar. Zudem kann das „Feld in der sozialen Welt“ gut beobachtet werden, denn man kann sich gut darin bewegen, ohne zu stören oder groß aufzufallen.

Sichtung von Dokumenten

Diverse Dokumente wurden gesichtet, um einen Überblick über die Geschichte und Entwicklung des Quartiers zu gewinnen; dazu gehören Fotografien aus unterschiedlichsten Epochen oder Zeitungsartikel zum Quartiergeschehen aus mehreren Jahrzehnten. Zusätzlich wurden laufend Zeitungsartikel und Leserbriefe zu Themen wie Stadtentwicklung, Architektur, Berichterstattungen aus den Quartieren, Radiosendungen (Podcasts), Stadtarchiv-Dokumentationen etc. gesammelt und nach Bedarf ausgewertet.

Forschungsethik und Datenschutz

Im Verlauf der Arbeit wurden die biografischen Daten der Untersuchungsteilnehmenden so verändert, dass deren Anonymität gewährleistet ist. Zu diesem Zweck wurde den Teilnehmenden ein schriftlicher Vertrag angeboten, der von fast allen unterschrieben wurde (bis auf eine Person im Rentenalter, die die mündliche Vereinbarung als ausreichend befand).

Im Anfangsgespräch vor der Datenerhebung wurde den Teilnehmenden der Vertrag mit einigen erklärenden Worten überreicht.

> *„Jetzt gibt es noch eine formelle Sache wegen der Aufzeichnung des Gesprächs: Es gibt noch einen Vertrag, den man zur Absicherung machen kann. Du gibst mir damit quasi Deine Einwilligung, dass ich das Gespräch für meine Forschungsarbeit verwenden darf. Und ich wiederum gebe Dir damit die Zusicherung, dass ich diese Interviewaufzeichnungen nur, also ausschließlich für*

mein Forschungsprojekt verwende und zum Beispiel nicht an andere weitergebe oder so und dass ich mich verpflichte, alle Aussagen nur in anonymisierter Form zu verwenden in meiner Arbeit und dass ich die Anforderungen des Datenschutzes erfüllen werde. Den Vertrag kann man abschließen, hier habe ich ein Exemplar. Das müssen wir auch nicht jetzt machen, oder Du kannst das Formular auch mitnehmen und in Ruhe lesen und mir ja dann später sagen, was Du bevorzugst: mit oder ohne Vertrag.“

Vorbereitung der Vorstudie II mit der Testperson „Lara“

Die ausgewählte Route im Stadtquartier Seefeld beginnt an der Mühlebachstraße und verläuft stadteinwärts bis zur Kreuzstraße, was einer Spaziergangsdauer von ca. 35 Minuten entspricht. Die Vorstudie diente dazu, die Begehung einmal als Ganzes auf der vorgesehenen Route durchzuführen. Dabei ist zu prüfen, ob (1) die Interview-Begehung praktisch durchführbar ist (Prüfen der Aufnahmequalität und Berücksichtigung der Umgebungsgeräusche wie Trams, evtl. Baulärm an bestimmten Stellen etc.); und ob (2) unerwartete Hindernisse, Ablenkungen oder Unpassierbarkeiten wegen neu errichteter Baustellen oder Ähnliches auftauchen. Zudem soll die tatsächliche Dauer des Einsatzes erfasst und somit geprüft werden, ob die vorgesehene Zeitvorgabe eingehalten werden kann. Geplant sind ca. 60 Minuten. Des Weiteren soll das Fotografieren erprobt werden, sowohl das der Teilnehmenden als auch das eigene. Am Schluss wird ein kleines Beobachtungsprotokoll erstellt, um Tageszeit, Lichtverhältnisse, Lärmemissionsquellen und Wetterverhältnisse festzuhalten.

Circa drei bis zehn Tage nach der gemeinsamen Begehung (es ist noch abzuklären, wie lange der Zeitraum dazwischen sein darf) wird ein Folgeinterview mit der Testperson durchgeführt. Dabei sollten zusätzliche Themenbereiche mit Hilfe eines Leitfadens angesprochen werden können. Geplant ist, die während der gemeinsamen Begehung erstellten Fotografien als Erinnerungsstützen und zusätzlichen Erzählstimulus einzusetzen.

Zu klären ist in diesem Zusammenhang generell die Tauglichkeit des Fotografieeinsatzes: Lässt sich die Bildanalyse im Zusammenhang mit dem Interview nach der Begehung sinnvoll einsetzen? Es gilt hier abzuwägen, ob nur die Forscherin die Bildanalyse durchführen soll oder ob eine gemeinsame Bildanalyse in einer Forschungswerkstatt durchgeführt werden kann.

Des Weiteren soll geprüft werden, wie viel Zeit die Vorbereitung des Folgeinterviews in Anspruch nehmen wird. Hierfür wird die Gesprächsaufzeichnung der Begehung angehört und notiert, welche Fragen noch nicht angesprochen wurden.

Schließlich soll abgeklärt werden, wo konkret die Fotografien der Begehung innerhalb dieser drei bis zehn Tage entwickelt werden können. Alternativ wurden bereits vor den Begehungen Fotografien hergestellt, um diese Fotografien bei allen Interviewpartnern in den Folgeinterviews zu verwenden.

Durchführung der Vorstudie II mit „Lara“

Die Testperson Lara wird zu Beginn darüber informiert, dass, während der Begehung ein Aufnahmegerät läuft. Außerdem wird sie gebeten, Gebäude zu fotografieren, die ihr aus welchen Gründen auch immer auffallen. Durch die Gesprächsaufzeichnung während der Begehung können vor allem die ersten spontanen Reaktionen auf das Wahrgenommene festgehalten werden, die für einen Vergleich im Folgeinterview dienen sollen. Durch die Aufgabe, selbst zu fotografieren, wird die persönliche Perspektive in die Begehung hineingebracht.

Vor der Begehung informiere ich Lara kurz über das Forschungsprojekt und das Ziel der folgenden Stadtbegehung:

- Es geht um die Alltagswahrnehmung,
- die gebaute Umwelt wird z. T. nicht mehr bewusst wahrgenommen.
- Es werden ca. 10 bis 12 verschiedene Interviews geplant.
- Der Untersuchungsgegenstand ist die gebaute Umwelt mit den verschiedenen Gebäuden darin und deren Wirkung von außen auf verschiedene Menschen.
- Es interessiert die persönliche Meinung zu dem Wahrgenommenen.

Untersuchungsgegenstand ist die Umwelt, nicht etwa die Menschen. Die Teilnehmenden werden befragt, um verschiedene Sichtweisen auf die gebaute Umwelt zu bekommen und berücksichtigen zu können.

Die Checkliste zum Vertrag enthielt folgende Punkte:

Auf die Möglichkeit einer vertraglichen Absicherung für beide Beteiligte hinweisen. Der Vertrag sichert den Teilnehmenden zu, dass die erhobenen Interviewdaten nur für dieses Projekt verwendet werden. Den Vertrag den Teilnehmenden mitgeben, damit sie ihn in Ruhe lesen können und hin – bei Einverständnis – unterschrieben zum Folgeinterview mitbringen.

Mögliche Stichworte für Begleitung während der Begehung erproben:

Die (spontane) Wahrnehmung der gebauten Umwelt zum Gesprächsthema werden lassen durch Fragen wie:
Persönliche Meinung zum Einzelnen, was nehmen sie wahr? (Begriff ‚persönlich‘ statt ‚subjektiv‘ verwenden)
Was gefällt/missfällt und warum? Gefühlte Annäherung?
Ist die Reihenfolge relevant, in der die Gebäude erfasst werden?
Vielschichtigkeit, Umgang damit?

Persönliche Einschätzung: Welche Gebäude gefallen ihnen / nicht?
Wie stehen Menschen den Gebäuden gegenüber? Sinnliche Wahrnehmung? Skeptisch? Neugierig? Relevant könnte die Reihenfolge der Erfassung des fraglichen Gebäudes sein.
Finden sie architektonische Ausdrucksformen imposant, abweisend, ansprechend, ausdruckslos oder ausdrucksstark? Repräsentationsgehalt, prestigetauglich?
Subjektive kulturelle Bedeutung des Gebäudes einordnen lassen! Bedeutung durchdeklinieren: repräsentativ? Für wen: Bauherrschaft, Bewohnerschaft?
Welche Gebäudetypen werden unterschieden?
Wiedererkennungseffekte: Welche „Typen" kennen sie bereits, z. B. bei historischen Gebäuden? Erinnerungen an eigene Erfahrungen (autobiografisch);
Bedeutungszuweisungen von Gebäuden? Sinnzusammenhänge? Historisch, funktional, städtisch, ländlich, emotional?
Symbolisierungen durch Gebäude, gebaute Umwelt?
Werden Gebäude als Orientierungspunkte oder Anhaltspunkte zur Orientierung genannt? Woran halten sich die Teilnehmenden visuell fest?
(Später: Was fällt nicht auf? – nur später im Vergleich eventuell von Bedeutung)
Welche Wortwahl wird bei den Beschreibungen verwendet?
Was erregt Aufmerksamkeit? Welche Assoziationen werden ausgelöst (immer im Kontext)?
Kennen sie Geschichten zu den einzelnen Gebäuden oder Gebäudetypen? Was für Hintergrundinformationen sind zu Gebäuden vorhanden? Geschichte des Gebäudes? Zur Bauherrschaft, zur Bewohnerschaft, zu Nutzung(swechsel)?
Welche Gebäudetypen werden unterschieden?

Ergebnisse der Vorstudie II mit „Lara"

Die Auswertung der Vorstudie fand im Oktober 2011 statt. Dabei wurden folgende Überlegungen aufgenommen und in den Unterlagen angepasst:

Die Begehungsroute leitet die Richtung nur im Sinne eines Vorschlags an; die Teilnehmenden sollen genügend Gelegenheiten erhalten, um von dieser Route abzuweichen. Die Dauer wird nicht einfach abzuschätzen sein; dies ist abhängig von unterschiedlichen Faktoren wie dem Stehenbleiben beim Sprechen, Hinterhöfe zusätzlich anschauen oder für das Fotografieren die passende Distanz, den passenden Ausschnitt zu finden. Daher wird der Abschluss der Begehung flexibel gehalten und nach den Teilnehmenden gerichtet. Mögliche Gründe für eine vorzeitige Beendung der Begehung sind das jeweilige Zeitbudget, Ermüdung oder Witterungsverhältnisse.

Das Forschungsinteresse sollte allgemein verständlich erklärt werden: nicht zu detailliert, keine Fachwörter verwenden, nicht zu viele Informationen geben (es sei denn, es wird nachgefragt). Dazu gehört auch, nicht nach Baustilen oder Epocheneinordnungen zu fragen, sondern zu betonen, dass es nicht um Allgemeinbildung oder Hintergrundwissen geht, sondern um ihre persönlichen Einschätzungen. Es geht bei den Interviews um ihre individuellen Äußerungen und Deutungszuschreibungen, immer als ein Beispiel verstanden, wie die gebaute Umwelt wahrgenommen werden kann. Untersuchungsgegenstand ist nicht ihre Person, sondern die gebaute Umwelt, die Gebäude und Straßen.

Auf Einflussfaktoren wie Lärm, Lichtverhältnisse oder unerwartet auftauchende Baustellen muss flexibel reagiert werden. Sie dürfen nicht ausgeblendet werden, sollten aber auch nicht zu viel Aufmerksamkeit auf sich ziehen. Prinzipiell ist davon auszugehen, dass das, was zum Feld gehört, nicht von vornherein feststeht, sondern dass mit Erweiterungen und Neubestimmungen zu rechnen ist.

Meine Rolle als Begleiterin muss erneut reflektiert werden, denn die eigene Perspektive spielt unweigerlich mit hinein. Gibt es beispielsweise Gebäude, die die Aufmerksamkeit der Forscherin stark absorbieren, jedoch von den Teilnehmenden kaum zur Kenntnis genommen werden?

Das Gespräch sollte beständig aufrechterhalten werden, aber nicht allzu stark von einer Alltagsunterhaltung abweichen. Dabei sollte auch Raum für schweigende Teilnehmende bleiben. Daher wird die Wortwahl nochmals überdacht und alltagssprachlicher formuliert: So wird z. B. von Gebäuden und Häusern gesprochen statt von Architektur, und es wird nach der persönlichen Meinung oder Einschätzung gefragt, nicht nach der subjektiven oder gar ästhetischen Einschätzung.

Wichtige Nebensächlichkeiten wurden geklärt: Der Interviewvertrag stellt keine Schwierigkeiten dar und ist verständlich. Das Angebot von Straßenbahn-Fahrkarten (Tram-Billetts) sollte als Option vorbereitet werden. Die Kamera wurde wegen der schlechten Aufnahmequalität durch eine neue ersetzt und eine weitere als Reserve angeschafft. Das Aufnahmegerät hält in der vorgesehenen Befestigung während der Begehung und die Aufnahmequalität ist gut.

Die erstellten Fotografien werden als Diashow und wegen der angenehmeren Größendarstellung nur digital während des Folgeinterviews gezeigt.

Das Folgeinterview muss angepasst werden: Der Zeitraum zwischen der Begehung und dem Folgeinterview erweist sich als gut gewählt, denn der Abstand zum Erlebnis der Begehung scheint angemessen zu sein. Jedoch müssen die Formulierungen der Leitfadenthemen nochmals angepasst werden, indem sie umgangssprachlicher formuliert werden.

Die bisherigen Fragen bezogen sich auf die Lebensumgebung der Teilnehmenden, auf das Nebeneinander von Altem und Neuen und den (eventuellen) Stilmix, auf die Bewertung von gebauter Umwelt nach Nutzung, aber auch auf Ästhetik oder den kulturellen Stellenwert, auf Denkmalschutz und Lebensqualität.

Während des Interviews sollten nicht der Leitfadenstruktur folgend die einzelnen Themenbereiche abgearbeitet werden. Nach Konsultation verschiedener Methodenlehrbücher wurde dies als ein klassischer Fehler erkannt, wenn die Leitfaden-Themen den Interviewverlauf zu dominant strukturieren und man sich als Forschende stattdessen an den inhaltlichen Relevanzstrukturen und den kommunikativen Ordnungsmustern der Befragten orientieren sollte.

Generell ist der Kontext eines Gebäudes wichtig – sei es als Kontrast, Abgrenzung der Innen-Außen-Bereiche eines Gebäudes oder als ein Ineinanderfließen des Äußeren mit dem Inneren.

Ferner findet die vorwiegend visuelle Wahrnehmung von gebauter Umwelt immer nur ausschnitthaft statt, da Gebäude die dahinterstehenden verdecken. Es muss mit einer beschränkten, ausschnitthaften Sicht auf die Gebäude gerechnet werden.

3.3 Methodenwahl und -modifizierung

Den Schwerpunkt der Datenerhebung bildet eine Abwandlung des ethnografischen Interviews, das für die Besonderheiten des Forschungsfeldes entwickelt wurde. Angelehnt an das Prinzip eines ethnografischen Interviews wird ein von der Forscherin begleiteter Spaziergang mit Gesprächsaufzeichnung – im Folgenden als Begehung bezeichnet – durchgeführt. Das Forschungsfeld ist gekennzeichnet durch Gebäude, Parks, Straßen etc., die in unterschiedlichen (Bau-)Epochen entstanden sind. Die ursprüngliche Gestalt eines Gebäudes wurde oft mehrfach verändert. Das bietet unterschiedliche Perspektiven an, stellt jedoch auch große Herausforderungen dar. Die gebaute Umwelt ist prinzipiell vielschichtig, vor allem durch zeitliche und räumliche Überlagerungen.

Des Weiteren wird die gebaute Umwelt in dem ausgewählten Stadtquartier durch die Begehung Schritt für Schritt wahrgenommen, was bedeutet, dass eine Prozesshaftigkeit der Wahrnehmung mit zu beachten ist. Als zusätzliches Erfassungsmittel werden die Teilnehmenden Fotografien anfertigen von Dingen oder Objekten, die sie dokumentieren möchten und/oder die ihre Aufmerksamkeit erregt haben.

Die Begehungen bilden den Hauptteil und werden ergänzt durch ein leitfadengestütztes Folgeinterview, bei dem die während der Begehung erstellten Fotografien eingesetzt werden. Solche aufgeteilten oder fortgesetzten Interviews sind nicht sehr verbreitet, aber durchaus möglich, wenn sie im Vorgespräch mit den Teilnehmenden vereinbart und begründet werden können (Przyborski/Wohlrab-Sahr 2009: 75–76).

Grund dieser Aufteilung in Begehung und Folgeinterview sind die unterschiedlichen Wissensformen, die erhoben werden sollen. Diese Form von Interview-Kombinationen, die auch als episodische Interviews bezeichnet werden (Flick 1999: 124), erlaubt eine Kombination von Kontexten. Diese sind einerseits erzählerisch (was in diesem Fall für die Begehung gilt), schließen aber andererseits die Verwendung von abstrahierten Begriffen (so wie sie im Folgeinterview als Leitfadenfragen zu bestimmten Themen eingesetzt werden) aus dem subjektiven Wissensvorrat nicht aus.

Zu den Methoden im Einzelnen

(1) Die begleitete Begehung mit Gesprächsaufzeichnung

Das ethnografische Interview eignet sich mit seiner alltagsorientierten Gesprächsführung, die der Form eines Dialogs stattfindet. Es ist

> *„in die ‚Alltags'-Kommunikationen des Forschers mit seinen Untersuchungssubjekten eingebettet. Das Forschungsinteresse zielt dabei auf den sinnverstehenden Nachvollzug fremder (Sub-)Kulturen und (sub-)kultureller, alltäglicher Handlungspraxen, mit denen die Untersuchungssubjekte ihren Alltag führen, organisieren und bewerkstelligen" (Kruse 2009: 56).*

Die prinzipielle Fremdheitsannahme (ebd.: 56) lässt sich leicht mit der Vorstellung von fremden Kulturen indigener Völker verbinden, mag auf den ersten Blick also gerade nicht in das zu untersuchende Forschungsfeld der gebauten Umwelt zu passen, das sich in einer westeuropäischen Stadt befindet und mit Teilnehmenden durchgeführt wird, die in den meisten Fällen in dieser Stadt leben. Mit Stefan Hirschauers Aufsatz zur „Exotisierung des Eigenen" (Hirschauer 2008: 208–225) können diese Bedenken aus dem Weg geräumt werden, denn gerade die ethnologische Unterscheidung zwischen einem Wir und den Anderen (= Fremden) birgt hohen Nutzen, wenn damit die unabdingbare wissenschaftliche Distanz zum Forschungsfeld hergestellt werden kann. Mit dieser Differenzierung kann eine professionelle Distanzierung zum sozialen Phänomen gewonnen werden (ebd.: 223).

Diese Forscherperspektive bietet jedoch noch zusätzliche Vorteile für ein Forschungshandeln, die gerade für das gewählte Forschungsfeld geeignet sind:

> *„Ethnografisches Arbeiten erfordert in jedem Fall eine hohe Beweglichkeit vielerlei Hinsichten: nicht nur zwischen ‚Feld' und Universität, zwischen Eintauchen und Distanzierung, auch zwischen Informanten und Lokalitäten, zwischen sich anbietenden Datentypen und Analyseverfahren, zwischen Material, Literatur und Fragestellung. Es braucht soziale und verbale Gewandtheit, lokale und Textstelle ‚Bewandertheit'" (ebd.: 222).*

Damit ist die Messlatte freilich sehr hoch gehängt worden.

Die eher basalen, aber nicht minder wirksamen Vorteile, die sich aus der oben skizzierten gemeinsamen Begehung mit Gesprächsaufzeichnung ergeben, lassen sich wie folgt zusammenfassen:

Das Reden im Gehen ist eine ganz andere Gesprächssorte als konventionelle Interviews, die meistens an einem Tisch, in sitzender Position und womöglich noch in einem nicht besonders angenehm wirkenden Büro stattfinden. Beide Gesprächspartner haben beim Gehen Raum zur Verfügung, sie können sich bewegen oder sogar ausweichen oder weggehen. Dies schafft eine lockere Atmosphäre.

Es werden ständig neue Wahrnehmungsmöglichkeiten angeboten, womit eine Auswahl ebenfalls eher fließend vonstattengeht. Die Begehung bekommt einen Event-Charakter, sie stellt als Erlebnis eine nicht alltägliche Erfahrung dar. Die besondere Erfahrung ist für die Teilnehmenden eine Herausforderung, aber auch Unterhaltung.

Die Begehung wird zu dem ersten Teil eines episodischen Interviews eingesetzt. Das Narrativ-Episodische dieser Begehung entspricht eher der Alltagskommunikation, um das Unmittelbare zu erfassen. Dadurch sollen spontane Reaktionen auf das Wahrgenommene, Assoziationen und die spontane Wortwahl bei Beschreibungen erfasst werden. Mit den Begehungen begibt man sich zusammen mit den Teilnehmenden wenig strukturiert ins Feld in dem Sinne, dass sich im Verlauf ein Gespräch entwickelt, das nicht durch vorgefasste Fragen vorstrukturiert ist. Die erzählgenerierenden Fragen werden offen und umgangssprachlich formuliert, ohne Notizblock in der Hand o. Ä.

Nicht außer Acht gelassen werden darf die Tatsache, dass sich die Teilnehmenden nicht in ihrer normalen Alltagsumgebung befinden. Diese Datenerhebung findet außeralltäglich statt. Allein mit der Frage: ‚Was fällt dir da auf?', wenn die Person während der Begehung stehen bleibt, ist das Außergewöhnliche angesprochen. Dementsprechend schnell hat man sich bereits vom Alltag der Menschen entfernt. Durch die Begehungsroute wird trotz des Charakters eines Stadtspaziergangs eine künstliche Alltagsumgebung geschaffen. Mit der Datenerhebung wird also nicht die alltägliche Lebenswelt der Teilnehmenden, nicht in deren Alltag erhoben. Dennoch bringen sie ihr Alltagswissen, ihr Orientierungssystem mit zur Begehung. Sie leben in dieser Stadt, womit sie sich in ihrer Lebenswelt befinden. Dennoch bleibt die Begehung ein außeralltägliches Erlebnis.

Durchführung der Begehung

Die Begehung beginnt mit einem kurzen Einführungsgespräch. Darin wird das Themenfeld skizziert, indem auf den Untersuchungsgegenstand hingewiesen wird: Untersucht wird die gebaute Umwelt, nicht die Menschen. Die Teilnehmenden werden darüber informiert, dass sie während der Begehung mit der

Forscherin ein lockeres Gespräch führen über das, was sie allgemein von der gebauten Umwelt wahrnehmen. Des Weiteren werden das Aufnahmegerät und die Kameras erklärt, der Interviewdaten-Vertrag kurz erläutert und zum Mitnehmen ausgehändigt, die Möglichkeit zu allfälligen Fragen vonseiten der Teilnehmenden eingeräumt und schließlich das Folgeinterview angesprochen. Dies konnte in der Regel gleich mit einer Terminvereinbarung verknüpft werden oder mit einer konkreten Vereinbarung der weiteren Kommunikationsform.

Nach der Vorstudie wurden die Einstiegs- und Begleitfragen vereinfacht, gekürzt und entsprechend alltagssprachlicher formuliert. Das Ziel ist es, während der Begehung eine Unterhaltung aufrechtzuerhalten und dabei auch den Mut zu einer Pause zu haben. Während der Begehung könnten/sollten folgende Fragen gestellt werden:

- Wie nimmst du die Gebäude hier wahr?
- Was kommt dir dazu in den Sinn? Warum?
- (beim Stehenbleiben:) Was erregt daran deine Aufmerksamkeit?
- Warum fotografierst du das? Was fällt dir daran auf?
- Persönlich – was denkst du dazu?
- Wie würdest du das beschreiben?
- (Falls Erinnerungsbezüge kommen, nachfragen:) Was ist möglicherweise das Typische daran? Woran erkennst du das, was erinnert dich daran?

Am Schluss der Begehung folgt das Bedanken fürs Gespräch und der Termin für das Folgeinterview wird rückbestätigt oder das weitere Vorgehen vereinbart.

(2) Leitfadengestützte Folgeinterviews

Der zweite Erhebungsteil, der an die Begehung anknüpft, wird als Folgeinterview bezeichnet. Diese dienen vor allem dazu, den Anteil des semantischen Wissens der Teilnehmenden zu erheben, das die subjektiven Ableitungen, Einordnungen, Generalisierungen etc. widerspiegelt. Zusätzlich ermöglicht der Einbezug des semantischen Wissens einen Fokus auf den jeweiligen Erfahrungshintergrund der Teilnehmenden. Im Vordergrund stehen beschreibende und argumentierende Deutungsmodi (Flick 1999: 124–130).

Die Folgeinterviews werden ca. zwei bis zehn Tage nach der Begehung durchgeführt. Dabei dienen die während der Begehung angefertigten Fotografien als Dokumentation und Gedächtnisstütze und werden mit einbezogen, um die Erinnerungen zu (re)aktivieren.

Das Besondere und auch Herausfordernde bei den Folgeinterviews ist, dass die Teilnehmenden durch die Themenschwerpunkte mit einem fremden Relevanzsystem konfrontiert werden. Die Themen werden ihnen vorgegeben und sie versuchen, darauf zu antworten. Streng genommen stehen sie einem im Verlaufe des Forschungsprozesses sich entwickelnden Relevanzsystem gegenüber. Das Gerüst des leitfadengestützten Interviews bleibt bestehen, die Entwicklung der Themenbereiche ist jedoch der kontinuierlichen Modifikation durch die bereits erhobenen Daten mit den vorherigen Interviewpartnern geschuldet. Auch werden jeweils die fallspezifischen Fotografien eingesetzt und mit der Leitfadenstruktur verbunden. Durch die Scharnierwirkung der Fotografien relativiert sich das vorgegebene Ordnungssystem etwas, auch wenn das Fremde daran nie vollständig getilgt werden kann.

In den nach Themenbereichen strukturierten Folgeinterviews werden von der Forscherin mögliche Betrachtungsgesichtspunkte zur Sprache gebracht. Generell können damit sicherlich keine Rückschlüsse auf die Themenauswahl der Teilnehmenden gezogen werden, aber doch auf deren Kommunikation, deren zur Sprache gebrachte Assoziationen und Einordnungen.

Die Fotografien werden den Teilnehmenden an Anfang des Bilder-Einsatzes am mitgebrachten Laptop chronologisch, wie sie entstanden sind und komplett gezeigt. Erst wenn ein Themenbereich zur Sprache kommt, wird auf eine Auswahl der Bilder Bezug genommen. Die komplette Bild-Serie bleibt den Teilnehmenden weiterhin zugänglich, falls sie sich selbst während des Gesprächs auf ein Foto beziehen möchten. Auf diese Weise soll die subjektive Auswahl der Teilnehmenden gewährleistet bleiben und deren Blickfeld nicht unnötig – nur einer Methode zuliebe – eingeschränkt werden, eine Gefahr, die beispielsweise beim Einsatz eines Fokusinterviews bestanden hätte.

Um den oben genannten Einschränkungen der Interviewsituation entgegenzutreten, wurde ab der zweiten Datenerhebungsphase die Einstiegsfrage explizit narrativ offen formuliert und vor allem ohne Ablenkung durch die Fotografien. Durch die offene Eingangsfrage sollen die Interviewpartner am Anfang ihre Perspektiven entfalten können.

Konstruktion der Leitfaden und Durchführung der leitfadengestützten Folgeinterviews

In der Methodenliteratur wird stets darauf verwiesen, bei Leitfadeninterviews die Prinzipien der Gesprächsführung zu beachten, trotz des vorstrukturierenden Charakters der Themenbereiche (Hopf 2012; Przyborski/Wohlrab-Sahr 2009 u. a.). Die folgenden Empfehlungen richten sich in erster Linie nach Aglaja Przyborski und Monika Wohlrab-Sahr und werden in der gebotenen Kürze als Checkliste umformuliert wiedergegeben (Przyborski/Wohlrab-Sahr 2009: 142–145) und in Bezug zum Forschungsthema gesetzt:

Mit einer möglichst offenen, erzählgenerierenden Eingangsfrage beginnen, damit die Interviewpartner ihre Sicht darlegen und den Sachverhalt aus ihrer Perspektive schildern können. Dies gelingt mit der Einstiegsfrage nach der eigenen alltäglichen Lebensumgebung.

Die Abfolge von einer anfangs offenen Frage zur spezifischeren Nachfrage einhalten. Nur so bleibt man bei dem Interviewten und dessen Erfahrungen und Relevanzstrukturen und kann für überraschende Äußerungen offen sein.

Spezifisches Nachfragen, wenn ein Themenbereich des Leitfadens von den Teilnehmenden selbst angesprochen wird. Den Faden aufnehmen und anknüpfen, mit dem Ziel, die spezifische Bedeutung eines bestimmten Sachverhalts auszuleuchten und nicht einfach abzufragen.

Die Reihenfolge, wann welche Themen angesprochen werden, den Interviewpartnern überlassen. Die Relevanzstruktur der Interviewten beachten, Bezug darauf nehmen, was die Teilnehmenden eingangs beschrieben und thematisch angeschnitten hatten. Dadurch können möglicherweise Hinweise auf weitere für das Thema relevante Aspekte erhalten werden.

(3) Bildanalyse-Methoden

Im Vorfeld wurden unterschiedliche bildanalytische Herangehensweisen verglichen, um eine adäquate Bildanalyse passend zum Forschungsvorhaben zu finden.

Ralf Bohnsacks Bildinterpretation ist Teil der von ihm – in Anlehnung an Mannheims dokumentarische Interpretation und mit Bezug auf Max Imdahls kunstwissenschaftlichem Zugang – weiterentwickelten dokumentarischen Methode. Sie ist stark praxeologisch orientiert und versucht, Bilder wie (in Text übertragene) Sprache zu behandeln und für das methodische Vorgehen einzusetzen. Nach Bohnsacks Meinung spielt der Verweisungscharakter der Sprache und der von Bildern dieselbe Rolle. Er plädiert für eine Standardisierung von Sprache und Bildern zur Verständigung und betont zu Recht die Wichtigkeit, stets die Intention der Bildherstellung mitzudenken.

Bohnsacks bildanalytische Methode ist jedoch ausschließlich auf eine zu interpretierende Abbildung von Interaktionen zwischen Menschen gerichtet, bei der vor allem der sozialwissenschaftliche Blick auf die Interpretation von menschlicher Gestik und Mimik fokussiert wird. Unbeantwortet bleibt jedoch für die hier einzusetzende Analyse die Frage nach der Behandlung von Gebäudefotografien bzw. Fotografien von Objekten, meist ohne Menschen auf dem Bild. Bei Bohnsacks Bildinterpretationen wird kein oder kaum Augenmerk auf die abgebildeten Objekte gerichtet. Die gesamte Sachwelt, die auf Bildern in der Regel mit dargestellt ist, wird nicht ausreichend in die Analyse mit einbezogen (Bohnsack 2006 und 2009).

Jürgen Raabs' Konzept des *visuellen Handelns* wurde als Nächstes in Betracht gezogen, da die Teilnehmenden mit ihren Fotografien, die sie während der Begehung aufgenommen haben, als visuell Handelnde aufgefasst werden könnten. Raab betont gerade die Rolle der Bilder und Visualisierungen in sozialen Prozessen der Herstellung, Verbreitung und Aneignung von Wissen (Raab 2008: 317–323). Auch diese Bildanalyse-Variante basiert, wie viele andere, auf Mannheims dokumentarischer Interpretation, doch sie stellt das visuelle Handeln mit Bildern aus wissenssoziologischer Perspektive in den Vordergrund. Ein visuelles Handeln liegt auch im Falle der Teilnehmenden während der Begehung vor. Doch bei näherem Hinsehen erweist sich diese Definition von visuellem Handeln im Kontext dieses Forschungsprojekts als zu wenig zutreffend, was den Entstehungshintergrund der Fotografien anbetrifft: Sie sind während der Begehung als reine Nebenprodukte entstanden oder zumindest nicht als vorsätzlich intendierte visuelle Handlung erstellt worden. Dafür waren die Teilnehmenden viel zu abgelenkt durch ihre Hauptbeschäftigung, laufend ihr Wahrnehmen zu beschreiben und zu kommentieren, und vertieft in das parallel kontinuierlich stattfindende Gespräch. Zum Teil wurden die Fotografien auch ‚noch schnell zum Schluss gemacht' zur Dokumentation des Umstandes, dass sie bei einem bestimmten Anblick länger verweilten als bei anderen. Es kann also – bis auf eine spielerische Ausnahme – keineswegs ein Kompositionswille des Bildaufbaus oder Ähnliches unterstellt werden.

Wesentlich eher kommt die hermeneutische Bildanalyse von Aida Bosch für eine Analyse von Fotografien, die die gebaute Umwelt abbilden, in Betracht. Bosch geht davon aus, dass gegenständliche Objekte wie Fotografien als Wissensspeicher untersucht werden können. Auch ihre Herangehensweise beruht auf Karl Mannheims dokumentarischer Interpretation, zusätzlich inspiriert von Panofskys bildwissenschaftlicher Analyse, die sich wiederum auf Mannheim bezieht (allerdings mit kunstwissenschaftlichem Fokus). Als Ziel ihrer Bildanalyse formuliert Aida Bosch eine Strategie, die versucht, ein „Bild zu erschließen im Sinne von aufzuschließen" und dabei die kulturelle Ordnung von Nah- und Fernwirkung zu beachten (Burri 2008b: 343–358).

Stefan Müller-Doohm moniert in seinem Aufsatz *Visuelles Verstehen – Konzepte kultursoziologischer Bildhermeneutik* von 1993 generell den Mangel an einem geeigneten „Instrumentarium für die Bildanalyse, das ihren eigenen methodologischen Ansprüchen gerecht würde, die optisch wirksamen Bildmaterialien hinsichtlich ihrer manifesten Bedeutungs- und latenten Sinngehalte zu analysieren" (Müller-Doohm 1993: 442). Mit seinem Vorschlag einer Bildinterpretation als struktural-hermeneutische Symbolanalyse hält er „an der Textförmigkeit der Bilder fest, die er als Voraussetzung für deren Lesbarkeit versteht" (Burri 2008b: 343–358). Um der „visuellen Eigenqualität" (Müller-Doohm 1993: 453) Rechnung zu tragen, die es neben der „Sprachlichkeit des Bildmaterials" zu analysieren gilt (ebd.), schlägt er eine Kombination mit phänomenologischen und psychoanalytischen Interpretationsverfahren vor (ebd.). Doch Müller-Doohm zweifelt zu Recht daran, dass mit dieser Methodenkombination eine angemessene kultursoziologische Analyse gelingen kann, d. h. „eine exakte(r) Bildbeschreibung, Bedeutungsanalyse und soziologischer Interpretation" miteinander zu verknüpfen.

Der Anspruch, alle drei Elemente – Bildbeschreibung, Bedeutungsanalyse und soziologischer Interpretation – miteinander zu verknüpfen und ihnen in der Analyse entsprechend Rechnung zu tragen, stellt eine hohe Hürde dar. Vielleicht ist es aber auch – bei aller Angemessenheit des dahinterstehenden Anspruchs – Teil des Problems, das hier durch eine Differenzierung des Kontextes, in dem dieses „visuelle Verstehen" im kultursoziologischen Sinn stattfinden soll, gelöst werden soll. Der zu berücksichtigende Kontext kann durch das Konzept eines „dynamische(n) Dreieckverhältnis(es) von Medium, Bild, Körper" (Schulz 2009: 21) veranschaulicht werden. Konkret bedeutet es, dass erstens „kein äußeres Bild ohne ein Medium bestehen (kann), von dem es materialisiert, gespeichert, bewertet, kognitiv wie emotional umgesetzt und überhaupt als Bild erkannt wird" (ebd.), zweitens „ein menschlicher Körper für die inneren Bilder und für die Bildung eines inneren Bildgedächtnisses" zu berücksichtigen ist (ebd.). Drittens gilt: „Bildmedien wiederum, mit denen die Bilder in ihrer Wahrnehmbarkeit bestimmt werden, können (...) – getrennt von dem, was sie zeigen – für sich in ihren formalen, technischen oder sozialen Eigenschaften beschrieben werden" (ebd.). Diese drei Komponenten – Medium, Bild und Körper – entwickeln eine Eigendynamik, je nachdem, welche Beziehung zwischen dem besteht,

> *„was ein spezifisches Medium (...) leisten kann, mit dem, was mit ihm gezeigt wird. (...) In allen Fällen bedarf es eines bestimmten Mediums, um diese Verwandlung umsetzen zu können, wie ebenso eines Körpers in einer bestimmten kulturellen Situation, der diese Bilder wahrnimmt" (ebd.: 22).*

Dies heißt übertragen und weitergedacht für diesen kultursoziologischen Forschungskontext, dass die Bilder unter Berücksichtigung ihres Herstellungskontextes, ihres Verwendungs- und Rezeptionszusammenhangs interpretiert werden: Sie sind nebenbei, während der Begehung mit einer handlichen, auf Vollautomatik eingestellten Digitalkamera hergestellt worden. Die zu interpretierenden Bilder haben fraglos auch ihre Wirkung als „innere Bilder" (und zwar in den Folgeinterviews), sind hier im Zusammenhang mit der Suche nach einer adäquaten Bildanalyse der ausgedruckten Fotografien jedoch nicht weiter relevant. Die Fotografien werden als auf Fotopapier ausgedruckte Einzelbilder verwendet. Die Rezeption erfolgt im Rahmen einer Forschungswerkstatt, in der die Fotografien als Bilderserie pro Fall interpretiert werden.

Es wird also versucht, eine exakte Bildbeschreibung (von etwas, d. h. von bestimmten, eben ausgedruckten Fotografien), eine Bedeutungsanalyse (mit der Überlegung verknüpft, für wen die Bedeutungen gelten) und eine soziologische Interpretation (wer interpretiert mit welcher Intention, d. h. Sozialwissenschaftlerinnen in einer Forschungswerkstatt im jeweils relevanten Rahmen durchzuführen (Was einen völlig anderen Sinn- und Bedeutungszusammenhang bzw. Rezeptionskontext ergibt, als wenn beispielsweise diese Fotografien in einem Altersheim (oder in einer Schulklasse) interpretiert werden würden.) Die Ergebnisse der Bildanalysen werden vor allem im Rahmen des Kodierparadigmas verwendet, zur Dimensionalisierung von Konzepten und später zur weiteren Verdichtung von Kategorien herangezogen.

Der Einbezug von Dokumenten in der Form von Archivdokumenten und Zeitungsartikeln wird nicht als eigenständige, separate Dokumentanalyse durchgeführt, sondern ausschließlich und nur punktuell ebenfalls zur Dimensionalisierung von Konzepten und späteren Verdichtung von Kategorien herangezogen. (Die Konzepte und Kategorien stammen aus den Primärdaten der Begehungen und der Folgeinterviews.)

3.4 Forschungsverlauf, Methodenanpassungen und theoretische Sensibilität

Jede Datenerhebungsphase war anhand der Jahreszeiten grob strukturiert: drei im Winter, zwei im darauffolgenden Frühling, zwei in den Sommern 2012 und 2013 und schließlich eine im Herbst.

Jede teilnehmende Person wurde zweimal befragt, wobei jeweils eine Zeitspanne von drei bis zehn Tagen zwischen den beiden Interviews lag. Eine genaue Zeitempfehlung dazwischen ließ sich in der Methodenliteratur nicht ausmachen. Die Folgeinterviews sollten dann geführt werden, wenn das Erlebte eine Zeit lang wirken konnte, aber die Erinnerung noch nicht wieder verblasst war. Sowohl unmittelbar nach der Begehung als auch nach dem Folgeinterview wurden zusätzlich Feldnotizen zu den Umständen, besonderen Bedingungen u. Ä. verfasst.

Die Erhebungsstruktur des episodischen Interviews lässt die gewünschte Kombination zu von einem ethnografischen Interview mit viel Raum für einen offenen Erzählstil und einem darauffolgenden teilstrukturierten Leitfadeninterview.

Die Zeitabstände zwischen den vier Datenerhebungsphasen wurden von der Transkriptionszeit und vor allem von den ersten provisorischen Auswertungsergebnissen des offenen und später vermehrt axialen Kodierens bestimmt. Das Vorgehen nach der Grounded-Theory-Methodologie konnte weitgehend eingehalten werden, da die grobe Einteilung nach den Jahreszeiten einen zeitlichen Spielraum von ungefähr jeweils drei Monaten für eine offene Interpretation zuließ, um die Daten entsprechend tief zu analysieren bzw. „aufzubrechen“ (Wilson 1981).

Die Datenbasis von insgesamt 16 wörtlich transkribierten Interviews wurde ergänzt durch eine umfangreiche fotografische Dokumentation der jeweiligen gemeinsamen Begehungen. Die Fotografien spielten zum einen eine wichtige Rolle als Erinnerungsstützen und dienten als Anschauungsmaterial bzw. zu Dokumentationszwecken während des Folgeinterviews. Zum anderen wurden sie gesamthaft vergleichend bzw. kontrastierend herangezogen. Eine Auswahl der Fotografien (ohne Text-Zusammenhang) wurde mehreren Bildserie-Analysen in Forschungswerkstätten unterzogen. Die Ergebnisse dazu sind in Kapitel 4.2 beschrieben.

Die fotografische Dokumentation der Begehungen während der insgesamt knapp zweijährigen Datenerhebungszeit verdeutlicht, dass die Jahreszeiten tatsächlich eine Rolle spielten; sei es, dass dies von den Teilnehmenden angesprochen wurde, aber auch bezüglich unterschiedlicher Wirkungen von denselben Ansichten, die erst im Vergleich nebeneinanderliegend sichtbar wurden. Schließlich bleibt noch festzuhalten, dass die Fotografien die Wandlungsprozesse durch stete Bautätigkeiten im Stadtquartier dokumentierten.

Teilnehmende der Untersuchung

Aufgrund des anfänglich noch explorativen Charakters der Forschung wurde nach möglichst verschiedenen Perspektiven gesucht, in der Absicht, eine größere Vielfältigkeit der Wahrnehmungsprozesse dokumentieren zu können. Ausgehend von der Überlegung, dass die Wahrnehmung der gebauten Umwelt von biografischen Erlebnissen abhängig sein könnte – so sind die Erinnerungen an das eigene Schulhaus mit bestimmten Erfahrungen verknüpft, die später bei den Zuschreibungen der gebauten Umwelt eventuell prägend sein könnten –, wurden zuerst Teilnehmende aus unterschiedlichen Generationen angesprochen und zur Teilnahme gewonnen. Nach dem offenen Kodieren der ersten beiden Datenerhebungen wurden im weiteren Forschungsverlauf anschließend jeweils nach den entstehenden Konzepten und Thesen die Teilnehmenden gezielt gesucht: In der zweiten Erhebungsphase wurden zwei Quartieranwohner gesucht. Als Nächstes wurde eine Ökonomin angesprochen, danach ein Architekt (als Kontrastfall) und zuletzt eine Durchreisende, die sich wegen eines zweimonatigem Berufspraktikums in der Stadt aufhielt und das Stadtquartier – im Gegensatz zu allen anderen – nicht kannte. Generell wirkte das Seefeldquartier als Untersuchungsort auf alle anderen Teilnehmenden und auf die Forscherin als ein zunächst irgendwie fremdes, doch gleichzeitig bekanntes Umfeld.

Die Übersicht der Teilnehmenden, anonymisiert und alphabetisch geordnet:
Generation 18–30 (Lara, Rosa); Generation 31–49 (Viola, Gilbert, Florian); Generation 50–64 (Malte, Doris) und Generation 65 und älter (Xenia).

Kontaktanbahnung und erstes Interviewtreffen

Der Kontakt zu den Interviewteilnehmenden wurde über Bekannte und ehemalige Arbeitskollegen hergestellt, die wiederum Dritte ansprachen. Das anfangs eingesetzte Schneeballsystem für die Suche nach Teilnehmenden an der ersten Datenerhebungsphase war recht erfolgreich und bot eine überraschend hohe Heterogenität der potenziellen Teilnehmenden. Dieser anfängliche Eindruck bestätigte sich im Verlauf der weiteren Rekrutierungen, auch beim Vorgehen des Theoretical Sampling.

Generell konnte eine starke Offenheit, gepaart mit einer großen Neugierde gegenüber dem Forschungsprojekt festgestellt werden. Die Teilnehmenden brachten in erster Linie ein Interesse gegenüber der Erhebungsform mit und beschrieben ihre Vorstellungen mit Synonymen wie „Stadtwanderung", „Spaziergang durchs Quartier" oder „Erkundungstour durchs Quartier". Selbst die am Anfang noch diffus klingende und offene Umschreibung des Forschungsvorhabens schreckte nicht ab, sondern weckte in vielen Fällen den „Forschergeist" bei den Teilnehmenden. Zusätzlich vereinfachte beim ersten Interviewgespräch die Versicherung, dass die Teilnehmenden nicht als Personen untersucht oder gar „getestet" werden, sondern dass es hier um verschiedene Perspektiven auf die gebaute Umwelt geht, um die Frage, welche gebauten Objekte ihre Aufmerksamkeit weckten und als welchen Gründen. Nicht zuletzt auf diese einleitenden Worte kann im Nachhinein der „Mut" zur gelegentlich offen deklarierten Rat- und Wortlosigkeit zurückgeführt werden, die umfänglichen Anlass zur Nachfrage bot, ebenso wie zum genaueren Hinschauen und zur Beförderung der Reflexion der InterviewpartnerInnen sowie der Selbstreflexion der Forscherin.

Methodenreflexion zur Begehung

Die Begehungen eines Stadtquartiers in der Begleitung einer Forscherin stellt ein ungewöhnliches Erlebnis dar. Im Alltag bewegt man sich auf gewohnten Wegen und das, was man dabei um sich herum wahrnimmt, ist normal und geschieht laufend. Doch sobald dieser Ablauf explizit beleuchtet und die Aufmerksamkeit auf das eigene Wahrnehmen gelenkt wird, sind die Teilnehmenden plötzlich mit einer unbekannten Situation konfrontiert – selbst wenn ihnen der Stadtteil ansonsten vertraut ist. Die Aufgabenstellung, mit der die Interviewteilnehmenden konfrontiert waren, entpuppte sich als eigentliche Herausforderung. Die Frage nach ihrer persönlichen Wahrnehmung der gebauten Umwelt wurde als Herausforderung aufgefasst und in verschiedenen Varianten angenommen. Unüberhörbar war eine anfängliche Unsicherheit, die von allen Teilnehmenden geäußert wurde. Alle aber haben die „Aufgabe" gemeistert, nicht zuletzt deshalb, weil der Spaziergang durch ein Stadtquartier trotz des vorgestellten Themas offensichtlich anschlussfähig mit der gewohnten Alltagswelt war. Die ‚forschende Begleiterin' wurde vor allen Dingen als Zuhörerin akzeptiert, zum einen zur Rückversicherung ihrer Aussagen und Meinungsäußerungen, und zum anderen wurde sogar die (vermutete) Forschungsperspektive zeitweilig übernommen, wodurch auch analytisch-distanzierte Aussagen entstanden.

Neben dieser antizipierenden Haltung, die Viola einnahm, ergaben sich weitere Rollenübernahmen, je nachdem, als was sich die Teilnehmenden angesprochen fühlten oder warum sie (ihrer Ansicht nach) ausgewählt wurden:

Äußerst spielerisch ging Malte damit um, indem er davon erzählte, dass er durch eine bestimmte Bekleidung in die Rolle eines Architekten geschlüpft sei, um sich gegenüber den Handwerkern Zutritt zu verschaffen und dadurch Zugang zu einem in Bau befindlichen Gebäude zu erhalten (Malte, Beg. Z 888–903). Auch die Rolle einer Art Touristenführerin durchs Quartier gehört dazu Doris oder die Rolle des Architekturkritikers Gilbert, der sich anfangs genötigt sah, nun „Häuser bashen" (Gilbert, Beg. Z 210) zu müssen.

In der Regel wurden die Teilnehmenden vielmehr nach ihren spontanen Eindrücken und Anlässen der Aufmerksamkeit gefragt, z. B. nachzuhaken, wenn sie stehen blieben oder fotografierten, was sie dazu gerade bewog, hier ein Foto zu machen.

Die nächste große Herausforderung bestand in der Aufforderung, zu erzählen, was sie wie während der Begehung wahrnehmen: Wie kann man sich gut verständlich ausdrücken, wenn aus einem Fachbereich in der Regel nur ein rudimentärer Wortschatz an spezifischen Fachbegriffen zur Verfügung steht? Das ist nicht weiter verwunderlich, da Fachausdrücke in der Regel immer fehlen, wenn man über ein Fachgebiet plaudert – interessant wird dieser Aspekt jedoch, wenn man darauf achtet, mit welchen sprachlichen Behelfsmitteln sich die Teilnehmenden alternativ ausdrücken. Es wird auf häufig auf Begriffe zurückgegriffen, die aus dem menschlichen (anthropologischen), emotionalen und nicht (oder zumindest wenig) aus dem technischen oder (formal-)ästhetischen Bereich stammen.

Die Aufforderung, sich in der gebauten Umwelt umzuschauen und die Erkenntnisse spontan sprachlich wiederzugeben, ist ungewöhnlich, selbst für jemanden, der sich sonst für Architektur interessiert und sich diese im Freundeskreis auch anschauen geht, wie beispielsweise Gilbert. Dies macht einmal mehr deutlich, dass diese Begehung eher als ein ungewöhnliches Erlebnis aufgefasst wurde, was eben nicht in ihrem Alltag stattfand.

Fazit zur Anwendung der Begehung mit Gesprächsaufzeichnung

Die ersten zwei Einführungsgespräche waren relativ umfangreich wegen der Unsicherheit darüber, was an Vorabinformation den Teilnehmenden erklärt werden sollte (und was nicht). Zudem war anfangs noch unklar, was passieren könnte, wenn vonseiten der Teilnehmenden nichts kommen würde.

Diese Befürchtungen wurden jedoch rasch zerstreut und es wuchs das Vertrauen in das Gesprächsthema, vor allem durch die zum Teil sehr fantasievollen Äußerungen und bemerkenswerten Aufmerksamkeiten für interessante Details.

Anschließend wurden die Einführungsgespräche jeweils an die neu ausgewählten Teilnehmenden leicht angepasst, je nachdem, weshalb sie im Forschungsverlauf für das Sampling angesprochen wurden.

Des Weiteren stellte sich nach den ersten Begehungen heraus, dass die Teilnehmenden die Entscheidung über die Route gern der Forscherin überließen. So konnten sie sich ganz auf die Wahrnehmung der gebauten Umwelt konzentrieren.

Die ‚Sprachlosigkeit' stellte sich bei manchen Teilnehmenden tatsächlich recht rasch ein: Das Problem, wie man sich ausdrücken sollte, wenn einem die Begriffe zur Beschreibung fehlen, wurde bereits auf der ersten Begehung deutlich. Zwar war aus der Vorstudie bereits bekannt, dass zur verbalen Beschreibung häufig schlicht die Worte fehlten. Erhofft wurde eine dialogfördernde Wirkung durch die Gesprächsbegleitung. Diese Erwartungen wurden größtenteils erfüllt; zudem erwies es sich als hilfreich, den Teilnehmenden die Gelegenheit und den Raum zum In-sich-Hineinhören zu geben und dementsprechend die schweigenden Passagen während der Begehung auszuhalten.

Einsatz leitfadengestützter Folgeinterviews in der Praxis

In der Einstiegsfrage des Folgeinterviews wurde rückblickend die miteinander erlebte Begehung thematisiert. Bei den beiden ersten Datenerhebungen war dies zwar meist ein willkommener Gesprächseinstieg, jedoch wurde nicht explizit nach den Eindrücken und Reflexionen gefragt. Die Fotografien, schon indirekt angekündigt durch die Installation des mitgebrachten Computers, erregten Neugierde und absorbierten viel Aufmerksamkeit – was verständlich war, handelte es sich doch um ihre eigenen Fotografien, die sie während der Begehung gemacht hatten, aber noch nicht kannten, weil sie die Digitalkamera nach der Begehung zurückgegeben hatten. Doch als Interviewanfang waren sie denkbar ungeeignet: die Fotografien riefen nur die bereits auf der Begehung beschriebenen Eindrücke wieder hervor. Die durch die Fotografie aktivierte Erinnerung wurde also nur reproduziert und nicht, wie erhofft, mit einer gewissen Distanz betrachtet.

Die entwickelten Leitfadenfragen selbst ergaben weniger greifbare, fruchtbare Themen als erhofft, obwohl sie während der Begehungen von alleine thematisiert wurden. Dies ist ein deutlicher Hinweis auf das implizite Wissen. Dass Themen auf der Begehung von selbst angesprochen werden, nicht jedoch in Leitfadeninterviews nachgefragt werden können, trifft vor allem auf die Themenbereiche „Kontrast", „Denkmalschutz" und „Stimmigkeit von Gebäuden" zu.

Zwischenfazit zu den ausgewählten Leitfadenthemen

Folgende Themen werden zumindest besprochen oder angesprochen beantwortet, andere stellten sich als nicht anwendbar heraus:
1. Der Themenbereich ‚Kontrast' spielt offensichtlich implizit eine große Rolle. Gilbert hat das Thema für sich besetzt, vorwiegend als Erkennungsmerkmal im Sinne einer kontrastiven Wahrnehmungsstruktur; dies hat allerdings nicht mehr viel mit der ursprünglichen Idee der Frage zu tun. Die anderen Teilnehmenden bleiben diesbezüglich eher diplomatisch zurückhaltend.
2. Die Fragen nach Denkmalpflege bzw. Denkmalschutz entpuppen sich als Minenfeld: Es besteht Unsicherheit, leicht entstehen Missverständnisse, da offensichtlich die Definitionen nicht klar sind. Deutlich wird diese Unklarheit auch in der Forschungswerkstatt, wo der Themenbereich ebenfalls eher Verwirrung stiftet. Wiederum taucht dieses Thema zwar in den Begehungen auf, wird jedoch in anderen (vor allem nicht etikettierten) Zusammenhängen wahrgenommen. Fazit zu 2.: das Thema sollte drin gelassen werden, aber vermehrt darauf geachtet werden, dass nicht ein Wissensdefizit zu Diskussionen innerhalb der Forschungswerkstatt führt.
3. Der Themenbereich „Nutzungserkennung eines Gebäudes von außen" musste angepasst werden. Die Frage, ob es wichtig ist, dass der Zweck/die Nutzung von Gebäuden von außen zu erkennen sei, d. h. wie ein Gebäude lesbar ist, ist ebenfalls zu theoretisch. Fazit zu 3.: diesen Themenbereich nur weiter vertiefen, wenn Aussagen vonseiten der Teilnehmenden kommen.
4. Das Thema Stimmigkeit eines Gebäudes in sich wird nur mäßig antizipiert. Auch hier handelt es sich um implizites Wissen: z. B. besteht ein Anspruch auf eine Authentizität eines Gebäudes, aber der Begriff ‚Stimmigkeit' wird nie als solcher verwendet. Zudem ergaben sich bei Xenia auch hier Begriffsverwirrungen: Statt „Stimmigkeit eines Gebäudes" wurde die Frage auf die Stimmung bezogen.
5. Das Thema Lebensqualität im Stadtquartier entstand aus den ersten beiden Datenerhebungen, da darin stark auf das Stadtquartier Bezug genommen wurde und vieles davon abhängig schien. Es konnte bei Gilbert nicht bestätigt werden und bei Xenia wurde es, wie oben bereits beschrieben, nur mit mehreren Themen in verschiedene Zusammenhänge gebracht, namentlich mit einem Harmoniean-

spruch. Fazit: Das Anliegen sollte sich um die gebaute Umwelt drehen, weniger um eine Stadtquartier-Diskussion. Dieser Themenbereich musste angepasst werden.

Anpassungen der Folgeinterviews

Die Einstiegsfrage wurde präzisiert und vor allem neu ab der zweiten Datenerhebungsphase im Frühling 2011 ohne Fotos gestellt. Als mögliche Eingangsfrage wurde folgende gewählt: „Was ist dir in der Zwischenzeit so durch den Kopf gegangen?"

So wurden erst nach der Einstiegsfrage zur Anknüpfung an die gemeinsame Begehung die Fotografien thematisch in das Interview einbezogen. Damit soll Raum offen gehalten werden für Erzählungen, was den Teilnehmenden von der gesamten Begehung in Erinnerung geblieben ist und welche Gedanken sie sich in der Zwischenzeit gemacht haben.

Die Themenbereiche tauchen implizit immer wieder bei den Begehungen auf, beispielsweise die Kontrastierungen und die Stimmigkeit eines Gebäudes. Die Leitfadenfrage zur Denkmalpflege war zu stark auf eine fachspezifische Diskussionsebene gestützt. Die Teilnehmenden sahen sich darüber als nicht genügend informiert und wollten sich daher keine eigene Meinung anmaßen, da sie sich (zu Recht) nicht als die richtige Ansprechperson sahen.

Fazit zur Anwendung der Leitfadeninterviews

Die angepasste Einstiegsfrage mit der Reflexionsaufforderung bewährte sich und ergab neues empirisches Material.

Die Folgeinterviews sind wichtig zur Schärfung der Selbstreflexion (als Kategorie); es entstanden Aussagen über das Wie der eigenen Wahrnehmung der Teilnehmenden. Diese Daten aus den Einstiegsfragen dienen zur weiteren Verdichtung der Grundhaltungen, die verschiedene Orientierungsrahmen erkennen lassen.

Der Fotoeinsatz ermöglicht teilweise die Dokumentation des Widerspruchs zwischen der zweidimensionalen Abbildung und der Erinnerung an die ursprüngliche Wahrnehmung, also des Unterschieds zwischen mittelbarer und unmittelbarer Wahrnehmung.

Der hohe Anteil des impliziten Wissens wird erst durch die Themenfokussierung in den Leitfadeninterviews sichtbar, was wertvoll ist zur Verdichtung der bereits durch die Begehungen herausgearbeiteten Kategorien.

Fazit zur Anwendung des Bildmaterials

Der Einsatz der bildanalytischen Methoden lässt sich wie folgt zusammenfassen:

Die Intention der Bildherstellung muss auf jeden Fall bei der anschließenden Analyse mitberücksichtigt werden (Bohnsack 2009; Burri 2008a), denn den Teilnehmenden kann kein intendiertes visuelles Handeln unterstellt werden, mit zwei Ausnahmen: ein Hobby-Fotograf, der sein (fotografisches) Interesse an Garageneinfahrten deklariert:

> *„Es gibt sehr viel so Parkhauseingänge vor allem so in sechziger Jahre, siebziger Jahre Häuser, die mich, die ich eigentlich noch spannend finde. Ich habe mir sogar schon überlegt, so eine Fotoserie zu machen mit nur so Betonschlünden" (Gilbert, Beg. Z 91–94),*

was sich aber nicht in den Fotografien der Begehung widerspiegelt. Die andere Ausnahme ist ein von einem bestimmten Gebäude inspiriertes „Künstler-Foto":

> *„Auch da, vom Bild her. Das sieht wirklich cool aus, jetzt die Häuser da im Hintergrund. Ich muss mal schauen ob ich das hin bekomme. @(1)@ Siehst du, das gibt sogar noch ein Kunstbild. (...) @(1)@. Nein, der hat sich was überlegt, der Architekt." (Viola, Beg. Z 1010–1014).*

Alle anderen 304 Fotografien entstanden nebenbei, d. h. einfach zur Dokumentation.

Eine hermeneutische Bildanalyse (vertreten von Stefan Müller-Doohm und Aida Bosch) erweist sich als geeignet für Bildanalysen von denselben Motiven aus unterschiedlichen Erhebungen. Zusätzlich wird eine weitere bildanalytische Methode explizit für Bilderserien eingesetzt (Breckner 2010: 294–296), weil sich während des Auswertungsprozesses die Vermutung herauskristallisierte, dass die Fotografien ähnlich wie die Handschrift der einzelnen Teilnehmenden berücksichtigt bzw. interpretiert werden sollten. Es stand eine Zeit lang die These im Raum, ob sich allein aufgrund der Fotografien bestimmte Haltungen oder Perspektiven erkennen lassen, die mit bestimmten Typen in Verbindung gebracht werden könnten.

Daher wurde zusätzlich nach einer expliziten Fotografie-Serie-Analyse gesucht und in der Segmentanalyse für Bildserien von Roswitha Breckner (Breckner 2010) gefunden. Erster Schritt ist auch hier eine formale Beschreibung der Bilderserie als Ganzes, wobei auf die Rahmung der Serie und auf erkennbare Schwerpunkte geachtet wird. Auch Lücken, Abbrüche oder thematische Übergänge sind mögliche Hinweisquellen. Darauf folgt die Interpretation von bildinternen Referenzen auf Handlungs- oder Situationszusammenhänge und auf bildinternes Symbolisierungspotenzial. Anschließend werden die beiden Schritte zu einer Gesamt-Interpretation der Serie zusammengeführt. Diese kann zusätzlich Aufschluss über den dokumentierten Wahrnehmungsprozess innerhalb der Bilderserie geben.

Theoretische Sensibilität im Forschungsverlauf

Die Balance zwischen der anfänglichen Offenheit und der theoretischen Sensibilität zu wahren, stellte sich nur begrenzt als Dilemma heraus: Die empirische Forschung und die vorhandenen theoretischen Konzepte auf dem Feld der Architektursoziologie waren zu Forschungsbeginn noch relativ überschaubar. Dennoch fanden Themenpräferenzen Eingang in das Forschungsdesign, so z. B. die dünne empirische Datenlage zur Außenperspektive auf die gebaute Umwelt. Die von Inge Truschkat, Manuela Kaiser-Belz und Vera Volkmann empfohlene „flexible Handhabung" der Frage der theoretischen Sensibilität (Truschkat/Kaiser-Bela/Volkmann 2011: 355) ist aus forschungspragmatischen Gründen durchaus begründbar, denn

> *„eine völlige Unvoreingenommenheit ist aufgrund der Wahrnehmensweisen von sozialer Realität praktisch gar nicht möglich. (...) Jegliche Wahrnehmung von sozialer Realität verläuft also über – zumeist unbewusst ablaufende – Vergleiche mit Bekanntem. Auch wenn Forschende meinen, völlig ohne Vorannahmen ins Feld zu gehen, können sie zumindest ihre Alltagserfahrungen nicht vollkommen ablegen" (ebd.: 359 f.).*

Auch nach Kathy Charmaz sind „die Durchführung von Forschung und das Schreiben darüber keine neutralen Handlungen" (Charmaz 2011: 184).

Erstellen der Interviewtranskripte

Alle Interviews sind in Anlehnung an die von Ralf Bohnsack und Aglaja Przyborski (Bohnsack/Przyborski 2008: 235 f.) vorgeschlagenen Transkriptionsrichtlinien erstellt worden. Sie wurden wörtlich transkribiert und mit einer Art Regieanweisungen ergänzt, um beispielsweise rein sprachlich nicht erkennbare Übergänge zu einem anderen Gebäude, das kommentiert wird, zu verdeutlichen.

4. Empirische Daten und ihre Interpretation

In diesem Kapitel wird zuerst der sich über insgesamt 21 Monate erstreckende Datenerhebungsprozess im Forschungsverlauf zusammengefasst, bei dem die im vorhergehenden Kapitel vorgestellten Erhebungsmethoden zur Anwendung kamen. In diesem Forschungsprozess wurden die Daten kontinuierlich ausgewertet. Ausgehend von ersten provisorischen Konzeptideen, wurden diese weiter durch ständiges Vergleichen, Dimensionalisieren und Kontrastieren gefestigt, z.T. revidiert und auch neu entdeckt. Während dieses Prozesses wurden Entscheidungen zu unterschiedlichen Gewichtungen der erhobenen Daten aus unterschiedlichen Datenauswertungsmethoden getroffen, die in Kapitel 4.1 begründet werden. Anschließend werden die verschiedenen Abstraktionsstufen anhand des fallübergreifenden Kodierparadigmas dargestellt (Kapitel 4.2), die zu den Ergebnissen führen: In Unterkapiteln wird die Kategorie „Orientierungsrahmen“ vorgestellt, die im Kontext der Bedeutung des biografischen Hintergrundes erläutert wird (Kapitel 4.3). Die Kategorie „Deutungsstrategien“ umfasst die Herausarbeitung der unterschiedlichen Erschließungsstrategien zur Wahrnehmung architektonischer Wirklichkeitsauffassungen der gebauten Umwelt (Kapitel 4.4). Daran anschließend werden die verschiedenen Reaktionsformen beschrieben (Kapitel 4.5). Diese haben als Wirkung der gebauten Umwelt eine eigenständige Bedeutung, stehen jedoch im engen Zusammenhang mit den Deutungsstrategien und ergeben sich als eine logische Konsequenz daraus. Darüber hinaus tragen sie ein theoretisches Anschlusspotenzial in sich, auf das im anschließenden Kapitel 5 näher eingegangen wird.

4.1 Auswertung und Forschungsprozess

Auswertung

Die Entscheidung, im Forschungsstil der Grounded-Theory-Methodologie (GTM) die Daten empirisch zu erheben und dementsprechend sukzessive auszuwerten, wurde auch getroffen, weil damit unterschiedliche Erhebungsmethoden kombiniert werden konnten. Diese umfassen in erster Linie zwei unterschiedliche Interviewformen (Begehungsgespräche und Leitfadeninterviews), ergänzt durch umfangreiches Bildmaterial, Feldnotizen, Archivdokumente und das im Forschungsverlauf angesammelte Alltags- und Fachwissen der Forscherin.

Eine theoriegeleitete Erhebung strebt eine „gezielte Erfassung möglichst gegensätzlicher Phänomene im Rahmen der Fragestellung“ (Böhm 1994: 31) an, um diese möglichst vielschichtig einzubeziehen. Die Phänomene werden durch eine „zugleich systematische und kreative Methode der Textinterpretation“ (ebd.: 32) durch die Zuordnung von Konzepten als Indikatoren erarbeitet. Diese Konzepte werden anschließend, zusammen mit den theoretischen Überlegungen in der Form von Theoriememos, immer mehr zu sich entwickelnden Kern-Kategorien verdichtet. Die inhaltlich interpretierte Aufschlüsselung der Daten steht dabei im Vordergrund, jedoch wird die konzeptionelle Ebene laufend ergänzt durch neue, sich „erschließende Fragen zu den interessierenden Phänomenen“ (ebd.), bis sich in dieser Datenerhebungsform keine weiteren Erkenntnisse mehr ergeben und die theoretische Sättigung erreicht ist.

Der Forschungsprozess

Das soziale Phänomen der Wahrnehmung der gebauten Umwelt wurde exemplarisch in einem Zürcher Stadtquartier erforscht. Zwar stellt diese Ortswahl einen Einzelfall dar, aber erst auf der Grundlage von ersten Einzelergebnissen lassen sich diese als explizit aus den Daten entwickelte Begriffsbildungen und Konzepte auf weitere Forschungsfelder beziehen. Die entwickelte Begriffsschärfung und Theoriegenerierung wird ausgehend von subjektiven Akteuren ermittelt und als Ordnungsleistung und Deutungsmuster systematisch, mittels vergleichendem Auswerten und durch Dimensionalisierungen sukzessive erarbeitet. Dazu werden kontinuierlich verschiedene Datenquellen zur Verdichtung der sich herauskristallisierend Konzepte mit einbezogen.

Mithilfe des Kodierparadigmas konnten die zuerst nur fallbezogenen Konzepte verfeinert, verglichen und dadurch konkretisiert werden. Erst in der axialen, fallübergreifenden Verdichtungsphase, also jeweils erst nach dem offenen Kodieren bzw. Aufbrechen der Daten, wurden mit Hilfe der Software MAXQDA weiter analysiert. Die Interviewtranskripte wurden zu Anfang bewusst nicht am Computer erarbeitet, sondern nur handschriftlich bzw. in Textverarbeitungsprogrammen bis zur Konzeptphase, um eine allzu rasche und leichtfertige Kode-Zuteilung als eine Art ‚Schubladisierung‘ zu vermeiden. Diese Entscheidung entsprang einem Fehlversuch, die ersten Datenerhebungen im Frühling 2012 sofort mit Hilfe der Software MAXQDA zu kodieren.

So wurden die umfangreichen Textdokumente der offenen Kodierung nach zahlreichen Interpretationsrunden im Rahmen von Forschungswerkstätten zunächst handschriftlich erarbeitet. Die dabei entstandenen Interpretationsmemos wurden ebenfalls als Dokumente in MAXQDA eingelesen und zum Teil zur axialen Kodierung verwendet, ebenso die Interpretationsmemos aus den Bildanalysen. Parallel wurden handschriftlich Kodierparadigmen pro Fall erstellt und in das anwachsende Kode-System eingearbeitet. Die Auswertungen verliefen, wie schon erwähnt, sukzessive und stehen in enger Verbindung zu den weiteren darauffolgenden Datenerhebungen. Dabei wurden immer wieder Entscheidungen getroffen, die hier im Forschungsverlauf dargelegt und begründet werden. Schließlich wurden die Kern-Kategorien gebildet, die dann wiederum die einer kleineren Forschungswerkstatt vorgestellt, überarbeitet bzw. verdichtet und neu diskutiert wurden.

Begonnen wurde mit dem offenen Kodieren des Datenmaterials, das in der ersten Datenerhebungsphase im Winter 2011/2012 durchgeführt wurde. Die ersten Kodes der Auswertungen führten zu ersten provisorischen Schlussfolgerungen. Anfangs ergaben sich offene heuristische Fragestellungen. Durch die Auswertungen kamen neue Aspekte in den Blick, mit denen die nächste Erhebung als neuer Fall in die weitere Analyse einbezogen wurden.

„Ausschlaggebend für die Fallauswahl ist dessen zu erwartende theoretische Relevanz zu einem gegebenen Zeitpunkt im Forschungsprozess. Es wird gefragt, welches Wissen über den nächsten Fall hinzugewonnen werden kann und welchen Stellenwert diesem Wissen für die sich herausbildende Theorie zukommt" (Mey/Mruck 2009: 110).

In der anfänglichen Auswertungsphase konkretisierten sich erste provisorische Sinnstrukturen, die durch Vergleiche konkretisiert oder verworfen wurden. Daraus bildeten sich die ersten provisorischen Hypothesen, die wiederum die Grundlage für die weitere Fallauswahl darstellten:

Aufgrund der häufigen Thematisierung des Forschungsortes, des Stadtquartiers Seefeld, und zahlreicher und damit eng zusammenhängender Motivzuschreibungen der – von außen – vermuteten Quartierbewohnerschaft drängte sich die Frage nach Interna-Wissen zum Quartier von tatsächlichen Quartierbewohnern hervor. Daher wurden im darauffolgenden Frühling zwei Datenerhebungen mit langjährigen Quartierbewohnern durchgeführt. Die sich daraus abzeichnenden Vergleiche sind in die nachfolgenden Datenerhebungsphasen im Sommer 2012 sowie im Herbst 2012 und nochmals im Sommer 2013 eingeflossen. Diese fortschreitende Begriffsschärfung wurde mehrmals zirkulär angewandt unter Berücksichtigung des Prinzips der Minimalisierung und Maximalisierung von Unterschieden. So kristallisierten sich weitere dominante Konzepte heraus, vor allem solche, die von einem hohen Stellenwert von ökonomischen Zusammenhängen ausgingen.

Im fortgeschrittenen Forschungsverlauf wurden auch die Kodes in einen Zusammenhang zu übergeordneten Konzepten bzw. Kategorien gebracht. Daraufhin wurde eine nächste Datenerhebungsphase mit einer Ökonomin durchgeführt, um eine zusätzliche Sicht auf die Dinge zu bekommen. Weiteren Kontrastierungen folgend, wurde im Herbst 2012 ein Architekt hinzugezogen und im Sommer 2013 eine Person, die jünger war als die bisherigen Teilnehmenden und zudem dieses Stadtquartier nicht kannte; beides ergab sich wegen eines hohen Kontrastierungspotenzials.

Parallel zu diesem offenen Kodieren wurde ab der zweiten Datenerhebungsphase das Kopierparadigma eingesetzt. Dadurch konnte nach unterschiedlichen Bedingungen, den Strategien und Taktiken und den Konsequenzen des sozialen Phänomens kodiert werden, bis aus dem empirischen Material heraus die Kern-Kategorien entwickelt werden konnten. Schließlich wurde ein dem Gegenstandsbereich und der Reichweite der angestrebten Theoriegenerierung entsprechend ausreichender Sättigungsgrad erreicht, was durch eine erneute Feldforschung im Quartier Seefeld nach ca. zwei Jahren mit Soziologie-Studierenden im Rahmen einer Lehrveranstaltung im Frühjahrssemester 2016 bestätigt werden konnte.

Es folgt nun die *Reflexion des Forschungsprozesses*, aufgeteilt nach den Erhebungsmethoden und den Begründungen der getroffenen Entscheidungen zur weiteren Auswertung des Datenmaterials.

Begehung mit Gesprächsaufzeichnung

Die Begehungen entsprechen einem Spaziergang mit der Forscherin durch ein Stadtquartier. Wenn vom Alltag in der gebauten Umwelt gesprochen wird, schwebt einem am ehesten Folgendes vor:

> *„Menschen leben längere Zeit in ihrer Stadt. Sie ist ihnen mittlerweile vertraut. Sie finden sich bei ihren alltäglichen Lebensvollzügen in ihr zurecht. Sie ist ein Stück ihrer räumlichen Umwelt, d. h. sie ist ihnen grundsätzlich schon erschlossen in ihrer Relevanz für ihr jeweiliges alltägliches Tun. Natürlich begegnet der Mensch ständig auch neuen Gegenständlichkeiten. Diese sind aber in der Regel deutbar, weil sie sich in eine bereits gedeutete Umgebung einordnen lassen, die auch die benötigten Deutungsschemata bereitstellt“ (Bahrdt 1974: 191).*

Bei den Begehungen findet für die Teilnehmenden nichts Anderes statt: Sie bewegen sich in ihrer gewohnten Lebenswelt, und die Gesprächssituation während der Begehung ist keine Führung durch das Quartier unter Leitung der Forscherin, sondern vergleichbar mit einem Spaziergang, bei dem ein lockeres Gespräch geführt und gemeinsam ein ungewohntes Thema erkundet wird. Aus diesem Grund wird den Teilnehmenden auch kein fremdes Relevanzsystem aufgedrängt.

Auf der Grundlage von Alfred Schütz' theoretischen Überlegungen zum Alltagswissen des Einzelnen (Schütz 2010: 336 ff.) können vor allem Selbstverständlichkeiten herausgearbeitet werden, also jene Dinge, die den Leuten vertraut sind und über die sie vor allen Dingen implizites Wissen verfügen. Es geht um die Wahrnehmung der gebauten Umwelt als Teil unseres Alltagslebens, und wenn nicht genau dieses Stadtquartier die Alltagswelt darstellt, so geht man doch in derselben Stadt spazieren, in einem Quartier, das einem nicht unbekannt ist und in dem man sich ohne Mühe orientieren kann. Die eigentliche Herausforderung besteht in der Aufforderung, genauer hinzuschauen auf das, was da real besteht in der Alltagswelt. Es wird daher nicht vorab ein fremdes Relevanzsystem auferlegt, da die Teilnehmenden selbst entscheiden können, wo sie stehen bleiben und was sie kommentieren möchten und was nicht. Das spiegelt sich auch im praktischen Umgang mit der Interviewsituation während der Begehung wider, dass sie sich auch entscheiden, Sachen auszublenden, und explizit machen, dass sie etwas gerade nicht kommentieren möchten.

> *„Es hat aber auch was mit Materialien und auch mit den Schaufensterflächen, wie die so. Äh, die kommunizieren irgendwie mit der Straße und das andere sind einfach so Löcher, wo du, eigentlich gar nicht hineinschauen möchtest" (Gilbert, Beg. Z 1192–1210)*

> *„Interessiert mich jetzt auch nicht. Da laufe ich jetzt einfach weiter" (Gilbert, Beg. Z 105–107).*

Die Teilnehmenden werden nicht mit bestimmten Gebäuden konfrontiert und aufgefordert, dazu etwas zu sagen. Die Wahl liegt auf diesen Spaziergängen, die zwischen ein bis zwei Stunden dauerten, immer bei den Teilnehmenden. Auch das Beenden der Begehung bleibt den Teilnehmenden überlassen.

Nichtsdestotrotz stellt dieser Spaziergang eine Herausforderung dar und hat in seiner Außeralltäglichkeit einen Erlebnischarakter:

> *„Ja, es wirkt noch hübsch. Das ist mir jetzt zwar noch nie aufgefallen, aber jetzt wo ich das so sehe" (Doris, Beg. Z 74–75).*

> *„Ja, das ist eigentlich eine Ecke, wo ich jetzt nie, nie so beachtet habe, muss ich sagen" (Doris, Beg. Z 158–159).*

> *„Da kommt auch-, das habe ich auch noch nie gesehen, das Haus, aber das ist auch irrsinnig" (Viola, Beg. Z 289–290).*

Daher war ein methodischer Kunstgriff, durch eine „Exotisierung des Eigenen"

(Hirschauer 2010: 207 ff.) die Forschungshaltung eines *soziologischen Ethnografen* einzunehmen, um die mangelnde Befremdlichkeit mit und in der eigenen Kultur überwinden zu können, gar nicht nötig. Es stellte sich bereits im Verlauf der ersten Datenerhebung rasch heraus, dass man bei empirischen Untersuchungen zur Wahrnehmung der gebauten Umwelt gar nicht so weit gehen muss. Denn was auf den ersten Blick als selbstverständliche Alltagsumgebung anmutet und ebenso selbstverständlich mit Alltagswissen verknüpft werden kann, stellte sich doch rasch die Befremdung der Teilnehmenden und der Forscherin ein, finden sie beispielsweise nicht die richtigen Worte, um sich auszudrücken. Oder es wird vor Ort erstaunt zur Kenntnis genommen, was es da alles zu sehen gibt, was einem sonst (im Alltag) nie aufgefallen ist (vor allem bei den Quartierbewohnern, aber nicht nur) oder was man als Phänomen nie bewusst zur Kenntnis genommen hat.

Auch wenn in der Praxis die eine oder andere Abweichung selbstverständlich mit aufgenommen wird für einen reibungslosen Fluss des Spaziergangs – der ja nicht zwingend ein örtliches Ziel hat, sondern seinen Sinn in der Tätigkeit des Spazierengehens zugeschrieben erhält –, bleibt die Begehung als Teil der Datenerhebung doch vorgegeben. So umschreiben die Teilnehmenden denn auch im Folgeinterview dieses Erlebnis der Begehung als „Ausflug“ (Viola, F, Z 386) oder als „schönen Spaziergang“ (Xenia, F. Z 274).

Die Festlegung der Begehungsroute erfolgte pragmatisch, indem es galt, der stärksten Lärmemission – der Straßenbahn – auszuweichen. Nach ersten Bedenken, ob diese Vorstrukturierung nicht zu einengend sein könnte, erwies es sich bereits in den ersten Datenerhebungsphasen als hilfreich: Die Teilnehmenden fragten explizit nach: „Äh, wo müssen wir durch eigentlich?“ (Gilbert, Beg. Z 97–98) und „Wo geht es weiter? Dort hinunter?“ (Viola, Beg. Z 562) und waren offenbar froh über solche Leitplanken, da das Gesprächsthema bereits genug Aufmerksamkeit beanspruchte.

Nichtsdestotrotz sind zahlreiche Artefakte, Objekte etc. in der gebauten Umwelt wahrzunehmen, die als exemplarisch gelten können durch die Art und Weise der individuellen Auseinandersetzung damit. Hier handelt es sich um verschiedene Zugangsvarianten der Teilnehmenden. Zum Teil beruhen sie auf (offenbar bereits im Vorfeld reflektierten) Ideen, aber auch auf unreflektierten Erfahrungen mit der gebauten Umwelt im weitesten Sinne. Die Teilnehmenden greifen auf Inhalte ihres individuellen Wissensvorrates zurück und versuchen diese bei der Begehung durch Vergleiche und Verknüpfungen wieder zu erkennen. Es werden verschiedene Zuschreibungen deutlich, ob z. B. jemand generell alte Häuser oder Neubauten bevorzugt.

Alltagswissen wird auch bei pragmatischen Überlegungen deutlich, z. B. bei Erinnerungen an das eigene, erlebte Wohnungssuchen. Da die Teilnehmenden auf ihren Wissensvorrat zurückgreifen, können Alltagskonzepte rekonstruiert werden. Dabei werden bei der unmittelbaren Wahrnehmung der gebauten Umwelt sowohl die Sehgewohnheiten (Soeffner 2004: 63) als auch die durchschimmernden Werte-Auffassungen benannt und begriffsschärfend konkretisiert. Zur ungewohnten, außeralltäglichen Situation der Begehungen kommt für die Teilnehmenden erschwerend hinzu, dass sie sich zum Teil mit ihrer eigenen Ratlosigkeit konfrontiert sehen. Daher entpuppt sich der Umgang mit der Unsicherheit und der frisch entdeckten, ambivalenten Einstellung als vielversprechendes zusätzliches Ergebnis: Wie gehen die Teilnehmende damit um?

Generell kann eine Suche nach Kohärenz festgestellt werden, wenngleich auf unterschiedliche Art und Weise. Eine Variante ist eine offene Kommunikation der Ratlosigkeit oder Unschlüssigkeit. In anderen Fällen bestanden zwar Vorlieben und (recht konkrete) Vorstellungen von den eigenen Ansprüchen, jedoch wurde das auf der Begehung Wahrgenommene nicht nach diesen Maßstäben beurteilt und untergeordnet, sondern Entdeckungen zugelassen und aufgenommen. In wieder anderen Fällen kam es vor, dass ein Deutungsschema offensichtlich schon von vornherein vorhanden war. Darauf wird während der Begehung zurückgegriffen und – neben kleineren Zugeständnissen – immer wieder darauf Bezug genommen, d. h., alles Wahrgenommene wird mit diesem Deutungsmuster abgeglichen und zugeordnet, was im Gegensatz zu den beiden anderen Varianten auch einen stark bewertenden Effekt hat.

Eng verknüpft mit dem Bestreben, Kohärenz herzustellen, sind die sprachlichen Mittel, um das Wahrgenommene zu verbalisieren. Es scheint naheliegend, dass ein zur Architektur und zur gebauten Umwelt passender Wortschatz nur rudimentär zur Verfügung steht. Interessant wird es jedoch, auf welche alternativen sprachlichen Ausdrucksmöglichkeiten zurückgegriffen wird. Auffällig sind Begriffsanleihen aus den Bereichen des Menschlichen (Anthropologischen), Emotionalen und Pragmatischen.

Des Weiteren wird die in Interviewsituationen sonst eher ungewöhnliche Redesituation beachtet: Ein solches Spaziergang-Gespräch erhält eine eigene Dynamik, ist in sich prozesshaft und die Aufmerksamkeit auf das Wahrgenommen fließt während des Gehens vorbei (und gerät auch wieder aus dem Blick). Auch wird deutlich, dass die sprachliche Übermittlung von Sinnsetzung und Einordnung des Wahrgenommenen von kommunikativen Ausdrucksroutinen und sprachlich-narrativen Repräsentationen von Wahrnehmungen wie metaphorischen Gefühlsausdrücken abhängt. Daher wurde bei den Interpretationen der Daten darauf geachtet, was auf der Ebene der verbalen Rekonstruktion der gebauten Umwelt passiert, was in einer unmittelbaren, situativen Interpretation erzählt wird im Vergleich zu dem, was in den anschließenden Leitfadeninterviews gesagt wird.

Leitfadengestützte Folgeinterviews

Der Erkenntnisgewinn und das zusätzliche Auswertungspotenzial aus den Folgeinterviews entstand auf zwei Ebenen: Erstens liegt hier Material aus einer Interview-Interaktion von zwei Personen vor, die sich bereits von der Begehung her kennen und sich nun erneut über Architektur bzw. die gebaute Umwelt unterhalten. Zweitens ergab sich durch das gemeinsame Erlebnis der Begehung ein Perspektivenwechsel von Ich- zu Wir-Perspektiven. Dies wirkte sich untermittelbar auf die basale Selbstverortung aus (vgl. Berger/Luckmann 2003: 24–25, 41). Dies geschieht bei allen Datenerhebungen in der vorliegenden Untersuchung.

In den Daten der Folgeinterviews wird auf methodischer Ebene ersichtlich, wie die Teilnehmenden die Begehung erlebt haben und was diese bei ihnen ausgelöst hat. Auf inhaltlicher Ebene konnten Aussagen darüber gemacht werden, wie diese Wahrnehmung der gebauten Umwelt konkret im Alltag der Teilnehmenden funktioniert:

> *„Ähm, ich war eigentlich erstaunt, wie viele moderne Gebäuden dass es hat. Das habe ich dir, glaube ich, auch schon auf der Begehung gesagt, dass irgendwie-. Ich nehme nur die alten schönen wahr und die gold- und die neuen irgendwie so- eh-, ja. Und, und bei dieser Begehung sind mir vor allem die, die modernen und die, die Großen ins Auge gestochen." (Doris, F. Z 22–26)*

> *„Nee, gar nicht! Deshalb war ich ja so überrascht, dass es da was gibt. Dass es so was gibt, so eben, man hat das Gefühl, so vorortmäßig @fast@ @(1)@." (Doris, F. Z 68–69)*

Die Folgeinterviews, die jeweils ca. drei bis zehn Tage nach den Begehungen durchgeführt wurden, funktionierten als Erhebungsinstrument nur teilweise und wurden im Forschungsverlauf am meisten angepasst. Die in Kapitel 3.4 beschriebene Leitfadenentwicklung erwies sich trotz der ersten Probestudie als zu stark durch Vorannahmen strukturiert. Ursprünglich waren die Folgeinterviews als Verbindungsstück zwischen der gebauten Umwelt als Alltagswirklichkeit und den architekturtheoretischen Debatten gedacht, was sich in den Themenbereichen Kontrast alt/neu, Gesamteindruck eines Gebäudes, Denkmalschutz und Lebensqualität durch gebaute Umwelt abbildete. Nach den ersten beiden Datenerhebungen richtete sich das Augenmerk auf die ersten Ergebnisse der Folgeinterviews: Eröffnet wurden die leitfadengestützten Folgeinterviews mit einer offenen erzählauffordernden Einstiegsfrage nach dem rückblickenden Eindruck der Begehung, und dies noch ohne den Einsatz der während der Begehung entstandenen Fotografien.

Der Erhebungsrahmen des Folgeinterviews stellte sich als günstig heraus: Man kennt sich von der Begehung, die noch nicht lange zurückliegt und in der Erinnerung noch relativ präsent ist, auch ohne Fotografien als Erinnerungsstützen. Die Ausführung und Vertiefungen zur Eingangsfrage bleiben den Interviewten überlassen. Der angesprochene Erinnerungsprozess sowie allfällige Veränderungen der Wahrnehmung, der Aufmerksamkeit nach der Begehung erwiesen sich als aufschluss- und ertragreicher als anfangs angenommen:

> *„Nein, also ich habe mir da gesagt, wenn man jetzt mal, man müsste die Sachen wirklich genauer anschauen. Eben, so eine gewisse Oberflächlichkeit hat ja dann noch-, wie gesagt, die ersten dreißig Sekunden sind wichtig und nachher, ja Schwamm drüber, oder. Und ich denke, man darf (1) vielleicht ein bisschen, man muss da wirklich-. Aber allgemein im Leben, oder. Eh, die Sachen genauer anschauen, bevor dass man sich-, bevor man sich entschließt und einen Meinung bildet. Also, da, das ist mir so ein bisschen im Nachhinein, als ich dann nachhause gegangen bin." (Viola, F, Z 21–28)*

> *„Ein bisschen-, schon. (...) Also ein bisschen. Es ist mir zum Beispiel jetzt mir aufgefallen. Immer wenn ich ähm, mmh neuere Gebäude gesehen habe. Also vor allem Bürogebäude mit mit Glas, die halt schwarz waren und weiss waren. Dass es mir so gefallen hat. Da habe ich mir gedacht, das gefällt mir und dann habe ich mich daran erinnert ‚Ah ja, das gefällt mir!' " (Rosa, F, Z 23–28)*

Durch die Textstellen wird deutlich, dass die Teilnehmenden, zu ihrer eigenen gebauten Umwelt befragt, diese Wahrnehmungen mit ihrem eigenen Relevanzsystem abgleichen, wenn sie mit anderen Umgebungen (also nicht in ihrer alltäglichen Umgebung) als gebaute Umwelt konfrontiert werden. Erst dann sehen sie sich herausgefordert, diese Eindrücke einzuordnen und mit ihren bisherigen Vorstellungen zur Deckung zu bringen.

Doch die anschließenden Leitfadenfragen funktionierten nur teilweise. Dies hatte drei Gründe: Erstens waren die Fragen zu komplex und zu theoretisierend. Obwohl die Leitfadenthemen im Gesprächsverlauf nur bei passenden Gelegenheiten eingebracht wurden, behalten sie einen Aufgabencharakter. In der Praxis des Interviews sind die Teilnehmenden zwar leicht überfordert, jedoch weichen sie mit interessanten Themenwechseln aus. Zweitens ergaben sich zum Teil begriffliche Missverständnisse: So wurde der Begriff Lebensqualität anders als intendiert verstanden: Die Teilnehmenden assoziierten damit ein sich Wohlfühlen im Stadtquartier. Und drittens sind auch diese Interviews Interaktionssituationen. So wurde durch die Vorannahmen der Forscherin mit den Fragen auch das Relevanzsystem der Forscherin in die Interaktion eingebracht, statt die der Teilnehmenden. Die Interviewten versuchten, auf die themenbezogenen Fragen zu antworten, doch entstanden dabei Deutungen, die sich auf das ihnen ansonsten eher fremde Relevanzsystem beziehen. Anhand der Antworten ist erkennbar, dass sich die Teilnehmenden aus Höflichkeit den Themen widmeten und sich bemühten zu antworten. Doch erschöpften sich diese Aussagen recht schnell oder wurden in andere Richtungen gelenkt.

Im Verlauf des Forschungsprozesses wurde jedoch genau an solchen Bruchstellen im Datenkorpus die Bedeutung der Unterscheidung zwischen explizitem und implizitem Wissendes deutlich: Auch wenn dieselben Themen auf den Begehungen von den Teilnehmenden selbst angesprochen wurden, wollten oder konnten sie im Folgeinterview in den wenigsten Fällen diese Themen weiter diskutieren, oder wenn sie explizit auf ihre eigenen Äußerungen auf der Begehung angesprochen wurden, wichen sie aus oder relativierten ihre Aussagen.

So ergaben sich folgende Konsequenzen für die Auswertung der Folgeinterviews: Nur die Antwortpassagen auf die Einstiegsfrage wurden als Eingangserzählung analysiert und in die fortlaufende Kodierungsarbeit und Konzeptualisierung einbezogen. Durch dieses zusätzliche Ausgangsmaterial aus den ergänzten Datenerhebungen der Folgeinterviews und der Bildserie-Analysen wurden weitere Differenzierungen und Verdichtungen von analytischen Abstraktionen ermöglicht. Die vier Themenbereiche der Leitfaden jedoch wurden nicht einzeln oder gar als Kodierungsvorgaben verwendet, sondern dienten lediglich zur Untermauerung und Verdichtung von bereits aus den Begehungen erarbeiteten Kodierungen und Konzepten.

Bildanalyse

Durch die Fotografien konnte zudem der bauliche Veränderungsprozess des Quartiers während der Datenerhebungsphase über den Zeitraum von 21 Monaten hinweg dokumentiert werden. Insbesondere die Baustellenveränderungen und unterschiedlichen Bauetappen wurden sichtbar. Doch die Fotografien wurden, wie eben bereits erwähnt, für separate Bilderserien genutzt, die zuerst fallspezifisch und zu einem späteren Zeitpunkt fallübergreifend (und somit motivbezogen) analysiert wurden.

Pro Fall wurde das Fotomaterial zu Dokumentationszwecken und als Erinnerungsstütze im Folgeinterview eingesetzt. Die separate Bildanalyse, bei der ausschließlich das Bildserie-Material einer Begehung analysiert wurde, erfolgte kontinuierlich im Verlaufe des Erhebungs- und Auswertungsprozesses in einer spezialisierten Forschungswerkstatt. Mit den dort produzierten Ergebnissen konnten bereits herausgearbeitete, fallbezogene Grundhaltungen untermauert werden.

Die anfangs noch angenommene Widerspiegelung von unterschiedlichen Blickwinkeln auf die gebaute Umwelt konnte nicht bestätigt werden: Es wurden keine fallspezifisch individuellen Perspektiven erkennbar. Dies lässt sich im Nachhinein leicht damit erklären, wie diese Fotografien entstanden sind: als

Nebenprodukte und vor allem im Verlauf eines Gesprächs. Was jedoch deutlich fallspezifisch unterschieden werden kann, sind einerseits die Motivwahl und andererseits die Art und Weise des Fotografierens: nicht wegen des Blickwinkels, aber bezüglich verschiedener Einstellungen zur Tätigkeit des Fotografierens: Es gab Teilnehmende, die offensichtlich Spass und Interesse am Fotografieren hatten. Andere fotografierten nur zur Dokumentation und vergleichsweise viel. Es wurden jedoch auch nur Einzelfotografien von besonderen Gebäuden hergestellt und dasselbe Motiv von unterschiedlichen Seiten aufgenommen. Und wieder andere hatten einen Blick für aussagekräftige Einzelmotive und fokussierten sich mit ihren Fotografien nicht auf Gebäude, sondern auf Elemente in der gebauten Umwelt wie Müllcontainer, Trinkbrunnen, Litfaßsäulen, Fahnen in Fenstern oder an Balkonen und Graffiti an Hauswänden.

Zusammenfassend lässt sich aus der Erfahrung mit den unterschiedlichen Erhebungsmethoden festhalten, dass der Reihenfolge der unterschiedlichen Datenerhebungsmethoden eine große Bedeutung zukommt: Die Begehung hat zuerst als offenste Form der Datenerhebung stattgefunden, sodass die dabei entstandenen Fotografien immer mit Erinnerung/Rückbesinnung auf bereits Wahrgenommenes im Folgeinterview nun zweidimensional betrachtet wurden. Bei der unmittelbaren Wahrnehmung von gebauter Umwelt auf der Begehung wurden wesentlich mehr Eindrücke erlebt mit Auswirkungen auf die Schilderungen als später bei der vermittelten Betrachtung der Fotografien. Dementsprechend konstatierten die Teilnehmenden in der Erinnerung an die akustischen Emissionen:

> *„Ähm, eigentlich hat es an der Straße einige schöne Häuser, oder. Weil, das ist mir jetzt auch aufgefallen, mit dieser Fassade, ähm, aber im Hinterkopf hat man immer ‚ahh, dieser unsägliche Verkehr. Wer will denn hier wohnen', oder." (Doris, F. Z 815–818)*

Zudem fällt offensichtlich die Abstraktion durch die zweidimensionale Vermittlung des Gebäudes durch die Fotografie leichter:

> *„Wenn du dir das Haus alleine anschaust, einfach wenn du dir das Gitter jetzt wegdenkst. (...) Aber, aber auf dem Bild kannst du es-. Kannst du es dir noch ein bisschen vorstellen, ohne. Finde ich jetzt." (Xenia, F. Z 961–965).*

> *„Das ist wirklich ein schönes Quartier. Wenn man sich jetzt so die Bilder anschaut, irrsinnig. Mhm, ja. (3) Das macht man in der eigenen Stadt nie, oder?" (Viola, F, Z 71–73)*

Nach dieser einleitenden Beschreibung der sich im Forschungsprozess ergebenden Entscheidungen werden anschließend die zirkulär durchgeführten Auswertungen in der Logik der Grounded-Theory-Methodologie anhand des Kodierparadigmas präsentiert.

4.2 Darstellung des Kodierparadigmas

Ziel der Forschungsarbeit im GTM-Stil ist es, weg von der reinen Beschreibung hin zur Analyse zu kommen. Gewährleistet werden kann dieser Anspruch durch den frühzeitigen Einsatz von konsequentem und systematischem Vergleichen. Dabei dient das paradigmatische Modell des Kodierparadigmas als Denkmodell, das kontinuierlich mit neu erhobenen Material angereichert wird und zum Schluss als ein stabiles Modell erkennbar wird. Mit der unten abgebildeten Grafik des Kodierparadigmas können Daten nach Relevanz für das soziale Phänomen „Wahrnehmung der gebauten Umwelt“ in einem logischen Modell dargestellt werden.

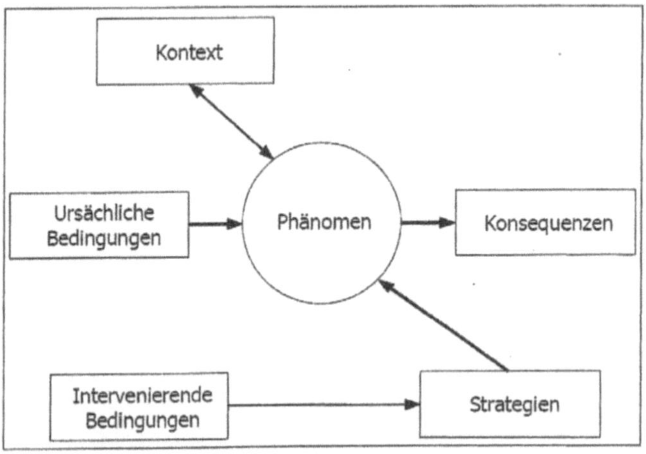

Abb. 1: Kodierparadigma nach Mey/Mruck 2011: 40

Die Grounded Theory eignet sich besonders als „ein Kodierverfahren, über das sie sukzessive theoretische Zusammenhänge erschließt“ (Przyborski/Wohlrab-Sahr 2009: 184), und findet in einem zirkulären, sich vorwärtsbewegenden Forschungsprozess durch ständiges Vergleichen der sukzessiv erhobenen Daten im Sinne des Theoretical Samplings statt (ebd.: 184). In diesem Prozess finden sowohl induktive als auch deduktive Analyseschritte statt, „insofern sich Datenerhebung und Hypothesengenerierung (induktiv), neue theoriegeleitete Datenerhebung aufgrund dieser Hypothesen (deduktiv) und entsprechende Prüfung sowie Elaborierung der theoretischen Konzepte abwechseln“ (ebd.: 192).

Dazu werden hier in gebotener Kürze die verwendeten Begriffe definiert, da in der Methodenliteratur verschiedene Begriffsdefinitionen kursieren (ebd.: 204/205): Im Sinne eines ansteigenden Abstraktionsgrades stehen zuunterst die sehr textnahen Kodierungen, die in Form von Konzepten fallspezifisch geordnet werden und anschließend in abstrakteren fallübergreifenden Kategorien gefasst werden. Erst auf der Ebene der Kategorien lassen sich Kern-Kategorien bilden.

Zur Beantwortung der Forschungsfragen wird einerseits die Strukturierung der Wahrnehmung nachgezeichnet, indem das Datenmaterial danach analysiert wird, wie die Menschen das Wahrgenommene mit ihrem Alltagswissen verbinden. Andererseits wird das Prozesshafte dieser Erschließung aufgezeigt: Wie machen sich die Teilnehmenden ihre eigene Wahrnehmung klar und wie wird das Wahrgenommene mit deren Wirklichkeitsauffassungen in Einklang gebracht?

Das Kodierparadigma, bezogen auf das soziale Phänomen der Wahrnehmung der gebauten Umwelt

Das soziale Phänomen ist in der vorliegenden Arbeit die Wahrnehmung der gebauten Umwelt im Kontext eines bestimmten Stadtquartiers, in dem die Begehungen durchgeführt werden. Das bedeutet, dass trotz einer nicht unerheblichen Bautätigkeit im Quartier die wahrgenommenen und kommentierten Gebäude und deren Umgebungen sich nur unwesentlich verändert haben, d. h., dies wurde vor allem von der Forscherin bemerkt, die aufgrund mehrerer Datenerhebungsphasen tatsächlich auch Vergleichsmöglichkeiten zur Verfügung hatte.

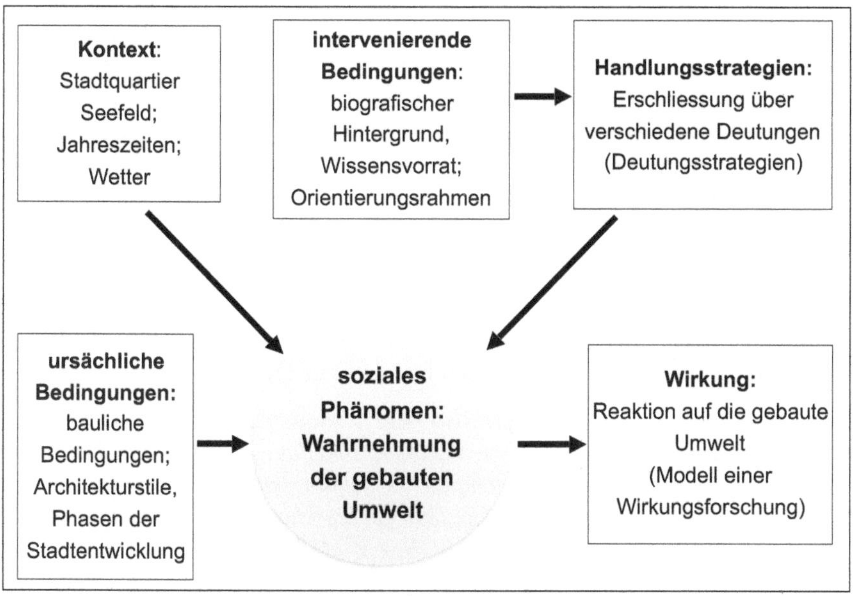

Abb. 2: Kernich: Kodierparadigma in Bezug auf die Wahrnehmung der gebauten Umwelt als soziales Phänomen. 2016.

Den *Kontext* stellt das Stadtquartier Seefeld dar und sein Image bei den Teilnehmenden, mit Ausnahme der letzten kontrastierenden Datenerhebung mit einer Person, die das Quartier nicht vorher kannte.

Die Vorstellungen von diesem Stadtteil speisen sich aus verschiedenen Eindrücken der Quartiervergangenheit und aus der zum Teil von den Teilnehmenden miterlebten Quartierentwicklung, in deren Verlauf das Seefeldquartier unterschiedliche Images zugeschrieben bekam. So wurde die Quartier-Vergangenheit thematisiert:

> *„Ach (seufzend), das Riverva auch. (Fotografiergeräusche) Vielleicht für die Daheimgebliebenen. @(1)@ Ja. @(1)@. Mit dem, ja, dem Rebgärtchen da. (...) Ja, aber es hat schon-, süße (herzige) Lokalitäten. (S: „Passt das ins Seefeld, also das Bild jetzt so?“) Ja, ich glaube, das kommt schon noch alles ein bisschen von der Vorzeit vom Seefeld. Also das sind eher so, soo, siebziger-achtziger Jahre. Ich glaube das ist ein Restaurant, das es wahrscheinlich schon länger gibt. Und auch wahrscheinlich die Locals eher dahingehen. Könnte ich mir jetzt noch vorstellen.“ (Viola, Beg. Z 694–718)*

> *„Also der, das siehst du ja, das ist natürlich, pff, also der ist jetzt-, das ist so industriemäßig. Das ist natürlich-, ich finde es nicht schön in dem Sinn, hinten dran ist es eindrücklich, hinten dran ist es definitiv eindrücklich, aber das ist natürlich, eben, das ist eine Großzügigkeit. Ich meine, man muss sich bewusst sein, das Seefeld ist ähm, (1) als das Seefeld bewohnbar gemacht worden ist, ist es einerseits zwar ein Industriequartier gewesen, also mit vielen Handwerkern, aber es haben natürlich auch viel reiche Leute hier gewohnt. Darum, das ist jetzt ein-, das ist jetzt eher ein großzügiger Bau. Pff, es ist ein Riesenkasten. pff. @(1)@ Nicht schön, aber.“ (Malte, Beg. Z 1001–1012)*

In den 1970er und 1980er Jahren verband man das Quartier mit einem Rotlichtmilieu- und Drogenkonsum-Image. Diese Zuordnung wird allerdings nicht visuell rezipiert, d. h. die Spuren dieses ‚Rufs' sind längst nicht mehr sichtbar, sondern werden mit biografisch geprägten Erinnerungen transportiert:

> *„Ein bisschen anrüchig, ja. (3) Also ungefähr das Haus da. Das ist speziell. Da sind, das sind die, die besagten Damen, sind dagesessen. (...) Es hat natürlich den Anstrich von, von Strichquartier gehabt, früher, das Seefeld. (....) @(1)@. Jaja. Und eh, und das Seefeld hat ein bisschen, hat ein bisschen. Das ist das Strichquartier gewesen.“ (Xenia, Beg. Z 1383–1394)*

> *„Ja. Aber eben, es hat hier auch viel von dem. Ehh, ja lustigerweise gerade in dieser Straße hat es sehr viel von denen @(1)@. Ich frage mich, wie das entstanden ist. Ob, ob,-. Das Seefeld ist ja früher Redlight-District gewesen.*

Ob das halt noch aus dieser Zeit ist, als hier eh, billige in Anführungszeichen Wohnungen haben entstehen müssen und viele Wohnungen." (Doris, Beg. Z 648–654)

„... nicht so genau-, schaut man das Seefeld eben gar nicht an. Man geht manchmal irgendwie jemanden besuchen, aber -. Ah, das ist wirklich sehr originell. (...) Eben ich, ich habe es auch nicht als so ein hippes Quartier in Erinnerung, weil ich kenne es von den achtziger Jahren. Ich bin hier das erste Mal aus der Innerschweiz da hingekommen und da ist eigentlich die Prostitution und und Drogen ist hier eigentlich verankert gewesen eigentlich. Und drum, jaa, eben wie gesagt. Alle schwärmen so von diesem Seefeld, aber ich verstehe das jetzt natürlich, wenn man eben so Häuser jetzt da hin baut, das ist irrsinnig." (Viola, Beg. Z 298–312)

Die letzte Beleg-Textstelle markiert gleichzeitig eine reflektierte Gegenüberstellung des Quartier-Images von heute und dem von vor 25 Jahren:

„Das ist eben, das ist, so wie es auf mich jetzt das wirkt auf dieser Straße (Seefeldstraße), eigentlich ist es nicht schön. Wenn man das jetzt einfach so global anschaut. (...) Weil ich habe immer so ein bisschen diesen Eindruck da, das ist für mich das Seefeld. Und dann auch noch das Tram, das laut durchfährt. (Fotografiergeräusche) Ja, eben die Häuser, die- (5) Wirklich einladend (aamächelig) ist es nicht, oder. Wenn man jetzt hier steht, mit dem Tram oder, da oben wohnst, auch wenn du einen Balkon hast. (3) Und dann irgendwo ein bisschen die, die -. Ja, also die werden jetzt auch ein bisschen aufgepeppt, da die, die Boutiquen. Aber früher. Es kommt mir so vor, dass sie immer noch ein bisschen schmuddelig sind. Also eben. Ich kenne es einfach von den achtziger Jahren, als hier Prostituierte gestanden hatten und das Bild bringe ich einfach nicht aus meinem Kopf." (Viola, Beg. Z 882–899)

So wird das heutige Image des Quartiers mit folgende Worten beschrieben:

„Ich meine, das Seefeld ist ein durchmischtes Quartier. Das ist schon- (2). Was ich ja noch schön finde in, im Städtebau ist. Wenn Wohnen und Arbeiten irgendwo manchmal, zum Teil (öppe) so ein bisschen ineinander fließt. Und da ist das Seefeld noch ein gutes Beispiel dafür. Währenddem Innenstadt Zürich. Das sind ja nur noch Geschäfte." (Xenia, F. Z 1056–1061)

„Ja, mit, mit einem Concierge. Es wird, wird eh, (1) geputzt einmal die Woche und die Leute, die können einfach Management-Service können die da weltweit herumfliegen und das wird eigentlich ihres, ihre, ihre Wohnung da wird gemanagt. Ich glaube, da ist auch noch (1) Fitness unten drin. Das ist einfach

so ein bisschen auf das eingerichtet. Ich weiß nicht, was vorher hier gewesen ist, aber ich habe natürlich immer wieder gehört, dass aus dem Seefeld würden viele Leute vertrieben, die nicht so Geld verdienen. Auch Familien, oder, die einfach auch finanziellen Gründen halt eh ausziehen müssen. Und das, tut-, manchmal tut mir das schon ein bisschen weh, wenn man denkt, ja die Leute sind da aufgewachsen und, ja, jetzt kommen-. Ich gehöre ja auch zu diesen Finanzleuten, wir kommen dahin und dann eh, ja, zahlen wir da so hohe Mieten, oder. Ob das noch okay ist, sozial vertretbar, ob das nicht eines Tages Unruhe gibt. Und das ist natürlich ein klassischer Bau für das, eigentlich, oder. Der vielleicht auch ein bisschen provoziert." (Viola, Beg. Z 247–263)

Dass Problematiken wie die Gentrifizierung (Vertreibung der alt eingesessenen Bevölkerung durch i. d. R. finanzstärkere Neuzuzüger) indirekt angesprochen werden, ist keineswegs unerwartet. Durch die Sichtung der Archivdokumente zum Seefeldquartier kann belegt werden, dass dies seit den 1960er Jahren in den Medien kontinuierlich als Problem in verschiedenen Variationen aufgegriffen wurde.

Auch die Jahreszeiten und die Wetterverhältnisse stellen den *Kontext* dar, da die Teilnehmenden routiniert Abstraktionen vornehmen, wie beispielsweise ein wetterbedingter, und daher negativer Eindruck leicht relativiert werden konnte. Dies hängt offenkundig mit alltagspragmatischem Wissen zusammen, dass beim Anblick von Gebäuden strahlendes Sonnenlicht grundsätzlich einen positiveren Eindruck hinterlässt als Nieselregenwetter, das neben ungünstigen Lichtverhältnissen noch zusätzlich Regenflecken auf Gebäuden hinterlässt. Da solche Umstände kontextualisiert in die Wahrnehmung einbezogen werden, haben sie durch die relativierenden Einstellungen auch keinen ursächlichen Einfluss.

„Allgemeines Erfahrungswissen basiert auf der Generalisierung von Wissen, das zunächst situationsbezogen erworben und gespeichert wurde und durch die Übertragung auf andere, vergleichbare Situationen und Erfahrungen bzw. über den Vergleich mit diesen seine situative Spezifität verloren hat, wobei sich allgemeine Begriffe und Regeln ihres Zusammenhanges herausgebildet haben" (Flick 2011: 30).

Es handelt sich vielmehr um ein Alltagswissen, dass der Anblick von naturbedingten Witterungsverhältnissen unterschiedliche Wirkungen haben kann und daher mit in die Wahrnehmung einbezogen wird, obwohl es nicht zu sehen ist:

„Währenddem da, bei dem gelben Haus, ich.- da siehst du, da wachsen auch irgendwelche Bäumchen wachsen, die sind aber unten, Vielleicht sind es sogar Glyzinien weiß wer. Aber irgendetwas blüht da im Frühling. Das ist mit sehr viel Liebe zum Haus." (Xenia, Beg. Z 242–256)

„Schau mal da, das schöne verwunschene Haus. Adams-Family-mäßig. (...) Ich gehe davon aus, obwohl es ja jetzt nicht so (2) saniert aussieht, aber ich gehe davon aus, dass das innen wahrscheinlich gar nicht in einem schlechten Zustand ist. Das sieht man, das ist immer gepflegt worden. Und ähm, dass es jetzt (2) noch so ein bisschen verwildert aussieht, ist wegen dem so kalten Winter, in dem relativ viel abgestorben ist." (Malte, Beg. Z 687–701)

„Zum Beispiel auch jetzt die Balkone. (...) Finde ich sehr hübsch mit dem Wellblech. Und die Fensterproportionen finde ich auch sehr hübsch. Und das Farbspiel auch. Man sieht so leicht von diesen Läden irgendwie, ich weiß nicht, so ein undefinierbares grün-grau. Das sehr gut zusammenpasst mit dem rot. (...) und mit dem grau von dem Wellblech. Obwohl jetzt irgendwie schreckliches Licht ist, aber-." (Gilbert, Beg. Z 591–599)

Hingegen sind zeit- und raumdimensionale Veränderungen als *ursächliche Bedingungen* zu verstehen, die sich in unterschiedlichen Bauepochen und Stadtentwicklungsphasen widerspiegeln, d. h., diese baulichen Tatsachen stehen in einem direkten kausalen Zusammenhang mit der Wahrnehmung. Dazugerechnet werden auch Veränderungen durch Renovationen, Umgestaltungen oder Ergänzungsbauten.

„Hm, das ist sehr schön. (...) Es ist äh, ja. (1) Genau. (Fotografiergeräusche) Ich denke, das ist eine sehr ungewöhnliche, kleine-, sieht fast aus wie eine Gasse. Äh, offensichtlich ist es keine Straße mehr. Äh, ich weiß auch nicht, ob es irgendwann man eine gewesen ist, aber das ist ehm, finde ich, sehr bemerkenswert und es hat, es bekommt plötzlich einen ganz anderen Charme, die ganze, die ganze Geschichte, weil da hast es auch die Vorgärtchen, die sonst überall weggeputzt sind. (...) Damit man Parkplätze hinmachen kann und äh da sind jetzt halt noch die Vorgärtchen und es ist sofort so eine Ruhe und so ganz eine (2) unhektische, gemütliche Stimmung irgendwie und trotzdem ist es urban. Das finde ich, äh, sehr ansprechend eigentlich. (...) Ja, Offensichtlich hat es auch noch die alte Straßenbeleuchtung. Und es ist, also ich denke, man kommt sich fast ein bisschen in eine Zeitmaschine versetzt vor. Und man kann sich so ein bisschen vorstellen, wie es vielleicht vor hundert Jahren oder vor achtzig Jahren ausgesehen hat." (Gilbert, Beg. Z 387–407):

„Das ist auch toll. Einfach, also, eben es ist halt wieder so. Ich finde häufig einfach Sachen toll, weil man merkt, dass sie so dem Zeitgeist entsprechen und dass so sie, ich sage jetzt mal, äh ganz extrem, extreme Beispiele sind für eine gewisse Zeit. Und dann kann ich Sachen interessant finden, und dann sprechen mich Sachen an, obwohl sie jetzt vielleicht auch ästhetisch jetzt oder

vielleicht auch von der sozial-, vom sozialen her oder wie sie funktionieren, sonst nicht so toll sind. Aber sie sind einfach interessant als Zeitzeugen, (2) die ganz prägnant zum Ausdruck bringen, was halt in der damaligen Zeit so äh für ein Geschmack vorgeherrscht hat und das finde ich jetzt auch so einen typischen Vertreter und ich finde ihn drum ziemlich interessant." (Gilbert, Beg. Z 644–657)

Ebenso in einem Kausalzusammenhang zur Wahrnehmung der gebauten Umwelt als soziales Phänomen stehen Wertschätzungen gegenüber Gebäuden aus einem kulturellen Verständnis heraus. Sie symbolisieren ein kulturelles Wertverständnis, vermittelt durch und von Gebäuden, die für Normen und Werthaltungen stehen und auf der Ebene von Allerweltswissens-Logiken funktionieren:

„Ich stelle mir einfach vor, als sie das da gebaut haben. Die hätten wahrscheinlich gar nicht mehr so Balkongeländer machen können. Wahrscheinlich wäre das ein Ding der Unmöglichkeit gewesen. Ich weiß es nicht. (S: Meinst du von der Technik her oder von Geld-?) Sowohl als auch." (Xenia, Beg. Z 1263–1268)

„Ja, das sind natürlich da wunderschöne Arbeiten. Also ich denke, das ist-, das muss auch einem- (Fotografiergeräusche). Das muss wahrscheinlich von einem Steinmetz unterhalten werden, oder. Der das wieder richtig Instand stellen kann. Dass das so schön bleibt. Das ist sehr aufwendig. Aber. Sehr schön. (7) Ja, ich denke, das ist auch das Wappen von Zürich, oder. Ist das sicher irgendwo (2) Es ist sicher irgendwo (2, Lärm) ein Herrschaftshaus gewesen. Ich denke jetzt mal, das ist so zwanziger dreißiger Jahre, oder. (...) Ja, da der Löwe. Das könnte sicher noch irgendwann mal so eine Herrschaftsfamilie gewesen sein von Zürich. (2, Lärm) Und auch der Erker da heraus. (...) Wirklich schön. (Fotografiergeräusche). (12) Einfach, ich frage mich, warum hat man so Tiere gemalt und heute, wenn man solche Häuser anschaut. Das sieht man eigentlich fast nicht mehr. Oder. Also, man sieht einfach eh, eine originelle (1) Fassade. Aber da, da hat es eigentlich viel mit Tieren, Blumen, Kränze. Solche Sachen hat man früher gemacht und heute ist eigentlich alles viel schlichter, wenn man das jetzt so vergleicht. (3) Praktischer halt, vielleicht, oder." (Viola, Beg. Z 1193–1235)

In dieser kausalen Logik wird ebenfalls davon ausgegangen, dass wertvolle Substanz vergänglich ist:

„Du musst dir mal die schönen Scheiben anschauen. (...) Sehr schön. Wenn so eine kaputt geht, die kannst du ja nicht mehr nachmachen." (Xenia, Beg. Z 1189–1192)

„Das weiß ich nicht, aber einfach von außen. Also offenbar ist das mal aufgeteilt worden. Es sind sicher verschiedene Eigentümer und der eine ist scheinbar, der eine Architekt, der das renoviert hat, ist so ein bisschen sensibler gewesen gegenüber der alten Aussage vom Gebäude und der andere ist einfach überhaupt nicht sensibel gewesen. Und hat das Teil, meiner Meinung nach, zu einem großen Teil einfach kaputt gemacht. Soll ich ein Foto machen?" (Gilbert, Beg. Z 485–492)

Ebenso erscheint es klar, dass der Erhalt von kulturell wertvollen Details oder von älteren Häusern einerseits verbunden ist mit Kosten zum Unterhalt:

„Da, das haben, hat sich offenbar jemand Mühe gegeben. Um die tolle Art-Déco-Verzierungen (2) über die Jahrzehnte mitzuschleppen und wieder, entweder (Fotografiergeräusche) neu anzubringen oder sie einfach so (4) zu konservieren. So Sachen finde ich natürlich toll. (...) Ja. Ich meine, das hätte man jetzt auch einfach übermalen können, weil eben, das ist jetzt genauso, wenn man jetzt ökonomisch denken würde, dann würde man das Teil übermalen, weil wenn man es übermalt, kostet es ähh, ist ein Aufwand von, ich weiß nicht, vielleicht von einer halben Stunde und wenn man es halt so restauriert, dann muss man halt vielleicht irgendwie ein Tag Arbeit äh investieren und es wird einfach teuerer. Und es hat sich jetzt da jemand die Mühe gemacht, um das machen und zahlen" (Gilbert, Beg. Z 371–385).

und andererseits mit finanziellen Einbussen durch zukünftig entgehende Einnahmen:

„Eben, da wohnen die Besitzer drin. Unten wohnen die alten Besitzer und oben dran wohnt der Sohn oder die Tochter mit einem, die wieder ein Kind haben. Und die haben dort oben einen großen Garten und die grillen dort und so weiter. Und-, also die wirklich. Die sind dort zuhause. Und ich könnte mir vorstellen, dass dann irgendwann einmal, wenn die Großeltern gestorben sind. Solange die Großeltern-, ich würde sagen, die sind so szzz, die sind so plusminus achtzig wahrscheinlich inzwischen. Und wenn die mal gestorben sind, bin ich neugierig, ob (2) ob dann ihr Sohn oder der Sohn, der Enkelsohn, ob der widerstehen kann, dem großen Geld." (Malte, F. Z 1224–1235)

Der Begriff ‚intervenierend' wird allgemein definiert als dazwischentretend und sich einmischend. Die *intervenierenden Bedingungen* unterscheiden sich von den ursächlichen als sich verändernder, sich entwickelnder Wahrnehmungsprozess im Forschungsverlauf, der abhängt von den jeweiligen Grundhaltungen, die im biografischen Kontext begründet liegen, welche Taktiken sich die Teilnehmenden zur Wahrnehmung der gebauten Umwelt herleiten. Die unterschiedlichen Anspruchshaltungen der Teilnehmenden spiegeln ihren individuellen Blick in dem

Sinne wider, dass sie von Anfang an jeweils einen bestimmten Aufmerksamkeitsfokus mitbringen. Dieser kommt sowohl in den Interviews als auch bei den separat durchgeführten Bildserie-Analysen zum Ausdruck. Gilbert zum Beispiel legt großen Wert auf die Originalität eines Gebäudes:

> *„Also ich finde eigentlich, für mich müssen einfach die Sachen echt sein. Echt im, im Sinn von authentisch. (...) Und es ist mir eigentlich extrem wichtig. Jetzt. Es ist nicht einmal so wichtig, ob etwas alt oder neu oder (2) ja." (Gilbert, Beg. Z 847–851)*

Für ihn verlieren Häuser schnell ihren Wert, wenn unsorgfältige Veränderungen daran vorgenommen werden.

> *„Sonst ist es recht hübsch eigentlich. (...) Und nachher im Detail sieht es nach unten so aus: Es beißt sich extrem vom (unverständlich). Das stört mich total. Sehr abstoßend. (...) Aber, ähh, das ist ganz sicher viel, (2) vom Rhythmus her und von der Proportionen her ist das vorher sicher viel stimmiger gewesen mit dem gesamten Haus. Jetzt ist es überhaupt nicht mehr stimmig." (Gilbert, Beg. Z 1235–1246)*

Dabei bevorzugt er nicht einfach Gebäude einer bestimmten Bauepoche oder eines Baustils, sondern fordert generell einen Anspruch auf Sorgfalt und Achtung vor architektonischer Qualität ein:

> *„Da, das haben, hat sich offenbar jemand Mühe gegeben. Um die tolle Art-Déco-Verzierungen (2) über die Jahrzehnte mitzuschleppen und wieder, entweder (Fotografiergeräusche) neu anzubringen oder sie einfach so (4) zu konservieren. So Sachen finde ich natürlich toll. (...) Ich meine, das hätte man jetzt auch einfach übermalen können, weil eben, das ist jetzt genauso, wenn man jetzt ökonomisch denken würde, dann würde man das Teil übermalen, weil wenn man es übermalt, kostet es ähh, ist ein Aufwand von, ich weiß nicht, vielleicht von einer halben Stunde und wenn man es halt so restauriert, dann muss man halt vielleicht irgendwie ein Tag Arbeit äh investieren und es wird einfach teuerer. Und es hat sich jetzt da jemand die Mühe gemacht, um das machen und zahlen und das finde ich sehr, sehr toll und das finde ich auch, das macht auch so eine Architektur nachher (2) schön und interessant." (Gilbert, Beg. Z 371–387)*

So fertigt Gilbert auch angekündigte Detailfotos an, um das Entdeckte sorgfältig zu dokumentieren. Auch prüft er auf dem Display der Kamera, ob die gerade erstellte Fotografie die wichtigen Aussagen adäquat wiedergibt. Er hat dementsprechend vergleichsweise viele Detailfotos von den Gebäuden gemacht.

Einen ganz anderen Zugang hat Xenia, die zwar ebenfalls großen Wert auf die

Authentizität von Gebäuden legt, jedoch mit einer klar zurechtgelegten Hierarchie: Die modernen Gebäude fallen gegenüber den alten Gebäuden deutlich ab:

> *„Bei vielen modernen Häusern hat man nicht-. Hat man das Gefühl, die seien nicht, nicht authentisch. Die geben etwas vor, oder wollen etwas sein und. Und bringen es nicht zustande. Aber das ist ein bisschen mein Gefühl. Das natürlich einfach-." (Xenia, F. Z 1297–1301)*

Dies gilt vor allem, wenn das Neue sich dem Alten gegenüber unterordnet und anpasst:

> *„Also ich finde, das dürfte man jetzt nicht wegnehmen. @(1)@. (2) Siehst du, es passt sich auch der Umgebung an. Es passt sich der Umgebung an und das ist in etwa, was ich dort vorher gemeint habe. Das Graue passt sich der Umgebung überhaupt nicht an." (Xenia, F. Z 680–686)*

Sie erhebt einen Harmonieanspruch:

> *„Das schon, ja. Ja, ja, es muss schon irgendwie eine Harmonie ausstrahlen." (Xenia, F. Z 940–941)*

> *„(seufzen) Ja, eben. Wenn es sich. Wenn sich das Moderne anpasst, ein bisschen, weißt du. Wenn es nicht wie eine Faust auf das Auge ist." (Xenia, F. Z 949–951)*

Xenia gibt gleich eine Charakterisierung von sich selbst preis:

> *„Mhm. Also das ist natürlich schöner Backstein. Ja, das ist so schön. Aber ich bin halt auch so ein romantisches Wesen. @(1)@. Wahrscheinlich, jemand anderer findet das gar nicht schön." (Xenia, F. Z 373–381)*

Ihre Harmonie-Vorstellungen stehen in einem Zusammenhang mit ihren Vorstellungen von Lebensqualität, und beides strukturiert von Anfang an ihre Wahrnehmungen von gebauten Umwelt:

> *„Ich denke, was, was sicher positiv auf die Menschen wirkt, ist eine in sich geschlossene Harmonie. Und das ist schwierig in Städten. Das ist vielleicht bei solchen Straßen wie die, die kleinen Häuschen, die wir gesehen haben da im Seefeld. (...) Da ist eine in sich geschlossene Harmonie. Und das hat sofort einen positiven Einfluss auf dich. Während eeh-. Da hast du auch das Gefühl, wie, du könntest eine bisschen tief einatmen oder so." (Xenia, F. Z 1682–1690)*

Die Grundhaltung von Doris lässt sich am Ehesten als indifferente Haltung gegenüber der gebauten Umwelt beschreiben. Sie interessiert sich eigentlich nicht dafür. Daher achtet sie auf die Nutzungsmöglichkeiten wie (halb)öffentliche Parkanlagen:

„Ich habe auch nie wirklich hingeschaut, aber äh. Ja, man fragt sich schon wem er eben nützt. Aber auch nicht, dass da Leute hingehen um sonnen zu baden, oder so. Oder. Man geht dann gleich an den See. Es ist halt so nahe beim See." (Doris, Beg. Z 786–790)

Doris nimmt auch Balkonnutzungen und Straßenzüge wahr:

„Nein, das ist lustig. Ich glaube, wegen den Sachen, die draußen sind. Die schönen Töpfe, dann der schöne Paravan. Es ist alles so, es wirkt schon sehr viel edeler, oder. (2) Da, gut, da hat es jetzt noch Graffiti. Das ist, ist der Sache auch nicht unbedingt @förderlich@. Aber der Dings, der Bach ist insofern sympathisch, er macht die Straße größer. Äh, das Geräusch habe ich sehr gerne. Also, wenn ich jetzt so ein Bach vor dem Haus hätte, fände ich das sehr schön. Ähm, das grün natürlich. So ein bisschen Grün. (2) Das ist schön. Ich finde sympathisch. Und dann sind die auch nicht so eng beieinander, oder. Ja, aber das ist ein ziemlich trostloses Haus. @(1)@ Aber es ist belebt." (Doris, Beg. Z 695–708)

Doris pendelt in ihrer eher indifferenten Haltung zwischen ansprechender und abstoßender gebauter Umwelt. Auch sie verfügt über Präferenzen, die sie pauschal verwendet, soweit es sie denn interessiert. Eine klare Vorstellung hat sie allerdings, wenn es sich um Wohnungen handelt:

„Hm. Was macht es aus? Ähm. (3) Modern und alt. Ähm (1) Mir ist alt einfach lieber. Ähm. Auch wenn die wahrscheinlich mehr Komfort haben als die, finde ich das einfach charmanter und die Läden. Die Fensterläden. Da hat es Storen. (4) Ähm. Ja, mehr, mehr Charme." (Doris, Beg. Z 133–140)

Malte hingegen scheint geradezu fixiert zu sein auf Wohnungen, mit klar definiertem Anspruch:

„Aber, das wäre so ein typisches Projekt, wo noch oben drauf die Attikawohnung kommt. Würde ich dort oben drauf wohnen. (2) Eben, ich glaube, früher ist man da relativ streng gewesen eine zeitlang, als die Frau Koch da gewesen ist. Das sind ja vierstöckige Häuser da. und jetzt, so viel wie ich weiß, ist das alles so eine Zone, wo man fünf Stockwerke machen kann. Also könnte man da überall könnte man da noch, noch eine Attika drauftun." (Malte, Beg. Z648–657)

„Ich würde-, die Häuser sind schön zum anschauen. Ich würde nicht in so einem Haus drin wohnen. Wahrscheinlich. Das ist nicht mehr die Qualität, in der ich wohnen möchte. Ich möchte ein großes Badezimmer und hohe Räume und-." (Malte, F. Z 187–191)

Die Begehung findet in seiner Lebensumgebung, seinem Zuhause statt. Er ist stets sehr gut informiert, was im Quartier neu erstellt oder umgebaut wird, und so ist er auch gut informiert über eine andere Wohnung zuoberst:

> *„Und so, aber ich finde jetzt-, (2) das ähm (2) einen sehr gelungenen Neubau. Dafür, dass das nigelnagelneu ist. Die Leute sind im Dezember hier eingezogen. @(1)@. Ich habe mich natürlich auch für die Attikawohnung oben interessiert. Die ist für das, was sie bietet, relativ günstig. Zehntausendachthundert @(2)@." (Malte, Beg. Z 881–886)*

Malte hat eine grundsätzlich interessierte Haltung an der gebauten Umwelt in diesem Quartier mit einem persönlich geprägten Interesse an Attika-Wohnungen und einem Wunsch, ebenfalls Immobilien im Seefeldquartier zu besitzen. Daher macht er viele Angaben zu konkreten Immobilienbesitzverhältnissen im Quartier.

Viola bringt eine positive und neugierige Einstellung mit und richtet ihre Aufmerksamkeit besonders auf außergewöhnliche und neuere Gebäude:

> *„Ja, aber ich muss schon sagen, eben jetzt architektonisch. Weil das Haus da ist doch irrsinnig. Da ist doch irgendwie mal (so was wie) da gestanden, oder. Und-, (12) (Fotografiergeräusche). (2) nein, solches Zeug habe ich nie gesehen irgendwie. Eben man lauft da durch und. Es erstaunt mich wirklich, was für tolle Häuser da stehen. (2) Eben das sind- (1) doch Architekten, die- (3)." (Viola, Beg. Z 965–972)*

Sie stellt Detailfotos von diesen besonderen Bauten her und ist bestrebt, zur Dokumentation der Begehung im Quartier beizutragen, indem sie neben den Gebäuden auch anderes als Quartierbesonderheiten aufnimmt, wie beispielsweise Trinkwasserbrunnen, Müllentsorgungseinrichtungen und Schilder:

> *„Das muss ich jetzt schon noch schnell @fotografieren@. (Fotografiergeräusche) Und, ich finde das irrsinnig, weil, ich gehe viel zu Fuß, also ich gehe meistens zu Fuß anstatt das Tram zu nehmen und im Sommer, wenn man dann ein bisschen Durst hat, kann man dort immer einen Schluck trinken und man weiß, das Wasser ist sauber. Das finde ich wirklich so, so toll." (Viola, Beg. Z 282–287)*

> *„Eben, was wir uns da für moderne Sachen leisten können. Das finde ich einfach extremen Luxus, oder. (Fotografiergeräusche) Wirklich toll. (2) Hier kannst du deinen Abfallsack herunterwerfen, oder. (...) Das ist eben. Wahnsinn, oder? (...) Also wenn ich jetzt-, irgendwo könnte man es auch einfacher machen, aber ich denke, das macht eben die Schweiz aus. Weil wir halt schon ein reiches Land sind und das zeigt auch, dass wir reich sind. Weil, ich meine,*

die ganze Installation da, das-, ich möchte nicht wissen, was das gekostet hat, das kostet sicher zwei-dreihunderttausend Franken. Und man könnte einfach auch einen Kübel hinstellen oder einfach einen Container und die Leute würden das Zeug ebenso hineinwerfen." (Viola, Beg. Z 1150–1167)

Felix bezieht auch weitere Alltagsgegenstände mit ein wie Litfaßsäulen oder Stadtraummöbel, wozu Sitzbänke, Wartehäuschen von Tram- und Bushaltestellen, aber auch Hydranten und Vorrichtungen für Müll-Container gezählt werden:

„Also, das sind ja alles so eh Stadtraummöbel, sage ich mal. (...) Elemente, die so ein bisschen im Hintergrund schwirren, aber das Gesamtbild natürlich extrem stark prägen." (Felix, Beg. Z 86–88)

Er achtet vielmehr auf ein Gesamtbild und bewegt sich fast ausschließlich auf einer distanzierten Betrachter-Ebene:

„Also, eh, als Nutzer einer Straße bewegt man sich ja eigentlich immer auf Augen(.)Niveau. Und bewegt sich so durch die Straßen. Und dann kommt es vor allen Dingen auf das Erdgeschoss und vielleicht auf das Obergeschoss an. Also das erste Obergeschoss. Was den Haupteindruck prägt. Und seltener guckt man ja nach oben und guckt sich vielleicht das Dach an, oder so." (Felix, Beg. Z 121–127)

Diese Haltung behält Felix grundsätzlich bei, auch wenn er sich Details zuwendet, die ihm als etwas Besonderes auffallen:

„Aber wenn man sich eh das so überlegt im Kopf, dann hat man den, die Stadt ja als relativ graues Objekt im Kopf, aber (3) (Fotografiergeräusche) wenn man mal genauer hinguckt, dann ist es eigentlich schon recht bunt. (1) Und das finde ich auch noch ein interessantes Phänomen, dass es eigentlich gar nicht so bewusst ist einem." (Felix, Beg. Z 321–326)

Rosa schließlich nimmt, ähnlich wie Doris, eine deutliche Nutzungsperspektive ein. Sie richtet ihre Aufmerksamkeit jedoch auf die Möglichkeitsangebote des halböffentlichen Raums wie Balkone und Dachterrassen und die des öffentlich zugänglichen Raums wie Parkanlagen. Diese sind mit Freizeitnutzungen oder Ferienerinnerungen verknüpft:

„Weil so sind die Bäume ja schön, aber irgendwie es gibt-, also in Zürich schon Parks, aber jetzt nicht so viele wo man sich wirklich mit einem Strandtuch hinlegen kann, finde ich. Also ich meine, es gibt eben beim See, aber immer wenn man herum geht- also wenn ich zum Beispiel hier wohnen würde, dann wäre es am praktischsten, wenn es- wenn eben hier auch einer wäre. Und es ist zwar Natur, aber man kann sich nicht hinlegen und sonnen." (Rosa, Beg. Z 71–78)

„Die schauen aus wie kleine Ferienwohnungen. Weil ich es irgendwie vom Urlaub gewohnt bin, dass-, vor allem mit meinen Eltern sind wir immer dann zu Ferienwohnungen gegangen und dann hat jeder so einen kleinen Balkon gehabt und drinnen eine kleine Küche und Wohnzimmer, Schlafzimmer und so schaut das eigentlich ein bisschen aus. (...) Und die Wohnungen schauen auch nicht so groß aus, weil wenn wirklich jede Wohnung einen Balkon hat, dann-, entweder es geht es tief rein oder es ist eben nicht so breit jetzt auch. (3)" (Rosa, Beg. Z 420–429)

Bei Rosa wird eine Konsumhaltung gegenüber einer gepflegten, geordneten Zugänglichkeit zum öffentlichen Raum deutlich:

„Ok, jetzt kommt ein Park. Aber ich nehme an es ist-, (2) doch es ist ein Park, wo man auch reingehen kann. Ok. Ja der ist schön. Aber irgendwie ist da ein bissch-, also Blumen wären da auch schön. (...) Ja, der schaut irgendwie so leer aus. Das schaut aus-, wie ein Fußballfeld, also es ist ein Kinderfußballfeld. (...) Und daneben die Baustelle oder was das ist, schaut auch nicht so schön aus." (Rosa, Beg. Z 305–314)

„Und das hier bei der Sporthalle. Das gefällt mir nicht so das Grün, also die die mhm, die Pflanzen, die da ja so rauf wuchern und oben am Dach sind. Also ich meine, das ist sicher schön gemeint und nett gemeint mit der Natur, aber ich persönlich finde es nicht so schön. Weil es schaut ein bisschen (2) ein bisschen so aus als ob sie es vergessen hätten, das Gebäude und als ob dann die Natur einfach (1) ihr Ding gemacht hat und als ob es nicht wirklich eine Schule ist, die instand gehalten wird." (Rosa, Beg. Z 476–483)

Rosa hat ausschließlich Fassaden fotografiert, keine Detailfotos, Straßenimpressionen oder Ähnliches. Ihr Hauptaugenmerk ist in ihrer Lebenssituation begründet: Sie wohnt nicht lange an einem Ort, möchte nicht abseits wohnen und achtet daher besonders auf öffentlich zugängliche Nutzungsmöglichkeiten.

Wie an den soeben beschriebenen verschiedenen, biografisch geprägten Blickwinkeln deutlich wurde, basiert die Aufmerksamkeit der Teilnehmenden auf Vorlieben bzw. auf den individuellen Relevanzsystemen, die ihren Haltungen zugrunde liegen und ihre Aufmerksamkeit mehr oder weniger stark strukturieren, was ja der allgemeinen Alltagserfahrung entspricht. Doch besonders hat sich herausgestellt, dass sich klar bestimmbare Orientierungsrahmen herauskristallisieren lassen, die für alle Teilnehmenden gelten und nicht endlos erweiterbar sind, sondern sich als abstraktere Ordnungsprinzipien darstellen lassen. Aus ihnen entstanden die in Kapitel 4.3 dargelegten Hauptkategorien.

Die Teilnehmenden erschließen sich die gebaute Umwelt, indem sie *Strategien* entwickeln. Sie verbalisieren ihre Einordnungen, wobei vorausgesetzt wird, dass die Beschreibungen vom Gegenüber verstanden werden. Hier manifestiert sich ein soziales Handeln: Die Interaktionen sind als Rekonstruktionen erster Ordnung erkennbar.

Diese Strategien unterscheiden sich in ihrer jeweiligen Aneignungsform, wie sich beispielsweise ein Anblick eines Gebäudes schlüssig gemacht wird. Dabei kommen zum einen unterschiedlich strukturierte Schemata zum Einsatz: von Schwarz-Weiß-Schemata bis hin zu umfangreichen Differenzierungen. Eine andere Zugangsweise findet eher intuitiv statt, wobei Sympathie- und Antipathiewerte eine große Rolle spielen, die gegenüber Gebäude erlebt und affektiv erschlossen werden. Des Weiteren werden Nutzungsmöglichkeiten ausgelotet. Die Nutzungsvorstellungen basieren auf pragmatischen Überlegungen wie beispielsweise Nutzungsoptimierungen oder Mutmaßungen über finanzielle Bedingungen, wobei auch wirtschaftliche Überlegungen angestellt werden. Ferner wandert der imaginäre Blick immer wieder ins Innere von Gebäuden. Dazu werden Mutmaßungen über die von außen sichtbaren Innenräume geäußert. Dabei handelt es sich hauptsächlich um Wohnungsvorstellungen oder Vermutungen über Milieu- und Schichtzugehörigkeit der Bewohner. Allen Deutungsstrategien gemeinsam ist das Argumentative, um sich die gebaute Umwelt zu erschließen.

Auf Basis dieser Herangehensweisen können in der *Konsequenz* unterschiedliche Reaktionsformen dargelegt werden. Bei der Suche nach Kongruenz, die mit den oben dargelegten Deutungsstrategien angestrebt wird, zeigt sich in der Art und Weise der Rezeption, ob intuitiv, emotional oder zweckorientiert-pragmatisch, ob stimmungs- bzw. atmosphärenorientiert oder analytisch-ästhetisch auf das Wahrgenommene reagiert wird.

Was sich hier jedoch analytisch trennen lässt, ist in der Rezeption der gebauten Umwelt selten eindeutig vorzufinden. Eine ausführliche Beschreibung der verschiedenen Deutungsstrategien und der damit eng zusammenhängenden Wirkungsweisen der gebauten Umwelt folgt als Kern-Kategorie-Darstellung in den Kapiteln 4.4 und 4.5.

4.3 Orientierungsrahmen

Aus drei unterschiedlichen Datenerhebungsformen – den Begehungen, den während der Begehungen entstandenen Fotografien und den Eingangssequenzen der Folgeinterviews – können fallübergreifend verschiedene Erschließungsformen zur Wahrnehmung der gebauten Umwelt erkannt werden. Bei den Aneignungsprozessen zur Erschließung von dem, was die Teilnehmenden von der gebauten Umwelt zur Kenntnis nehmen, spielen unterschiedliche Wahrnehmungsentwicklungen im Verlauf der Begehungen sowie retrospektiv in den Folgeinterviews eine wichtige Rolle. Diese sind nicht einfach nur auf eine individuelle Herangehensweise zurückzuführen, sondern hier können fallübergreifende Orientierungsrahmen festgestellt werden. Erst wenn die abstrakte Herangehensweise zur Wahrnehmung der gebauten Umwelt verständlich wird, kann nachvollzogen werden, wie die im folgenden Kapitel dargestellten herausgearbeiteten Deutungsstrategien zustande gekommen sind.

Was sind Orientierungsrahmen?

Ein Orientierungsrahmen ist das Ergebnis der Bestrebung, zwischen dem Wahrgenommenen und den eigenen Relevanzstrukturen eine Kongruenz herzustellen. Dies geschieht über Identifizierungen und Spurensuche, indem Anhaltspunkte ausgemacht werden, die mit dem Alltagswissen konsistent verknüpft werden können.

Als naheliegende Orientierung ist zuallererst die Wohnerfahrung zu nennen. Auf diese Form der Lebenserfahrung können alle Teilnehmenden zurückgreifen, und dies tun sie auch, wenn auch – entsprechend der eigenen Wohnbiografie und aktuellen Lebenssituation – nach ganz verschiedenen Maßstäben. Dennoch erlangen alle durch diese Verknüpfung wichtige Hinweise auf die Einordnung von Gebäuden und finden ein Mittel, sich über ihre Wahrnehmungen auszudrücken. Auch wenn die subjektiven Wohnpräferenzen einer ‚Gefallen/nicht-Gefallen'-Einschätzung unterliegen, haben selbst die unterschiedlichsten Geschmacksrichtungen einen Grundtenor, der bei allen Teilnehmenden vorhanden ist: die Bedeutung von Wärme, Geborgenheit und Charme, verbunden entweder mit Natur als „grün", Blumen oder mit Gärten. Diese wird von allen Interviewten genannt, aber in verschieden starken Ausprägungen:

> *„Ich würde sagen, dort ist es so ein bisschen die Liebe zum Quartier strahlt das aus. Die Liebe zu-, zum Seefeld. So das ‚cosy' (behaglich, gemütlich) ein bisschen." (Xenia, Beg. Z 267–269)*

> *„Das ist eben auch ein bisschen das Seefeld. (…) Der Stil anfangs Zwanzigstes Jahrhundert, so. Da hat einfach die Architektur noch ein bisschen Herz dabei gehabt." (Xenia, Beg. Z 277–283)*

> *„von dem Charakter von diesen sehr kleinen, herzigen Häuschen. (…) Und ich finde, das ist einfach-. Für mich ist das so, da lebt eine Stadt. Aber noch mit eh (2) mit einer gewissen Gemütlichkeit drin verborgen. (…) Für mich hat das einfach etwas Liebevolles dazu. Das da ist mit Herz (…) Und ich habe lieber etwas mit Herz." (Xenia, Beg. Z 494–510)*

„Hm. Was macht es aus? Ähm. (3) Modern und alt. Ähm (1) Mir ist alt einfach lieber. Ähm. Auch wenn die wahrscheinlich mehr Komfort haben als die, finde ich das einfach charmanter und die Läden. Die Fensterläden. Da hat es Storen. (4) Ähm. Ja, mehr, mehr Charme. Mehr Charme. Für mich jetzt. Da hat es jetzt auch noch einen schönen Garten dazu." (Doris, Beg. Z 133–140)

„Ich finde-, nein, es ist sehr sympathisch. Also ich würde jetzt da jederzeit hineingehen und würde sagen ‚Sehr schön'. Auch, auch obwohl dass das grau ist. Das ist eigentlich ein bisschen eine kalte Farbe, oder. Grau. Aber ich würde sagen, nein, es ist gut gemacht. (8) Auch da mit den Blumen, also. Einfach modern, originell. Da hat sich einer ein bisschen etwas designern müssen. Ein bisschen was überlegen. (...) Siehst du, das ist irrsinnig." (Viola, Beg. Z 994–1001)

„Ja, es hat einfach vo-, vorne dran hat es so etwas (1) hn, (4) das kann man auch hier sagen: vorne-, es, es hat so ein bisschen etwas großstädtisches grundsätzlich und und vorne hinaus ist es einfach irgendeine Mischung, die (2) die auch noch doch eine gewisse Wärme ausstrahlt. Und da, das sieht man ja." (Malte, F. Z 70–76)

„Gut. (räuspern) Also, ich glaube, da müsste man gerade mal das erste Bild machen, da von dem wunderschönen Haus, das mir natürlich sehr gut gefällt. (...) Also mir fällt jetzt einfach zu erst einmal das, die neue Architektur auf, aber das gefällt natürlich, einfach mit dem Beton. Relativ kalt eingerichtet, auch unten die Garage, die sie haben. (...) Und eigentlich die Moderne und doch jetzt da das Warme wieder mit dem Balkon, mit den Pflanzen, mit dem (1) mit dem mit dem Balkon mit Holz, oder, durch das das Ganze doch wieder eine gewisse Wärme zeigt." (Viola, Beg. Z 7–11; Z 15–22)

„Aber trotzdem. Die Wärme ist doch gesucht von jedem Menschen und drum hat man da oben wieder Pflanzen. Eben, der. Dass, dass. Natur ist eben doch wieder gefragt, oder. Fast noch ausgeprägter als jetzt da in dem, dem älteren Haus. Die haben wahrscheinlich oben dann einen Garten, wo man sich trifft. Und äh, ab und zu noch ein Blümchen, aber." (Viola, Beg. Z 66–71)

„Aber ich mag es eigentlich-, also ich persönlich mag es lieber, wenn es kleiner ist und nicht so hoch und kuschliger und wenn ich es dann mir einrichten kann. Und bei dem hätte ich, glaube ich, zu viel Platz." (Rosa, Beg. Z 197–201)

Dieser Zugang über die eigene Wohnerfahrung erlaubt zwar eine äußerst relevante Orientierung, dennoch ist dies in der Regel nur durch Vermutungen über das

Innere der Gebäude zu erreichen. Die wenigsten Teilnehmenden hatten realen Einblick in die angesprochenen Wohnräume; in den allermeisten Fällen basieren die Aussagen also auf Zuschreibungen aufgrund von Vermutungen beim Anblick von außen, deren Herleitungen jedoch erläutert werden und damit zusätzlich Aufschluss geben:

> *„Also. Ich habe-. Ich gehe anders in ein Haus hinein, das so oder so ist. Also so Weißt du so rein-, wenn ich hineingehe. Innen mag es wunderschön sein. Die mögen schöne Wohnungen haben. Aber nur schon das Haus. Auch wenn ich-. Ich bin ja schon viel Wohnungen ansehen gegangen und für mich ist es immer noch ein bisschen entscheidend gewesen, wie sieht das aus, wenn ich dort zu-, dort darauf zu gehe, weißt du. Für dich nicht? Wie, wie ist das Haus. Wie wirkt das auf mich." (Xenia, F. Z 228–239)*

> *„Das ist eher trist dort. (...) Wahrscheinlich ist es, weil es nicht, hem, nicht renoviert worden ist. Ich könnte mir vorstellen, wenn man das, wenn man das jetzt ein bisschen würde ähm, anmalen, weil das ist, es ja eigentlich nicht. Jede-. Jede Wohnung hat da (2) Balkon und Terrasse, also es ist-. Es gibt natürlich viel schlimmere Löcher als das. Eigentlich ist es, ist es das gar nicht." (Malte, Beg. Z 458–465)*

Der biografische Hintergrund der Teilnehmenden beeinflusst, wie und vor allem was wahrgenommen wird, d. h. welchen subjektiven, biografisch-geprägten Fokus sie bereits mitbringen oder im Verlauf der Datenerhebungen gemäß ihren Interessen entwickeln. Unter diesen Voraussetzungen begeben sich die Interviewten auf eine Art Spurensuche. Das können Zeichen der Kommunikation sein wie Graffiti an Hausmauern, Fahnen, angebracht in Fenstern oder an Balkonen, oder auch auffällige Signete von Geschäften. Auch alltägliche Gebrauchsgegenstände wie Müllcontainer und Glassammelstellen oder öffentliche Einrichtungen wie Trinkwasserbrunnen werden zur Deutung bei der Wahrnehmung der gebauten Umwelt einbezogen. Weitere Spuren in der Form von Fassadenelementen wie beispielsweise Verzierungen, aber auch Eingangstüren und Briefkästen geben als Indizien Hinweise zur Einordnung. Auch das verwendete Material wie Backstein, Glas, Beton oder Metall wird zur Orientierung herangezogen, ebenso wie Farben von Gebäuden eine große Rolle als Erkennungsmerkmale für ein Relevanzsystem spielen. So wird das Baumaterial Backstein fallübergreifend sehr geschätzt, doch es gibt unterschiedliche Backstein-Varianten, die allein durch die sprachliche Vermittlung eine starke Aussagekraft besitzen: So wird „Sicht(1)-Backstein, finde ich sehr äh, ich natürlich sehr hübsch" (Gilbert, Beg. Z 1149–1150) an alten Fabriken geschätzt, hingegen eine Fassade mit „Pseudobacksteine(n)" (Doris, F. Z 365) negativ bewertet. Auch die Farbe spielt eine große Rolle:

„obwohl modern und Backstein. Aber das finde ich schon wieder ein bisschen, ein bisschen besser, (...). Und der dunkle Backstein, das finde ich schon besser" (Xenia, Beg. Z 249–252).

Das Baumaterial kann einen Gebäudetyp verbessern: „Nullachtfünfzehn, aber (.) eigentlich, ich glaube der Backstein lockert es noch auf." (Doris, Beg. Z 335–336), aber auch ein spießiges Image verschulden:

„Das Haus selber mit diesen Backsteinen. Das finde ich jetzt halt ein bisschen spießig. (...) Das Karierte. (...) Vielleicht eine Wand wäre okay, aber die ganze Fassade. Das ist einfach ein bisschen zuviel." (Viola, Beg. Z 319–325)

Die Orientierungsrahmen sind anfangs eng verknüpft mit den Haltungen (Kapitel 4.2) der einzelnen Teilnehmenden. Dies hängt damit zusammen, dass die individuellen Herangehensweisen je nach biografischem Hintergrund unterschiedlich sind und sich dementsprechend auch direkt auf die jeweiligen Interessenschwerpunkte und Betrachtungsweisen auswirken. So verfügen die einen über einen eher touristisch geprägten Flanier-Blick und bringen eine indifferente Einstellung zur gebauten Umwelt mit. Andere veranschaulichen sich Dinge mit konzentriertem Blick auf Merkmale der Herausstellung bzw. der Besonderheiten eines Objekts, und wieder andere erschließen sich das Wahrnehmen durch einen Zoom-Blick, indem der Blick vom Gesamtbild weg auf Detailansichten gelenkt wird, oder – andersherum – zuerst Details fokussiert werden und anschließend zurückgetreten wird, um einen Blick aufs Ganze zu erhalten. Hingegen sind fallübergreifende Orientierungsrahmen – wie bereits im oben erwähnten Backstein-Beispiel – deutlich in den Begehungen, den Eingangssequenzen der Folgeinterviews und den separaten Bilderserie-Analysen erkennbar.

Die Bedeutung des biografischen Hintergrunds

Die kongruente Einordnung des Wahrgenommenen hängt eng mit dem biografischen Hintergrund zusammen: Der jeweilige Wissensvorrat der Teilnehmenden und ihre Relevanzstrukturen, was sie interessiert, werden im Datenmaterial sichtbar (in den beiden Gesprächsaufzeichnungen und in den als Bildserien analysierten Fotografien). Dementsprechend wird auch ihre Aufmerksamkeit gelenkt: Sie haben einen Blick für etwas, was andere übersehen oder nicht beachten. Biografische Lebenserfahrung fließt ein: Man orientiert sich an der eigenen Wohnbiografie und Ähnlichem, wie dies in Kapitel 4.2 unter den intervenierenden Bedingungen bereits beschrieben wurden.

Aufschlussreich ist die Beantwortung der Frage, wie die Teilnehmenden ihr Wahrnehmen sich selbst und der Forscherin erklären. Eine Interview-Interaktion bietet sich an, um herauszuarbeiten, was zu lernen ist, wenn zwei Personen sich über die gebaute Umwelt bzw. über Architektur im weitesten Sinne unterhalten. Beide Interview-Situationen – die Gesprächsaufzeichnung während der Begehung und das Folgeinterview – stellen eine Herausforderung für die Teilnehmenden dar, und jede Person entdeckt die gebaute Umwelt anders für sich. Dies hängt maßgeblich mit ihren individuellen Grundhaltungen zusammen, also für welche Elemente der gebauten Umwelt sie einen Blick hat und Interesse bzw. Desinteresse mitbringt. So kann als Grundhaltung ein breites Spektrum festgestellt werden, das bei einem generellen Desinteresse an der gebauten Umwelt beginnt:

> *„Nein, Nein. Nein, ich würde ihn vielleicht so wählen, ähmm, das mache ich manchmal-. Eine ruhigere Straße oder so, wenn ich zu Fuß gehe, das ich nicht an der Hauptverkehrsader laufen muss. Oder jetzt, wo ich versuche, mehr Fahrrad zu fahren. Nicht wegen den Gebäuden, sondern mehr wegen dem Verkehr." (Doris, F. Z 104–109)*

Es wird deutlich, dass z. B. Doris keinen besonders ausgeprägten Blick für die gebaute Umwelt hat. Sie bleibt bei den Kategorien ihrer Relevanzstruktur des Alltags, und da beschäftigt sie vor allen Dingen der Verkehr.

Das Spektrum reicht bis zu dessen Gegenpol, einem großen persönlichen Interesse an der gebauten Umwelt, das im direkten Zusammenhang mit der persönlichen Lebensumgebung und -qualität genannt wird:

> *„Ja, also ich bin, ich bin dort zuhause und ich habe-. (...) Ganz wenige Sachen habe ich das erste Mal gesehen, oder. So zum Beispiel die Treppe ganz am Anfang (...) Aber sonst habe ich eigentlich alles gekannt. Also weil ich, natürlich weil ich, ich bin am, an einem Sonntagnachmittag wenn es noch dazu nicht so schönes Wetter ist oder so. Und ich den ganzen Nachmittag zuhause bin, da gehe ich immer äh. Eben, irgendwann sage ich mal, ich muss schnell mal rausgehen. Sonst werde ich depressiv auf den Montag, oder. Und dann gehe ich hi-, mit dem Velo durchs Quartier. Und gehe durch und schaue." (Malte, F. Z 7–17)*

Die Beantwortung der Einstiegsfrage des Folgeinterviews nach der Erinnerung an die gemeinsame Begehung macht nochmals deutlich, was sich bereits während der Begehung abzeichnete: Die Alltagsroutinen werden durchbrochen. Die Teilnehmenden werden aufgefordert, genauer hinzusehen in der sie umgebenden gebauten Umwelt. Das langsamere Sehen ist bereits außeralltäglich, aber weder das Umfeld der gebauten Umwelt (ein Standquartier in einem ihnen bekannten Kulturkreis) noch das Handeln des aufmerksamen Hinschauens ist an und für sich unbekannt. Doch die Aufforderung, der gebauten Umwelt nun mit verlangsamtem Betrachten die Aufmerksamkeit zuzuwenden, verursacht Überraschungen und Neuentdeckungen. Sie nehmen nun Sachen wahr, die sie vorher nie gesehen haben, und sie entwickeln zum Teil sogar Erklärungen, warum sich ihr Blick, wenn auch nur kurzfristig, verändert hat:

> *„Ähm, ich war eigentlich erstaunt, wie viele moderne Gebäude dass es hat. Das habe ich dir, glaube ich, auch schon auf der Begehung gesagt, dass irgendwie-. Ich nehme nur die alten schönen wahr und die gold- und die neuen irgendwie so- eh-, ja. Und, und bei dieser Begehung sind mir vor allem die, die modernen und die, die Großen ins Auge gestochen. Also wie große Gebäude, so richtige Ha-, also Siedlungen, ich meine es ist nicht Schlieren oder so, aber es ist halt doch so so zum Teil ein bisschen Siedlungscharakter aufgefallen und das war-, hat mich ein bisschen überrascht. Ja." (Doris, F. Z 22–31)*

Auf die Frage, ob das typisch für das Seefeldquartier sei, antwortet sie:

> *„Nee, gar nicht! Deshalb war ich ja so überrascht, dass es da was gibt. Dass es so was gibt, so eben, man hat das Gefühl, so vorortmäßig @fast@ @(1)@." (Doris, F. Z 68–71)*

> *„Ich habe mir auch überlegt, das ist noch extrem. Jetzt, wie das Seefeld eigentlich noch schön ist. Für mich ist das ja irgendwie gar nicht mit dem verbunden gewesen. Aber jetzt verstehe ich eben auch warum dass viele Leute dort unten wohnen möchten und mit See und alles. Also, ja. Eben. Ich-, ein bisschen genauer hinschauen. Und nicht einfach so, ‚quick and dirty', aber habe ich natürlich ein bisschen, diesen Approach, oder. Aber eh, ja, das das ist sicher etwas gewesen, was ist nun mitgenommen habe." (Viola, F, Z 30–38)*

> *„Oder ähm Dachterrassen, sind mir jetzt überall aufgefallen. (...) Ganz viel, ja. Wenn ich mir jetzt auch überall gedacht habe, das ist jetzt wieder einmal eine Dachterrasse. Ok da jetzt wieder mal eine Dachterrasse. Aber so prinzipiell, also ich sehe Gebäude, ich denke mir zwar ‚schön' oder ‚nicht schön', aber viel dabei denken tue ich mit trotzdem nicht." (Rosa, F, Z 35–41)*

Durch die Auswertungen der Eingangssequenzen der Leitfadeninterviews kann belegt werden, wie das Wahrnehmen im jeweiligen Alltag der Teilnehmenden funktioniert: Die Interviewten werden durch die Einstiegsfragen neben der Aufforderung, über ihre Erinnerungen an die Begehung zu berichten, zusätzlich mit der Frage nach einer eventuellen Blickveränderung in ihrer Alltagsumgebung konfrontiert. Damit wurde ein gewisser Theoriedruck erzeugt. Darauf reagieren die meisten mit einem Abstrahieren, das durch einen Perspektivenwechsel sichtbar wird: Sie sprechen nicht mehr in der Ich-Form, die der basalen Selbstverortung als Ich im Hier und Jetzt im Sinne von Alfred Schütz und Thomas Luckmann dient (vgl. Schütz/Luckmann 2003: 98 ff.). Geht es in dieser Alltagswirklichkeit jedoch um Arbeitswege u. Ä., bleibt eine Beschäftigung mit der gebauten Umwelt bestenfalls nachgeordnet:

> *„Ja. Na, gerade auch so, wenn man auf dem Arbeitsweg am Morgen, wenn ich nicht ins Büro stressen muss, meistens muss ich stressen, weil ich es knapp auf neun @schaffe@, aber wenn ich jetzt länger Zeit habe, dann äh gehe ich häufig wirklich ähm ein bisschen langsamer und schlage dann vielleicht mal auch so ein Zickzack noch ein oder gehe mal einen ganz anderen Weg. Ja. Zur Entspannung. So zusagen schon vor dem Arbeiten und beim, ja @(1)@. Es ist, und auch sonst. (...) Nicht nur auf dem Arbeitsweg, einfach auch sonst. (...) Mhm, meistens schon, Ja. Aus dem Tram habe ich natürlich weniger Zeit um zu reflektieren, weil da geht alles viel zu schnell. Fahrrad ist ein bisschen dasselbe, aber zu Fuß, ich gehe eigentlich auch genau drum ähm auch gerne zu Fuß und es beeinflusst, jetzt, wo du es sagst, auch oft meine Wahl, ob ich jetzt mit dem Fahrrad oder zu Fuß gehe. Wenn ich Lust habe irgendwie, noch mir ein bisschen äh Stadtraum oder Architektur reinzuziehen, dann lasse ich das Fahrrad häufig stehen damit ich das besser machen kann." (Gilbert, F. Z 70–89)*

Der Wechsel von der Ich-Perspektive zur unpersönlichen Man-Perspektive signalisiert einen Wechsel der Relevanzstrukturen. Was bis anhin im Alltagsleben am Rande vorhanden war, wird nun ins Zentrum der Aufmerksamkeit gerückt. Dazu wird das vorhandene Alltagswissen neu gruppiert, und in den Eingangssequenzen der Folgeinterviews liefern die Interviewten retrospektive Erklärungen, um sich ihren Eindruck plausibel zu machen.

> *„Wahrscheinlich nicht, weil ich so fokussiert auf mein, auf mein eigenes Leben bin, dass ich mein Zeug mache und alles. Also, wenn ich da irgendwie glaube ich-, also. Wenn, wenn man einfach zur Arbeit fährt, dass man einfach so schnell wie möglich dort durch kommen möchte und einfach eh. Ja man wird durch viel Negatives natürlich auch beeinflusst. Da läuft jetzt irgendwo ein Fußgänger dir vors Auto oder auf die Straße. Da muss man aufpassen und dann schaut man sicher nicht irgendwie (1) ja. eh, ein Haus an, ob das jetzt hübsch ist oder so. Also, interessiert einen irgendwie fast gar nicht, oder." (Viola, F. Z 43–52)*

Es wird eine distanziertere Haltung eingenommen, denn nun bewegt man sich auf einer anderen Ebene, indem die Teilnehmenden sich in für sie mögliche Szenarien hineindenken:

> *„Und (1) ich mag Wohnungen auch viel mehr als Häuser. (...) Also Wohngebäude, sind auch/ die finde ich auch schöner zum Beispiel. Das wäre auch wichtig, dass ich dann nicht alleine wo wohnen würde, also nicht nur wo mein*

Haus steht, oder nur meine Wohnung, sondern dass ich dann auch Nachbarn habe. (...) Genau, man ist nicht alleine. Also manchmal ist es nervig. Man muss aufpassen auf die Nachbarn. Aber, mh, es gibt auch so eine gewisse Sicherheit. Dass man weiß, wenn was passiert, man ist nicht so alleine. Sondern da ist wer, der es hoffentlich beobachtet oder der da ist. Oder den man um Hilfe fragen kann, im schlimmsten Falle. Ja." (Rosa, F. Z 106–123)

Um aus soziologischer Perspektive zu erforschen, wie sich die Teilnehmenden die gebaute Umwelt erklären bzw. wie sie bestrebt sind, sie mit ihrer Alltagswirklichkeit in Einklang zu bringen, ist eine Bezugnahme auf Schütz/Luckmann unumgänglich: Durch die Erfahrung der Teilnehmenden, in eine soziale und gebaute Um-Welt eingebettet zu sein und dennoch frei über ihr Handeln entscheiden zu können, gehen sie davon aus, dass ihr Gegenüber bei den Begehungen über ein ähnliches Bewusstsein verfügt, sodass prinzipiell ein intersubjektives Handeln möglich und verständlich ist: Das, was von Schütz/Luckmann als „Generalthese der wechselseitigen Perspektiven" bezeichnet wird, gilt selbstverständlich auch als Basis der sprachlichen Verständigung (Schütz/Luckmann 2003: 99 f.). So wird das Erlebnis der Begehung verbunden zu einer gemeinsamen Interaktionsgeschichte:

„Das habe ich dir, glaube ich, auch schon auf der Begehung gesagt" (Doris, F. Z 24–25)

„Ah, das kleine, Ja, das hat uns ja gefallen, dort das Häuschen. Ja, das da. Es ist niedlich, reizend (schnusselig) gewesen. Schnuselig findest du auch nicht, gell?" (Xenia, F. Z 53–55)

„Ja, sehr schön, haben wir jetzt noch mal so ein Postmilleniums-Teil. Äh, das ts ähäh, vom-. Da klingen bei mir ähnliche Gefühle an, wie bei dem einen, das wir vorhin gerade gesehen haben" (Gilbert, Beg. Z 207–209).

„Das ist ganz geil. Hm, sehr schön. Finde ich jetzt etwas vom Besten was wir bisher gesehen haben." (Gilbert, Beg. Z 1026–1027)

Besonders deutlich werden diese „wechselseitigen Verständigungen" (Schütz/Luckmann 2003: 635) jedoch bei den Common-Sense-Argumentationen, wobei die Teilnehmenden davon ausgehen, dass die Begleitung ihre geäußerte Meinung teilt.

„Genau. (2) Und dann wenn du da so nach unten schaust (3) Eben da hat man mal wirklich gedacht, das ist jetzt eine moderne Straße, die Wiesenstraße, trotz dem schönen Namen. Dann hat es da ja, da, das Bürogebäude und dann

hat es das da. Und dann hat es das da und dann ist alles ganz klar, welches besonders hässlich ist, oder. Das muss man sagen, ja das ist eigentlich noch ein schönes." (Malte, Beg. Z 1395–1401)

„Da bin-. ja. Wenn du das anschaust, dann wird es dir doch halb schwindelig. Wie kann man auch. (2) Wie kann man auch. (2) Ja zum Teil fragt man sich wie Architekten. (2) Was die, was die für Ideen haben." (Xenia, Beg. Z 906–909)

„Aber trotzdem. Die Wärme ist doch gesucht von jedem Menschen und drum hat man da oben wieder Pflanzen. Eben, der. Dass, dass. Natur ist eben doch wieder gefragt, oder. Fast noch ausgeprägter als jetzt da in dem, dem älteren Haus. Die haben wahrscheinlich oben dann einen Garten, wo man sich trifft. Und äh, ab und zu noch ein Blümchen, aber." (Viola, Beg. Z 66–71)

„Jaa. Das schaut man auch nicht zweimal hin, oder? Ja, also das Ganze. Das Ganze. ist eigentlich nichts-, nichts freundliches. Aber man hat das Gefühl, es sind Leute drin. Auf jeden Fall-, ja, doch. Im Ganzen. Ffff, an dieser Straße schon @(1)@. Auch das. Das ist eigentlich nichts, nichts spezielles" (Doris, Beg. Z 747–756).

„Sieht man es nicht so gut, aber wenn man jetzt mit der Eingangstüre und mit einer Lampe. Das ist natürlich schon ein ziemlicher Stilbruch, der nicht sehr sensibel gegenüber dem Haus ist. Finde ich jetzt. Und das fällt halt auf, oh sorry." (Gilbert, Beg. Z 195–198)

Um die Alltagswirklichkeit mit dem Wahrgenommenen der gebauten Umwelt kongruent zu machen, werden vor allem Details zur Identifizierung näher betrachtet. Anhand von Indizien für Meinungsvielfalt oder Indizien als Anzeichen eines gesellschaftlichen Zusammenlebens werden Zeichen ‚gelesen' und daraus Schlussfolgerungen gezogen – in diesem Fall eine Schlussfolgerung bezogen auf das Quartierleben:

„Also eben. Ich denke, das ist eben das Schöne an dem Quartier. Das tut sich wirklich-. Es ist alles ein bisschen da. Eben, jetzt haben wir einen Atomkraftgegner. Was ja eigentlich wirklich aktuell ist, von Japan her. Auch wir haben ja die politischen Diskussionen. Und da erlaubt sich jetzt wirklich einer, so ein Fähnchen herauszuhängen im Seefeld, oder. Das doch noch ein bisschen, einen eh, ja, wie soll man sagen? Eine ein bisschen konservativerer Gegend ist, oder mehr. Aber auch das sieht man hier und das, das finde ich eigentlich sehr schön, das alle da miteinander leben können. Und, und ja, man darf sich mitteilen. Es gibt keine Streitereien (Diskussionen), oder." (Viola, Beg. Z 129–139)

Auch richtet sich der Blick auf Details wie Verzierungen, die an der Fassade eines Gebäudes angebracht sind. Diese Zeichen liefern in diesem Fall offenbar Indizien für Herrschaftlichkeit, Repräsentanz und Reichtum, die auf das heutige (kostspielige) Leben bezogen sind:

> *„Ja, das sind natürlich da wunderschöne Arbeiten. (...) Das muss wahrscheinlich von einem Steinmetz unterhalten werden, oder. Der das wieder richtig Instand stellen kann. Dass das so schön bleibt. Das ist sehr aufwendig. (...) Es ist sicher irgendwo (2, Lärm) ein Herrschaftshaus gewesen. (...) Obwohl, es gibt ja auch moderne Steinmetzarbeiten an Häusern, also. So ist es nicht." (Viola, Beg. Z 1193–1025)*

> *„Auch mit diese Frauenköpfen dort unten. (...) Siehst du. Dort oben. (...) Also ich meine, ich weiß nicht wann man das zuletzt gemacht hat. Die Verzierungen an dem Dach hinten. Das ist so speziell. Also das hat-. Das strahlt so etwas Herrschaftliches aus." (Xenia, Beg. Z 987–993)*

Um einen Eindruck zu identifizieren und um Klarheit über das Wahrgenommene zu gewinnen, wird häufig nach einer eindeutigen Identität und Authentizität gefahndet und auch beansprucht. Wenn dieser Anspruch nicht erfüllt wird, kommen Be- bzw. Verurteilungen ins Spiel:

> *„Ja, da hat man offensichtlich wieder etwas ganz schrecklich äh renoviert. Also, (2) ich denke, das Haus ist relativ alt. Aber, es ist überhaupt nicht mehr erkenntlich als (2) ursprüngliches Objekt. Also, was es mal gewesen ist, ist komplett hinter dieser komischen, was weiß ich, was es ist, Alu? oder Eternit-Fassade verschwunden. Balkone sind etwas von (2) extrem potthässlich. Ahh, Katastrophe. Also lieber so etwas abreißen und ein ganz neuen Klotz hin bauen als so schändlich, ekelig renovieren irgendwie. Also ich finde eigentlich, für mich müssen einfach die Sachen echt sein. Echt im, im Sinn von authentisch." (Gilbert, Beg. Z 839–849)*

> *„Also ich meine. Das ist ja das hohe Ziel bei einem Menschen. Dass ein Mensch authentisch ist. Und dann ist er glaubwürdig und man nimmt ihn wahr. Und du kannst das eigentlich ein bisschen übersetzen. Wenn ein Haus authentisch ist. Dann, dann nimmst du das auch als etwas Harmonisches und Glaubwürdiges wahr. Also wenn ich mich jetzt so gewagt ausdrücken darf. @(1)@." (Xenia, F. Z 1249–1256)*

Von hinweisenden Indizien werden sogar „Beweisfotos" zu Dokumentationszwecken gemacht:

> *„Aber (2), einfach gut. (4) Also Briefkästen sind weg. Jetzt sieht man den Un-*

terschied. @(1)@. (3) Das ist natürlich halb so toll. (Fotografiergeräusche). Ich mache jetzt Vergleichsfotos." (Gilbert, Beg. Z 1075–1077)

Generell argumentieren alle Teilnehmenden gern mit Hilfe von Vergleichen, die sie anstellen. Abhängig von den unterschiedlichen Dimensionen werden zahlreiche Schattierungen von Gegenüberstellungen angewandt: vom strengen Kontrast des Schwarz-Weiß-Schemas bis hin zur reflektierten Differenzierung ohne weitere Wertung, also von Aussagen wie:

„Ich würde sagen, dort ist es so ein bisschen die Liebe zum Quartier strahlt das aus. Die Liebe zu-, zum Seefeld. So das ‚cosy' (behaglich, gemütlich) ein bisschen. Während dem da, das sind einfach halt moderne Wohnungen. Glück gehabt, im Seefeld eine moderne Wohnung gefunden." (Xenia, Beg. Z 263–267)

über:

„Das blaue da, das ist auch eine Scheußlichkeit. Da hat sich auch einer verwirklichen wollen mit Erker und das ist völlig misslungen. Also. Nein, das sieht so scheußlich aus. Also ich bin vielleicht ein bisschen zu kritisch. Währenddem das Haus neben dran. Ja, das ist ein wahrer Traum." (Xenia, Beg. Z 368–372)

bis hin zu Kommentaren wie:

„Nein, ich finde es wunderschön. Also wenn ich das jetzt hier so, äh gegenseitig anschaue, finde ich das eigentlich recht schön. Dass man eben auch, wieder alt und jung. Man kann mit beidem sehr gut umgehen. Also es ist, es ist charmant. Auch jetzt der blaue Eingang da, mit dieser Türe" (Viola, Beg. Z 56–60).

Die genauere Betrachtung des Umgangs mit ambivalenten oder auch negativen Wahrnehmungen birgt viel Aussagepotenzial über die Art und Weise, wie sich die Teilnehmenden orientieren und organisieren: Der Umgang mit ambivalenten Eindrücken reicht von Ausblendungen bis hin zur diplomatisch anmutenden Betonung von Heterogenität. Was tun die Teilnehmenden, um mit Ambivalenz, Widersprüchlichkeit oder Ratlosigkeit umzugehen? Die kurze Antwort lautet: Sie biegen es sich zurecht. Zum einen machen sie sich das Wahrgenommene schlüssig, indem sie nicht Sichtbares imaginär ergänzen:

„Ja, das aus den Achtziger Jahren. Das hatten wir ja damals noch angeschaut, oder. Ob da,(...) sagt man natürlich schon, ‚ein bisschen schade', oder. Wenn man jetzt sich überlegt, hat es wahrscheinlich da, an diesen, dort, da hätte ein ähnliches Haus dort gestanden hat, oder. Und wahrscheinlich ist es zu teuer geworden, das zu renovieren oder vielleicht ist es ein Brand gewesen, oder. Ich meine, vielleicht ist es wirklich kaputt gegangen. Oder, wie jetzt dann,

eben, nie mehr gepflegt worden und dass man es abreißen musste, weil es so kaputt gewesen ist. Ich denke, wenn man es kann, erhält man es sicher aufrecht. Eben, so etwas ist jetzt vielleicht schon-. Aber das ist jetzt, ich meine allein von der Stilrichtung her, dass das Haus mir jetzt halt nicht gefällt, aber." (Viola, F. Z 103–119)

„Währenddem oben die Dachwohnung in dem alten Haus. Da ist doch so schön. (...) Mit diesen Oberfenstern, dort kannst du sicher noch auf das Dach hinauf. Mit Sicherheit." (Xenia, Beg. Z 415–418)

Zum anderen blenden sie negative Wahrnehmungen gerne aus:

„Gut. Ah, shit, da geht es weiter mit dem Teil da links. Das ist, da haben sie einen ganzen Block verhunzt mit dem Dings. Ich möchte eigentlich gar nichts mehr dazu sagen. Ich finde es schrecklich." (Gilbert, Beg. Z 102–105)

Man orientiert sich stattdessen lieber an Positivem:

„Nein, @ja@. Aber. Ja, aber, vielleicht ist das vom Typ her. Ich versuche eigentlich immer zu probieren-. Das Leben, ist ist ja häufig düster, oder. Und was willst du jetzt ein hässliches Haus dir anschauen? Wenn wir jetzt, jetzt da -. Das ist wie in den Ferien, oder. Du gehst so Straßen entlang und die schaust dir doch die schönen Sachen an und fotografierst sie und nicht die hässlichen Sachen." (Viola, F. Z 375–381)

Und wenn trotzdem nachgehakt wird, wird abgelenkt und auf die Nachfrage nicht eingegangen:

„Ich finde es ähm, schlussendlich ist natürlich das andere trotzdem viel zu dominant dem gegenüber. Wenn man das schon unter Denkmalschutz stellt. (...) Das ist eh, eh, das Dach ist sowieso ein Schandfleck. Regt mich auf. Regt mich jeden Tag auf. Jeden Tag. (S: Du siehst es in diesem Fall häufig?) Ja. (2) Und eben, da ist das Razzia" (Malte, Beg. Z 1131–1138)

Wenn allerdings ein negativer Eindruck überraschend entsteht, kann ein regelrechter Reaktionsprozess nachvollzogen werden, da nicht sofort eine Abwehrhaltung eingenommen wird. So stellt man sich dem Negativem, was exemplarisch folgendermassen abläuft: „der Block da, (...) Interessant mich jetzt auch nicht. Da laufe ich jetzt einfach weiter" (Gilbert, Beg. Z 105–107). Der Teilnehmer wird versucht, das Gesehene auszublenden. Es folgen weiter nur „schlechte" Eindrücke, „auch ein bisschen abstoßend eigentlich" (Gilbert, Beg. Z 108, 109). Daraufhin wird das, was gesehen wird, immer schlimmer. Den Höhepunkt bildet: „Also muss ich jetzt Häuser bashen?" (Gilbert, Beg. Z 110) Damit hält er inne. Ihm fällt auf, dass er nur Negatives erwähnt hat. Damit ist er irritiert und enttäuscht, dass alles Wahrzunehmende bisher furchtbar, schlecht und banal ist. Er versucht zu relativieren mit Ergänzungen wie „eher“ = milder: „fällt mir auch leider eher negativ auf“ (Gilbert, Beg. Z 102, 121). Die unmittelbare Konsequenz ist, dass er deskriptiv bleibt und sich vorerst der Meinungsäußerung enthält.

Diese Art, sich mit der eigenen negativen Bewertung auseinanderzusetzen, vollzieht sich nicht nur während der Begehung, sondern lässt sich auch in den Folgeinterviews nachzeichnen. So ist ein anderer Weg, mit Negativ-Eindrücken umzugehen, eine fiktive Alternativ-Vorstellung, um das negativ wirkende Element vom Gesamteindruck zu trennen. Deutlich wird dies anhand von Fotografien, also durch schon einmal gesehene Eindrücke:

> *„Wenn dort-. Es, es hadert nur an dem blöden Gitterzeug. Wenn das weg wäre, wäre das gar nicht schlecht. Auch dass es da ein bisschen vorgesetzt ist. Mit dem Erker und so. Das ist alles gar nicht schlecht. Die Balkönchen da oben, alles nicht schlecht. Aber das Gitterzeug da. Das ist, das ist. Ja, also ich kann es gar nicht sagen, wie wie hässlich (wüescht).“ (Xenia, F. Z 722–728)*

Dies mündet in dem Fazit: „Ja. Ja ja. Das ist nicht schlecht.“ (Xenia, F. Z 731). Es wird nochmals bekräftigt, die Beurteilung fühlt sich trittsicherer an, nach dem erfolgreichen Einsatz dieses gedanklichen Konstrukts: „Das ist nicht schlecht, (.)… Das ist einfach zweckmäßig. Und. Du musst dir jetzt einfach das Haus vorstellen ohne, ohne die Scheußlichkeit da.“ Auf das Nachhaken der Interviewerin: „Mhm, ohne diese Gitter?“ kommt die Antwort: „Das wäre was ganz anderes.“ (Xenia, F. Z 734–737).

Etwas später im Folgeinterview kommt die Teilnehmerin nochmals auf das Gebäude zurück, da die Fotografien davon nach wie vor zu sehen sind:

> *„Wenn du dir das Haus alleine anschaust, einfach wenn du dir das Gitter jetzt wegdenkst. (…) Aber, aber auf dem Bild kannst du es-. Kannst du es dir noch ein bisschen vorstellen, ohne. Finde ich jetzt. Wenn das weg wäre, das Gitterzeug, das, das Haus wäre ganz passabel. Da würdest du auch sagen, das passt sich noch an.“ (Xenia, F. Z 961–968)*

So stellt sie sogar eine Wendung ins Positive in – rein hypothetische – Aussicht.

Zum Schluss wird der sprachlichen Vermittlung des Wahrgenommenen besondere Aufmerksamkeit gewidmet. Das außeralltägliche Erlebnis, sich mit der gebauten Umwelt auseinanderzusetzen, veranlasste die Teilnehmenden, interessante Wortkreationen und -kombinationen zu wagen, die spontan, manchmal auch unbeabsichtigt, geäußert wurden. Spannend sind diese Kreationen vor allem im Hinblick auf die begrifflichen Validierungsmöglichkeiten: Wenn beispielsweise der Begriff ‚moderne Gebäude‘ verwendet wird, dann funktioniert darüber die Verständigung, das ist keine Alltagskategorie, sondern Sprachgebrauch, genauso wie „was Modernes“ (Xenia, Beg. Z 1040; Doris, F. Z 122; 2F, Z 78; Viola, Beg. Z 24, Rosa, Beg. Z 558) oder „Neubauten“. Denn das Gesagte muss vom Gegenüber verstanden werden. Diese Begriffe funktionieren ohne weitere Diskussion, d. h. man kann sich damit verständigen (Berger/Luckmann 2003: 36–39). Die Verständigung funktioniert jedoch auch mit Sprachkreationen als (Neu-)Schöpfungen wie „Abstellappartments“ (Xenia, Beg. Z 513), „Nullachtfünfzehn(-Architektur)“ (Xenia, Beg. Z 25; Doris, Beg. Z 35 u. Z 536), „Schulhaus wie aus dem Bilderbuch“ (Doris, Beg. Z 812), „bunkermäßig“ (Doris, Beg. Z 324), „dicke Fensterrahmen (...) wie Ikea“ (Lara, Beg., Z 285), „Fassadendenkmalschutz“ (Malte, F. Z 960) oder „Studioabsteige“ Xenia, Beg. Z 1228).

Mit welchen verbalen Äußerungen sich die Teilnehmenden im Einzelnen ausdrücken und welche Wirklichkeitsauffassungen sich darin finden lassen, ist u. a. Thema des folgenden Kapitels.

4.4 Kognitive (d.h. funktionale, soziale und ästhetische) und affektive Deutungsstrategien

Die wichtigste Erkenntnis besteht in den herausgearbeiteten Deutungsstrategien, die bei der Wahrnehmung der architektonischen Wirklichkeitsauffassungen der gebauten Umwelt eine grundlegende Rolle spielen. Sie können analytisch zwischen kognitiven und affektiven Deutungsstrategien unterschieden werden, wobei sich die kognitiven Deutungsstrategien in funktionale, soziale und ästhetische unterscheiden. In der Praxis vermischen sich diese Strategien, wobei jedoch der jeweils dominierende Anteil klar erkennbar sind.

Diese hier präsentierten Ergebnisse stellen Strategieentwicklungen dar und beantworten die Frage, wie die Teilnehmenden ihr Wahrnehmen und Erkennen deutend mit ihrem Wissensvorrat verknüpfen. Dabei greifen sie auf bereits bestehende Einordnungsmuster zurück oder verbinden solche mit ihren Vorstellungen. Diese Erschließungsformen lassen sich wie folgt abbilden:

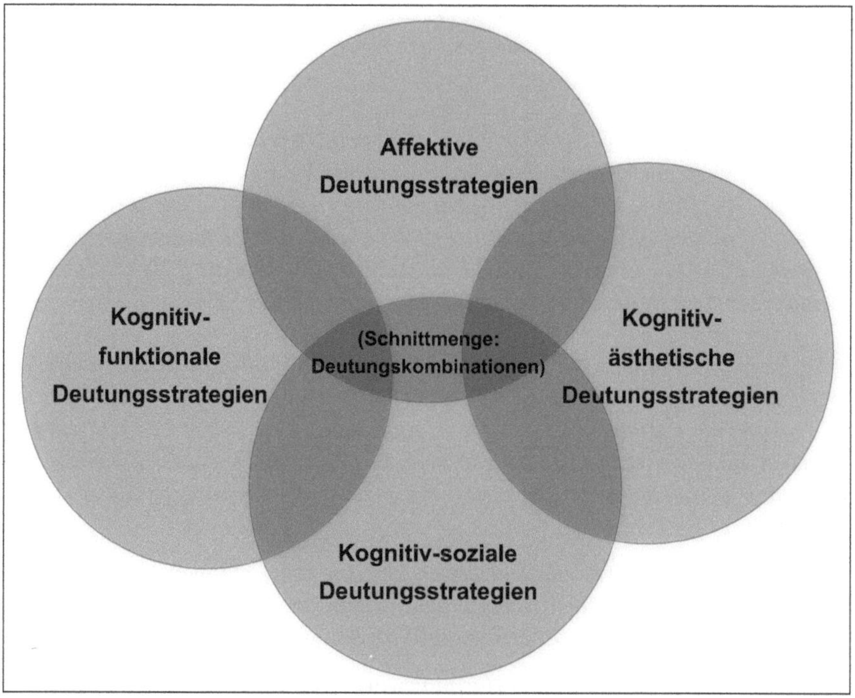

Abb. 3: Kernich: Übersicht der unterschiedlichen Deutungsstrategien. 2016.

Die beiden Deutungsstrategien im Einzelnen:

Die kognitiven Deutungsstrategien

Darunter werden erstens die pragmatischen Deutungen und Einordnungen verstanden:

> *„Also das ist jetzt einmal besonders hässlich (wüescht) saniert worden". („S: Das Orangefarbene?") „Die Farbe, das ist ja nicht orange, orange ginge ja noch. Ich weiß es nicht, Es ist so (angeekelter Laut von sich gebend). Das so, nein, die soz-, so, so die Platten und so. Das ist so, das sieht so, so einfach so nach Industrie aus, möglichst billig, ich weiß es nicht. Hoffentlich ist es wenigstens gut isoliert." (Malte, Beg. Z 729–737)*

> *„Da ist es sicher vorteilhaft. Da hat jetzt jeder ein Parking, oder? Die Wohnungen sind wahrscheinlich nicht so toll. Nicht die modernsten. Aber zumin-*

dest @kann man mit dem Auto@ gerade vorfahren. @Man muss das positiv sehen@. @Im Seefeld hat man ein Parking@. Das ist schon eine Sensation." (Viola, Beg. Z 191–195)

„Da ist lustig, das-. Also. (...) Ich weiß nicht, ob ich sagen würde, es ist schön und ich weiß auch nicht wie es innen ist, wenn man an die Gitter hinschauen muss. Gut. Unter(.) Umständen sieht man sie gar nicht. Vielleicht ist der linke Teil, ist unter Umständen ist ma-, ist eine Mauer. Weiß ich nicht genau, sonst finde ich es ein bisschen bemühend, wenn man dann die Gitter anschauen muss. Aber es ist @noch witzig@." (Doris, Beg. Z 350–359)

„Mit, wahrscheinlich mit nicht allzu viel, nicht so großen Mitteln hat man das Haus jetzt eigentlich noch hübsch wieder hingestellt. (...) Oder auch jetzt mit dem grünen dort drüben. (5) Also es fällt auch ein bisschen-, es fällt ein bisschen auf in dieser, wenn man jetzt in dieser Reihe da (2) Es macht wieder mal jemand etwas. So nach dem Motto. Wir müssen wieder mal. @(1)@." (Viola, Beg. Z 1242–1259)

Zweitens gehören alle zweckorientierten Nutzungsvorstellungen, wie beispielsweise die unterschiedlichen Erkennungszeichen, die in Zuschreibungen Büros oder Wohnungen münden, zu den kognitiven Deutungsstrategien:

„Ja, also ein paar schon aber die paar waren halt mehr wirklich Büro oder in dem einen, da war eben der Coop drinnen oder wirklich, also ich glaube nicht wirklich dass dort Leute wohnen, sondern dass es mehr Büro ist. Vielleicht wohnen dort auch Menschen, aber ich glaube eher dass es Büro ist, weil das passt besser dazu, zu modernen Gebäuden." (Rosa, Beg. Z 713–718)

Ebenso gehören Nutzungsvorstellungen von unterschiedlichen Wohnungstypen dazu:

„Da wohnt auch eine Freundin von mir, eine uralte Studienfreundin von mir. (...) Ja, im ersten, im ersten Stock. Und. Ja, was soll ich dazu sagen? Es sind einfach Wohnungen, die für Expats gemacht worden sind. Wofür es natürlich zur Zeit einen sehr großen Markt in Zürich, eh, vorhanden ist. Und ähm, die Wohnungen sind sehr schön, also. Schön, also-. Das einzige, was mir nicht gefällt ist eine braune Küche, aber das ist Geschmackssache. Aber ich denke, das ist auch abgestimmt auf die Expats, auf Amerikaner häufig, die einfach das schön finden. Und, ähm, (2) Ja. Eben, ich denke, optisch ist es schön, also. Ich meine, wenn es von außen anschaut, ich habe jetzt da-, es hat, es hat auch seinen Reiz. (Fotografiergeräusche) Es ist nichts- (2) Ja, es hat einfach eh, den ganzen Luxus, den man international kennt. Mit einem Concierge und eh, ja." (Viola, Beg. Z 229–245)

„Das ist schon möglich, dass das Eige-, weil das, da hat es Wohnungen. Das weiß ich, hat es Wohnungen, da weiß ich nicht, ob es da auch Wohnungen hat. Also ich gehe davon aus, da-, also, genau. Da sieht man es wahrscheinlich. Das da, das ist wahrscheinlich, das sind wahrscheinlich Büros. Das ist eben die gleiche Ebene, oder. Und da hat es vielleicht drei Wohnungen drin da. Sind auch-. Das sind Expatswohnungen, sind keine-, sind keine Leute, die wirklich da wohnen. Das wechselt immer. Ich sehe von der Küche bei mir, sehe ich sie immer ein und ausziehen." (Malte, F. Z 983–1004)

Dasselbe gilt auch bei Park- und Freizeitnutzung-Zuordnungen von Außenräumen:

„Aber, aber. Ich würde sagen, es ist gut gemacht. Es ist gut gemacht. Offenbar hat man da eine Begegnungszone kreieren wollen. Ähh, bezeichnenderweise ist es leer. Es ist niemand da. Ähm, aber ich würde sagen es ist gut gemacht. Es ist gut gemacht." (Doris, Beg. Z 186–191)

„Der Park ist auch schön, aber da kann man sich wahrscheinlich nicht hinlegen. (...) Also das ist eben auch eine-, (1) @Ja@. Extra noch umzäunt, damit man ja nicht reingeht. Aber es ist schön, dass es grün ist. Nur halt schade eben, wenn man-, (1) wenn man hier wohnt, dann will man wahrscheinlich gleich zu einem sich sonnen, in die Wiese legen und das geht halt nicht." (Rosa, Beg. Z 174–181)

Diese eher allgemeinen Nutzungszuschreibungen unterscheiden sich von einer weiteren Deutungsstrategie, bei der die Konsumhaltung dominiert. Hier richtet sich der Blick auf das Angebot, das die gebaute Umwelt zu bieten hat (oder eben auch nicht):

„Ja, man fragt sich schon, wem er [der Park, A. d. V.] eben nützt. Aber auch nicht, dass da Leute hingehen um sonnen zu baden, oder so. Oder. Man geht dann gleich an den See. Es ist halt so nahe beim See. (...) Weiß es nicht. Geht man lieber an den See. Ein Café. Ich glaube, ein Café würde sich da gut machen. Irgendwo in einer Ecke. Aber müsste an das Ganze umgestalten. Aber es ist schön. Ich meine sonst ist ja alles eng beieinander und und, und dann so eine Fläche-, das tut gut." (Doris, Beg. Z 787–804)

Vergleichswissen wird angewandt, beispielsweise das Nutzungsangebot im Städtevergleich:

„Ja, also in-, ja also in Österreich gibt es ja größer-, also viel größere Parks, kommt mir halt vor. Aber ich kenne halt Zürich jetzt auch nicht so. Aber es ist auch wenn es schön ist, ist jeder im Park. Und die sind auch wirklich groß, also da-, kann man wirklich auch 15 Minuten durchlaufen. Nur querdurch.

(…) Also (unverst.) wenn ich zum Beispiel zehn Minuten mit der Straßenbahn fahre, dann bin ich schon bei einem Park. Dann wenn ich zehn Minuten weiterfahren würde, wäre ich schon beim Nächsten. Und dann ist es viel einfacher, wenn ich sagen würde ‚Ok, es ist ein schöner Tag. Ich gehe jetzt in einen Park.' Und hier müsste ich dann auch extra alles zusammenpacken und z-, also jetzt würde ich zum Beispiel zum See fahren." (Rosa, Beg. Z 80–91)

Unpraktisch wird hier die Innennutzung eingestuft: Es gibt offenbar eine Terrasse, aber sie ist unbrauchbar. Daher gilt dieses Fazit für das ganze Gebäude: Es ist unpraktisch, wenn nicht gar unnütz:

„Und das Gebäude da hinten sieht man eigentlich @überhaupt nicht@. Wegen den Bäumen. (…) Also ich weiß nicht, ob da wer drinnen wohnt, weil der hätte erstens immer Schatten. Also es schaut ein bisschen aus wie so ein @ Geisterschloss@. (17) Also ich kann mir nicht vorstellen, dass da wer wohnt. Weil, man kann nie auf die Terrasse raus, weil da ist ja doch eine Terrasse. Also man könnte raus, aber (2) da hat man nicht viel davon." (Rosa, Beg. Z 504–514)

Ebenfalls fallen Mutmaßungen über finanzielle Bedingungen und Kosten-Nutzen-Kalkül-Unterstellungen unter eine funktionale Aneignung des Wahrgenommenen:

„es ist eigentlich sehr rational. Ich meine, ich verstehe das schon, dass man gerne von, aus dem Raum und aus der Fläche, die man hat, möglichst herausholen möchte und von mir aus möchte man auch, äh lieber viel mehr Geld herausholen, wenn man irgendetwas investiert, aber. Es kippt halt sehr schnell. Weil wenn man die Sachen in den Vordergrund stellt, ähh, das gibt offensichtlich auch noch andere Kriterien, die man in der Architektur berücksichtigen sollte, wie eben ähm, sicher bauliche Qualität und auch Verträglichkeit mit dem, mit der Umgebung oder ähm, soziologische Aspekte und die kommen halt oftmals dann zu kurz und oftmals sieht man es einfach halt den Häusern auch an, dass sie lieblos, äh gebaut worden sind, dass sie überhaupt keine ähm, äh irgendwie, dass sie überhaupt keine Details haben, woran man irgendwie merkt, da ist ein Qualitätsanspruch auch da hinter. Und, ja. Das finde ich halt, das kann dann halt einfach sehr schnell kippen, wo man dann das Gefühl hat, das sieht man einfach, dass es lieblos gemacht ist und dass es schlecht gemacht ist und dass es offensichtlich nur um ökonomische äh Gesichtspunkte gegangen ist." (Gilbert, Beg. Z 244–255)

„Also das da. Da hat einer sich auch ein bisschen Mühe gegeben mit einem Architekt, aber. Das ist für mich eher so ein bisschen ein Rendite-, ein Rendi-

teobjekt, da. Die Wohnungen müssen gefüllt sein. Und da, so hohe Mieten wie möglich. Aber schön muss es nicht wirklich sein. Auch die Kombination jetzt mit den beiden Grau. Da hat sich einer nicht wirklich groß Mühe geben. Es sieht einfach-, es muss funktionieren, da. Und beim anderen dort habe ich, da habe ich ein bisschen den Eindruck, der hat sich wirklich mit Design auseinandergesetzt. Also. All die Designerhäuser, die wir jetzt gesehen haben. Da ist wirklich-, das ist eine Leidenschaft dahinter. Und da hat man einfach das (1) jaa, halt einfach Rendite. Was man ja auch versteht, wenn man da so viel Geld hineingesteckt hat. Der möchte jetzt einfach so viel wie möglich dort wieder herausholen. (2) Das ist ein bisschen- @(1)@. Ah, und denen ist es egal, da drin, die Rendite. Die tun einfach-, @(1)@ ja dahinter da. @die vermieten einfach@, oder. Und eben, sind sehr Soziale @(2)@. Dass jedermann da leben darf." (Viola, Beg. Z 1040–1058)

Dazu zählen auch Deutungsstrategien, die sich auf ein individuelles Einzelinteresse richten, wie bei Malte, der immer wieder seine hypothetischen Rahmenüberlegungen als potenzieller Hausbesitzer anstellt und die zweckorientierte Frage nach seiner Kompromissbereitschaft stellt. Dabei signalisiert er Kompromissbereitschaft, aber bleibt auch in einer Preislogik verhaften: Er nennt einen Grund, den Wert zu vermindern, um den Preis herunterzuhandeln:

„Ja, eins von den wenigen Häusern, die am-, ein bisschen am verlottern ist, bei dem ich immer denke, soll ich mal anrufen und fragen, ob ich das für hunderttausend Franken bekommen könnte. Kommt @dann@, ‚nein, das Haus will ich nicht', weil, gleich neben dran die Glassammelstelle ist. Nein @(1)@, würde mir also, würde man ähm, man auf sich nehmen." (Malte, Beg. Z 1014–1020)

„Also es ist ja unglau-, das ist ja schon ein wahnsinniger Klotz. Das Haus. Und. Also wie gesagt ich will eigentlich in diesem Haus nicht wohnen außer zu oberst @oben@. @(2)@ Aber ähm (2) Wenn es jetzt-, jaja, also ich meine, der, die Wohnungen da haben wahrscheinlich eine gewisse Qualität, wenn ich es einfach unter dem Aspekt anschaue, dann-, sieht das aus wie-, also die Wohnungen haben, sind ähm, mit diesem großen Fenster hat es sicher viel Licht und alle haben relativ große (1) Terrassen oder Balkone." (Malte, F. Z 236–245)

Die kognitive Erschließung über soziale Zuschreibungen erfolgt – analytisch getrennt – über drei verschiedene Deutungsmuster: erstens über soziokulturelle Zuordnungen, zweitens über Zeitgeist-Zuschreibungen und deren gesellschaftliche Bedeutungen und drittens über Subjekt-Objekt-Beziehungen. Dazu gehören Milieu- und Schicht-Zuschreibungen als Mutmaßungen über Lebensformen und soziale Bedingungen, die von außen eingeschätzt werden im Sinne von ‚Wer wohnt worin?', also welche Lebensformen zu welchen Haustypen passen:

> *„(...) der Balkon, oder die Fenster dort, finde ich nicht so schön. Weil es schaut irgendwie so dunkel aus und ich glaube, man kriegt nicht so viel Sonnenlicht. Und es schaut irgendwie unheimlich aus. @Ich weiß nicht wieso@. Ich glaube halt, weil es in vielen Filme vielleicht vorkommt. Bei solchen Geisterschlössern, dass die genau eben solche hier (1) Fenster haben. (...) Äh, da wohnen @ Unheimliche@. (6) Oder da wohnt keiner. Eines von den beiden. (3) Aber bei dem Gebäude kann ich mir gut vorstellen, dass halt eine ältere Omi drinnen wohnt, die halt genau dort ihre Pflanzen hat, weil da viel Sonnenlicht reinkommt und der-, also sie sich eben nicht bewusst, dass man es als unheimlich wahrnehmen könnte. (...) Also neu einziehen in sowas würde ich nicht. (4)" (Rosa, Beg. Z 531–550).*

> *„Also. (2) Ja, und da. und schau. Da haben wir doch jetzt wahrscheinlich den bescheidenen Schweizer (Fotografiergeräusche). Der, ja, der wahrscheinlich in einer einfachen Wohnung lebt und keine Schulden hat vor allem. Da bin ich überzeugt, dass da alle über ihrem Einkommen wahrscheinlich leben oder wahrscheinlich auch alles ausgeben. Und da hat man wahrscheinlich so im Extremfall den Schweizer, der ganz bescheiden ist. Vielleicht schon ein bisschen älter. Der alten Frau gehört das Haus vielleicht sogar. Mit zwei, drei Kindern, die ein bisschen (2) ja, ein bisschen achtgeben und eh auf sie und. Das ist wahrscheinlich auch, ihr, ihre, ihr Lebensunterhalt mit zwei, drei Mietern drin. Und unterhalten tut sie es nicht, weil sie das Geld eigentlich herauszieht und dafür kann sie sich im Seefeld irgendwie das Leben (2) erfüllen. Aber wenn sie dann einmal tot ist, kommen dann die Erben und die bauen dann auch so moderne Häuser. @(2)@. Was auch okay ist. Was, was normal ist, oder. Weil, das Seefeld muss ja auch immer wieder neue Sache haben. Ja, die Wirtschaft muss ja auch blühen." (Viola, Beg. Z 413–431)*

Eine andere Aussage mit sozialen Zuschreibungen, bei denen die vermuteten Wohnungen bestimmten finanziellen Möglichkeiten der – wiederum vermuteten Bewohnerschaft – entsprechen:

> *„Das ist eher trist dort." (Nachfrage: „(7) Was macht es so trist für dich?") Antwort: „Ja, wahrscheinlich ist es-. eh. Wahrscheinlich ist es, weil es nicht hem, nicht renoviert worden ist. Ich könnte mir vorstellen, wenn man das, wenn man das jetzt ein bisschen würde ähm, anmalen, weil das ist, es ja eigentlich nicht. Jede-. Jede Wohnung hat da (2) Balkon und Terrasse, also es ist-. Es gibt natürlich viel schlimmere Löcher als das. Eigentlich ist es, ist es das gar nicht. Man müsste einfach vielleicht irgendwie etwas (1) es ist einfach*

Original-Sechziger Jahre, nie etwas gemacht. Aber auf den, auf den ersten Blick trist, auf den zweiten Blick eh könnte das dann wahrscheinlich ein ganz-. Das sind wahrscheinlich noch günstige Wohnungen vielleicht. Nicht so teuere." (Malte, Beg. Z 458–471)

Folgende Zuschreibungen sind ähnlich, beziehen sich jedoch nicht auf die vermuteten Wohnungsqualitäten, sondern auf Vorstellungen zu Lebensformen, die nach Ansicht der Teilnehmenden zu einem Gebäude passen:

„Mhm. (2) Ja, das ist auch ein bisschen traurig, halt. Ich weiß auch nicht. Ob das so (2) so eben, so ein bisschen-. Noch Bäume vorne dran. Die Sonne wird unten weggenommen. Ein bisschen Sonne hat es noch. Der da oben hat sich noch retten können mit seinen Pflanzen. Ich glaube, der wird es noch ganz gut haben. Aber eh, unten. Jaa, ein bisschen ein bisschen ein trauriges Geschichtchen irgendwie. Es blüht halt irgendwie nicht wie-, jetzt das, das da schon ein bisschen wilder ist und. Ja, man lebt ein bisschen. Da lebt man einfach und da ist es halt sehr bescheiden irgendwo. (...) So understated auch, oder. Ja, ‚ich habe meine Wohnung aber-. Ja, einladen möchte ich eigentlich auch niemanden. Ich würde es jetzt auch niemandem zeigen. lasst mich einfach da alleine'. Das @ist@ ein @bisschen@ mein Eindruck, zu da hinten. @(1)@. Also das sind wahrscheinlich sehr introvertierte Leute. Und im Gegensatz zu da. Die sind natürlich unheimlich stolz, dass sie da wohnen und eh laden ihre Freunde und internationalen Leute da ein. Und mit ihren schönen Festen oder man trifft sich zu einem guten Apéro, muss immer. Und da glaube ich, ja, eben, die Introvertierten, die die @die wollen in Ruhe gelassen werden@." (Viola, Beg. Z 434–455)

„Ah, nein, das ist so niedlich, das ist so, das ist so, eben, wahrscheinlich um die Jahrhundertwende ent-. Haben sie die, die Leute die ein bisschen es zu etwas gebracht haben. Und das sind -, wahrscheinlich nicht Akademiker gewesen, sondern eher Leute, die im handwerklichen Bereich erfolgreich gewesen sind. Die haben da sich ein Häuschen gebaut und (1) es hat auch, ja, (3) Die sind-. Ich gehe davon aus, die sind jetzt meist-. Sehr ähnlich gewesen und irgendwo hat es mal eine Zeit gegeben, wo man es ein bisschen individueller gemacht hat und (.) jetzt gehe ich davon aus, darf man hier jetzt wahrscheinlich nicht mehr viel verändern." (Malte, Beg. Z 363–376)

Als einseitigere und radikalere Varianten von soziokulturellen Zuordnungen gelten die Deutungen, wo Schlussfolgerungen von Gebäudetypen eindeutig auf Menschentypen gezogen werden:

„Herrschaftlich sind die anderen Häuser gewesen. Die hier haben so etwas

Mächtiges an sich, weißt du, so, behäbig, mächtig. Wie so ein Mann, der sagt ‚so hier bin ich und da stehe ich'." (Xenia, Beg. Z 1333–1338)

„So herzig. (8). Oder auch die Laube da. Ich meine, im Sommer sieht das sicher wahnsinnig herzig aus. (14) Genau. (2) Weil, ich kann mir auch vorstellen, wie jetzt da die ältere, die sehr ältere Frau. Es ist halt schon überaltert, teils. Und. (2) Ich hoffe, dass es erhalten bleibt. Aber, es-, wirklich schön. Du bist eigentlich in der Stadt und dennoch bist du nicht in der Stadt. Ah, das gefällt mir. Solche Sachen gefallen mir. Und die haben auch Dachterrasschen. Siehst du dort hinten?" (Xenia, Beg. Z 520–528)

„Mhm. Also. Ja (Fotografiergeräusche). ich könnte mir auch wieder vorstellen, dass das halt so für, für internationale Leute-. (...) Ja, gut, die bringen ja zum Teil auch ihre Frauen mit, oder-. Und die Frauen, die müssen ja auch dann irgendwie ein bisschen etwas machen. (...) Und dann können sie das Kind noch für ein paar Stunden abgeben und dann irgendwie sonst noch etwas organisieren für die Familie, also. Ich denke, das ist (1). Das ist ein bisschen die, die moderne Welt oder? Wo man die Leute von A nach Z schicken kann. Das ist schon so organisiert. (...) Ja, und es ist natürlich überall wieder gleich, oder. Also auch wenn man mit der Familie dann sagen wir mal jetzt von Zürich nach Tokio geht, dann kennt man ja das System schon, oder. Und da sind die, dann ist es denen auch in der Familien dann wohler. Das ist ja schon noch wichtig, wenn man da immer herumzieht." (Viola, Beg. Z 389–411)

„Und das schaut richtig süß aus. (...) Auch mit den Blumen, also weil die anderen Gebäude haben keine Blumen, glaube ich. Nicht wirklich viele. (...) Süß zum Anschauen, ja. Also man denkt da so ältere Omis hier drin wohnen würden, würde ich sagen, wenn ich es anschaue. (5) Und noch wahrscheinlich von der Farbe. Weil es so weiß-, (2) ich weiß nicht weiß und dann die Blumen drumherum." (Rosa, Beg. Z 29–36)

Zweitens können gesellschaftliche Zeitgeist-Phänomene durch die gebaute Umwelt dargestellt bzw. kommuniziert werden. Diese Zeitgeist-Thematisierungen reichen von der zugeschriebenen Tauglichkeit von Gebäuden als Image-Botschafter:

„Das ist jetzt auch, so was du überall weißt du so die-, die Schiebewände vor den Fenstern (...) Du hast ja gesehen auf der anderen Seite hat es relativ viel große Fenster, gut das ist hier die Nordseite. Da kommt es nicht so darauf an. (...) Aber das-, ja, das ist so-. So schlicht, sec, (...) Also im Prinzip musst du da ein Foto machen, oder. (...) Ja, das ist jetzt, genau so, genau so mache ich jetzt eben die Mercedes-Werbung, oder. Mit solchen Häusern, oder. Das ist

> *genau das Image, oder (...) Für so, für Werbeaufnahmen sucht man heutzutage solche Häuser. Cool. Cool." (Malte, Beg. Z 599–635)*

über die Zuschreibung von Gebäuden als Erkennungsmerkmale von gesellschaftlichen Zuständen:

> *„Nein, ich finde es wunderschön. Also wenn ich das jetzt hier so, äh gegenseitig anschaue, finde ich das eigentlich recht schön. Dass man eben auch, wieder alt und jung. Man kann mit beidem sehr gut umgehen. (...) Also, das ist ein paar Jahrhunderte alt ist und da einfach, da das, das Stahlige da, das-. Ja, vielleicht ist das die heutige Zeit, die einfach auch härter mit den Leuten umgeht und drum baut man heute so. Eher kälter, keine Schnörkel, nichts, oder." (Viola, Beg. Z 56–64),*

bis hin zur Anerkennung einer eigentlichen Zeitzeugenschaft einzelner Gebäude:

> *„sehr interessant. Weil aus, weil man das so sieht genau, aus welcher Zeit das ist, was damals so in der Gesellschaft wichtig gewesen ist und das Haus ist einfach voll auf das ausgelegt und mit dem Auto ins Haus hineinfahren und der Eingang ist gerade überdeckt und äh es ist, (1) es ist ein Autohaus und oben dran sind Menschen. (...) Eigentlich ist es ein Unding, aber es ist so authentisch und es passt so in die Zeit und es ist so äh klar und kompromisslos. (...) Ich meine, es ist zukünftiges Objekt für den Denkmalschutz, obwohl es eigentlich äh aus ein (1), aus der Grundidee heraus, dass irgendwie der Mensch solle dem Auto weichen und dass man dem alles unterordnet, ist das eigentlich, ja. (...) Sehr fragwürdig, aber ich finde es einfach sehr, sehr ein klarer schöner Ausdruck von dem, vor dieser damaligen Weltsicht. Architektonisch umgesetzt." (Gilbert, Beg. Z 1541–1565)*

Drittens schließlich werden Subjekt-Zuschreibungen von Objekten verbalisiert, wobei Gebäude eine ‚Seele', ein sprachlich vermitteltes Eigenleben zugesprochen bekommen, ebenso wie eine sprachlich so artikulierte aktive Teilnahme zuerkannt wird:

> *„Also im Gegensatz zum Beispiel jetzt das Haus. Das finde ich jetzt wieder spannend. Das hat-, irgendwie sieht das einfach phantasievoll aus. Das ist ein Haus, ich weiß nicht was drin ist, ein Wohnhaus oder so was, aber das Haus lebt für mich." (Xenia, Beg. Z 44–48)*

Diese sprachlich vermittelte Seelen-Zuschreibung eines Gebäudes wird auch im negativen Kontext eingesetzt:

> *„Was ich wieder, wiederum eben ganz schade finde. Und der Lift, der Lift und die Stütze und der Boden. Die sagen einem eigentlich so, dass es wahrschein-*

> *lich Fifties ist. (3) Aber sonst auch total entseelt eigentlich." (Gilbert, Beg. Z 1311–1317)*

> *„Also, du siehst auch da unten, oder. Das sind auch Riesenpflanzentöpfe und jetzt haben sie einfach Steine hineingetan. Das ist einfach lieblos, ja. Es ist, also. (1) Die Seele vom Haus ist nicht da. Die, der, die jetzigen Betreiber eh-. Jetzt eh ist es- Jetzt ist es ein blödes Renditeobjekt. Kann man abreißen jetzt. Jetzt habe ich mich entschieden. @(1)@. @Eben@." (Malte, F. Z 875–882)*

Auch eine retrospektive Einordnung verweist auf die Zuschreibung eines gesellschaftlichen Lebens eines Gebäudes:

> *„Rosenhof, ja, eben. Der hat einmal eine Größe gehabt. (2) Leider. Der hatte früher einmal eine Größe gehabt, der Rosenhof wahrscheinlich. Nein, nicht dass ich es wüsste Ich auch nicht. Aber ich nehme jetzt an, dass das Haus einmal eh (2) ein anderes Leben gehabt hätte." (Xenia, Beg. Z 1097–1103)*

Eine aktive Handlungsbeteiligung ist demnach gut durch die sprachliche Vermittlung erkennbar. Dabei wird Gebäuden eine aktive Rolle zugeschrieben, die sich als Formulierung von sonstigen Objekt-Beschreibungen abhebt:

> *„ich weiß noch ein Gebäude, ich glaube es war ein rotes. (...) Wenn man sagt, okay, ich-, ich glaube es wollte auch auffällig sein. Es wollte sich nicht-, äh, wie sagt man, ‚blend in', es wollte sich nicht einfügen" (Doris, F. Z 136–143).*

> *„Jaa, das ist @(1)@. Ja, also zu dieser Zeit sind sie wahrscheinlich schon herrschaftlich gewesen, oder. Aber wenn man es heute so anschaut, ja gut, zwanziger Jahre. (...) Und auch das dann natürlich ein Jugendstil-. Drum. Ich denke, das überlebt schon, oder. Wenn jemand etwas Gutes baut, oder. Das ist dann halt in verschiedenen Stilrichtungen." (Viola, Beg. Z 754–766)*

Der aktive Part an einer gesellschaftlichen Beteiligung von Gebäuden wird zudem durch folgende Formulierungen unterstrichen: So heißen Gebäude jemanden willkommen (Malte, Beg. Z 599) und wirken nicht nur willkommen heißend, oder sie laden ein (Gilbert, Beg. Z 262; Xenia, Beg. Z 157; Viola, Beg. Z 890), statt nur so zu wirken. Auch integrieren Gebäude (Gilbert, Beg. Z 56), statt integriert zu wirken. Dasselbe lässt sich bei negativen Zuschreibungen finden: So „stößt ein Gebäude ab" (Gilbert, Beg. Z 271; Xenia, Beg. Z 98, 344), was als Aktiv-Zuschreibung dem Gebäude quasi unterstellt wird.

Die kognitiv dominierenden gesellschaftlichen Zuschreibungen werden auf unterschiedliche Art und Weise wahrgenommen und dementsprechend in strategisches Handeln umgemünzt: Einerseits finden die Teilnehmenden Zugang über weitere funktionale, d. h. zweckorientierte oder auch ästhetische Deutungszuschreibungen und andererseits werden gesellschaftliche Vorstellungen mit affektiven Bedeutungszuordnungen in Verbindung gebracht. Diese zuletzt vorgestellte Deutung über Subjekt-Zuschreibungen von Objekten weist am meisten Überschneidungen zu den affektiven Deutungsstrategien auf, die jedoch inhaltsbezogen über ein deutlich dominierendes soziales Zuschreibungspotenzial verfügen.

Ebenfalls den kognitiven Deutungsstrategien zählen auch ästhetische Zuordnungen, die *nicht* mit affektiven Deutungen zusammenhängen. Solche vorgebrachten Argumentationen lauten wie folgt:

> *„Das, so die Sachen Aber das ist, das ist schon sehr eh (2) gewöhnungsbedürftig. Obwohl schön. Also ich meine als Haus als solches ist es sehr schön.“ (Xenia, Beg. Z 1194–1197)*

> *„Hat irgendwie noch etwas Spezielles. Ich meine, es ist, es ist renoviert à la Bonheur und besser als das, wenn sie es jetzt abgerissen hätten und irgendeine flache Fläche hingestellt hätten. Also es passt, passt da an die Straße“ (Xenia, Beg. Z 1123–1126).*

> *„Da ist lustig, das-. Also. (...) Ich weiß nicht, ob ich sagen würde, es ist schön und ich weiß auch nicht wie es innen ist, wenn man an die Gitter hinschauen muss. Gut. Unter(.) Umständen sieht man sie gar nicht. Vielleicht ist der linke Teil, ist unter Umständen ist ma-, ist eine Mauer. Weiß ich nicht genau, sonst finde ich es ein bisschen bemühend, wenn man dann die Gitter anschauen muss. Aber es ist @noch witzig@.“ (Doris, Beg. Z 350–359)*

Wie bereits bei den Subjekt-Zuschreibungen von Objekten betont wurde, wird nur selten eine rein funktionale Zuordnung oder eine rein affektive Zugangsweise von den Teilnehmenden als relevant und ausreichend betrachtet. Wenn es vorkommt, dann hängt dies eng mit einer Wirkungsdominanz zusammen, die alle weiteren Deutungsstrategien wegen ihrer starken Wirkung obsolet werden lässt, was bei stark emotionalen Reaktionen geschieht, wie beispielsweise bei einer starken Ablehnungshaltung oder Begeisterungsäußerungen. Dazu erfolgt eine ausführlichere Darstellung im Kapitel 4.5 gleich im Anschluss.

Die affektiven Deutungsstrategien

Hierzu gehören folgende vier Deutungsstrategien: So spielt erstens die Ausstrahlungskraft eine wichtige Rolle als Anhaltspunkt: Sie bezieht sich in der Regel auf die Farbe(n), das vermutete Alter des Gebäudes, auf die Hausstruktur und die Fassadengestaltung. Ob ein Gebäude etwas Sympathisches ausstrahlt oder beim Anblick eher Antipathie hervorruft, wird von den Teilnehmenden durch Charakterzuschreibungen erklärt:

> *„Und das da, die Sträßchen, die finde ich so schön, weil die sind so kleine Häuschen, so Abschnittchen und-. Jeder hat. S-, da merkst du, jeder hat sein Häuschen gerne, so. So. Nein, das liebe ich am Seefeld, die Sträßchen." (Xenia, Beg. Z 488–491)*

> *„Ich habe, der, der Hausstil dort unten. Ich würde sagen, das ist so wahrscheinlich so zwanziger Dreißiger Jahre. Wo die Porschegarage ist. Das ist ein Hausstil, den ich sehr gerne habe. Das geht für mich so ein bisschen so, so, geht so ein bisschen in das Haus Frascati hin, wo, das so-. wobei das natürlich viel viel schöner ist. Aber ich glaube, ich kann mir vorstellen, das ist so etwas zur gleichen Zeit entstanden und möglicherweise sind-. Ein ähnlicher Architekt, hat auch am Zürichberg hat es ein paar solche Häuser, mit diesen großen Fenstern. So ein Haus würde ich gerne haben." (Malte, Beg. Z 253–263) – „Eben es sieht recht gleich aus wie das Frascati. Gibt es ja so, das ist ja ein Gastrobetrieb. Wirklich. Nein, das Frascati ist natürlich schon frecher, ist natürlich schon eine andere -." (Malte, Beg. Z 292–295)*

Auch die Alltagserfahrung, welche Bedeutung der Ausstrahlung eines Gebäudes eingeräumt wird, kann als Handlungsstrategie eingesetzt werden: z. B. die Haltung, dass ein Haus einladend zu wirken hat und nicht den Menschen gegenüber eine ablehnende Ausstrahlung haben sollte:

> *„Also. Ich habe-. Ich gehe anders in ein Haus hinein, das so oder so ist. Also so Weißt du so rein-, wenn ich hineingehe. Innen mag es wunderschön sein. Die mögen schöne Wohnungen haben. Aber nur schon das Haus. Auch wenn ich-. Ich bin ja schon viel Wohnungen ansehen gegangen und für mich ist es immer noch ein bisschen entscheidend gewesen, wie sieht das aus, wenn ich dort zu-, dort darauf zu gehe, weißt du. Für dich nicht? Wie, wie ist das Haus. Wie wirkt das auf mich." (Xenia, F. Z 228–239)*

Auch alte Gebäude können eine unsympathische Ausstrahlung haben: Das liegt insbesondere an den Assoziationen zu dunklen Farben, vor allem zu Braun. Braun an Gebäuden bzw. an Fassaden ist ein Synonym für alt, verlottert und veraltet:

> *„Ähh, siebziger Jahre. Braun ist @immer@ siebziger Jahre. Wobei, eigentlich noch besser als die Platten die wir gesehen haben. Wenn das ganze mit Platten wäre, würde es noch viel unsympathischer aussehen. Und es lässt mehr Licht hinein. Es wirkt ein bisschen leichter." (Doris, Beg. Z 459–464)*

Eine zweite affektive Zuordnungsstrategie beinhaltet den Zugang über den ersten Eindruck bzw. die Unterscheidung zwischen dem ersten spontanen Blick auf ein

Gebäude und einem genaueren Hinsehen. Diese Herangehensweise wird direkt thematisiert:

> *„Nein, also ich habe mir da gesagt, wenn man jetzt mal, man müsste die Sachen wirklich genauer anschauen. Eben, so eine gewisse Oberflächlichkeit hat ja dann noch-, wie gesagt, die ersten dreißig Sekunden sind wichtig und nachher, ja Schwamm drüber, oder. Und ich denke, man darf (1) vielleicht ein bisschen, man muss da wirklich-. Aber allgemein im Leben, oder. Eh, die Sachen genauer anschauen, bevor dass man sich-, bevor man sich entschließt und einen Meinung bildet. Also, da, das ist mir so ein bisschen im Nachhinein, als ich dann nachhause gegangen bin. (...) Aber jetzt verstehe ich eben auch warum dass viele Leute dort unten wohnen möchten und mit See und alles. Also, ja. Eben. Ich-, ein bisschen genauer hinschauen. Und nicht einfach so, ‚quick and dirty', aber habe ich natürlich ein bisschen, diesen Approach, oder. Aber eh, ja, das das ist sicher etwas gewesen, was ist nun mitgenommen habe." (Viola, F. Z 21–38)*

Der Zugang über den ersten Eindruck kann auch als angewandte Sehordnung beobachtet werden. Zuerst wird beschrieben, was spontan wahrgenommen wird, anschließend wird der jeweilige Eindruck in einen Kontext zum eigenen Wissensvorrat gestellt:

> *„Ja, da sieht man der-, schön da den-, (2) Sichtbeton, den man allerdings irgendwann mal angemalt hat, oder. Da, die Bretter. Mhm, brr. Hässlich (wüescht). Aber-, ah, also hässlich in dem Sinn, nicht ungenügend. Aber es ist jetzt halt die Zeit gewesen, aber so, die, die Betondings, die so drücken da. Ja. Und da wiederholt sich das wieder von vorhin. Mhm. (13) (summt vor sich hin), (5). Wenn ich jetzt da diese Seite anschaue. Das ist, das ist erstaunlich noch unberührt. Eigentlich. Da hat es ja, außer jetzt zuoberst, wo wahrscheinlich renoviert und und eh, pff, eh, und saniert worden ist, sind alle recht wahrscheinlich noch im Originalzustand. Das ähm, das ist ein bisschen (2) ein bisschen jünger als die anderen, einfach. Ist dort früher vielleicht auch so eins da gewesen oder vielleicht ist dort jemand, der ganz lange gewartet hat und da hat es vielleicht auch noch eine kleine Scheune gehabt. Das ist da-. Das ist jetzt, würde ich sagen, in den Siebzigerjahren gemacht worden. Die anderen sind fünfziger-sechziger Jahre." (Malte, Beg. Z 657–675)*

Zur dritten affektiven Zuordnungsstrategie gehören die Atmosphären-Wahrnehmungen. Sie entsprechen eigentlichen Allerweltswissens-Konstruktionen, denn bei atmosphärischen Zuordnungen gibt es häufig rückversichernde Rückfragen. Es wird versucht, Konsens im Gespräch herzustellen, und das Atmosphärische eignet sich für dieses gesamte Erleben offenbar besonders gut:

„Ja, es hat einfach vo-, vorne dran hat es so etwas (1) hn, (4) das kann man auch hier sagen: vorne-, es, es hat so ein bisschen etwas großstädtisches grundsätzlich und und vorne hinaus ist es einfach irgendeine Mischung, die (2) die auch noch doch eine gewisse Wärme ausstrahlt. Und da, das sieht man ja." (Malte, F. Z 70–76)

„Jaa. Das schaut man auch nicht zweimal hin, oder? Ja, also das Ganze. Das Ganze. ist eigentlich nichts-, nichts freundliches. Aber man hat das Gefühl, es sind Leute drin. Auf jeden Fall-, ja, doch. Im Ganzen. Ffff, an dieser Straße schon @(1)@. Auch das. Das ist eigentlich nichts, nichts spezielles." (Doris, Beg. Z 747–756)

„Währenddem so Häuser, wo es wirklich. Wo man wirklich das Gefühl hat, da gibt es nur so (1) Abstellapartments drin. Das ist nicht eine Stadt gelebt für-, ja. Gehört vielleicht auch zur Stadt, aber-. (...) Weißt du was ich meine? Ja, das ist das, hat eh. Für mich hat das einfach etwas Liebevolles dazu. Das da ist mit Herz und das andere ist einfach notgedrungen. (...) Schau dir mal das an. Das ist doch so schön. (...) Und so hat es noch ein paar Sträßchen da im Seefeld." (Xenia, Beg. Z 497–515)

Als vierte affektive Deutungsstrategie wird die sprachlich vermittelte Herangehensweise über den subjektiven Geschmack gezählt. Bei dieser Form geht es vor allem um die Positionierung über den eigenen Geschmack, also um den Umgang mit dem subjektiven Ästhetikempfinden. Auch trifft man in diesem Zusammenhang auf verallgemeinernde Formulierungen, die sich als Allerweltswissen (vgl. Berger/Luckmann 2003: 26) auf eine geteilte Meinung beziehen. Dabei kann es sich um Empörung handeln:

„Da bin-. ja. Wenn du das anschaust, dann wird es dir doch halb schwindelig. Wie kann man auch. (2) Wie kann man auch. (2) Ja zum Teil fragt man sich wie Architekten. (2) Was die, was die für Ideen haben." (Xenia, Beg. Z 906–909)

Solche Aussagen gehören zu den affektiven Zuordnungsstrategien, da sie emotional argumentierend vorgebracht werden. Es handelt sich zwar auch um eine Reaktion auf das betreffende Gebäude, aber verbalisiert wird ein Argument. Und als affektiv gilt die Herangehensweise, da sie emotional und spontan zum Ausdruck kommt und nicht reflektierend zustande kommt. Ebenso als positive Äußerung:

„Ja, das ist jetzt so eher nach meinem Geschmack. Mit den Bäumen vorne dran, und Backstein, Balkone. Sogar unten noch ein bisschen grün. Finde ich, finde ich sehr charmant." (Doris, Beg. Z 508–511)

Mit solchen Deklarationen des eigenen Geschmacks oder der Vorlieben werden alle weiteren Diskussionen unterbunden, was durchaus als Ausdrucksmittel seinen Zweck erfüllen kann. Xenia weigert sich geradezu, dieses große, moderne Gebäude (Überbauung) von innen anzuschauen (mit in den Innenhof zu kommen):

> *„Ha, das ist ja riesig da. Das Gebäude. (S: Man kann sogar reingehen.) Ah ja? (S: Hast du Lust reinzugehen? Mal zu schauen?) Also. (2). Ich finde es so schlimm, das reicht mir, was ich von außen sehe. Nein, wir-, wirklich. Also, wenn ich jetzt auch eine Wohnung suchen würde und ich käme da hin. Ich glaub-, ich glaube, ich würde von außen, würde ich gleich sagen, nein (schaudernd). Ich finde es einfach nicht schön. Es hat, es hat den Charakter von (2) abstoßend. Wenn man hinkommt schon (herechommt). Weißt du, was ich meine? (S: Ja (zögernd) ab-) Also auch mir wirkt das-, Einfach (1) unsympathisch. Mag sein, dass es innen noch lustig ist, aber (2) auf mich wirkt es nicht gut." (Xenia, Beg. Z 135–156)*

Wie oben bereits bei den kognitiven Deutungsstrategien erwähnt, sind diese Unterscheidungen in funktional, sozial und ästhetisch als kognitive neben den affektiv orientierten Erschließungsformen in erster Linie analytischer Natur. Dementsprechend werden anschließend auch die verschiedenen Reaktionsformen analytisch systematisiert dargestellt. Dazu werden sich überschneidende Reaktionsformen beispielhaft ergänzt. Eine detaillierte Ausführung aller Kombinationsvarianten würde jedoch den Rahmen sprengen und vom jetzigen Forschungsstand aus keine weiter relevanten Erkenntnisse zeitigen.

4.5 Die Reaktionsformen bei der Wahrnehmung der gebauten Umwelt

Die Konsequenzen der Wahrnehmung der gebauten Umwelt sind gleichbedeutend mit den Wirkungen, die verschiedene Reaktionsformen auslösen. Grundsätzlich führt eine Wirkung zu einer Reaktion, denn nur die Reaktion ist konkret wahrnehmbar im Sinne eines Agierens bzw. Interagierens und daher erst rekonstruierbar.

Die unterschiedlichen Reaktionsformen lassen sich trennen zwischen pragmatischen, (formal-)ästhetischen und emotionalen Reaktionen. Unter den pragmatischen Reaktionen werden z.B. Toleranz (‚muss es auch geben'), Kompromissbereitschaft (‚eigentlich ok') oder Zweckorientierung (‚sauber') verstanden. Unter (formal-)ästhetischen Reaktionen werden die Anerkennung von ‚Klassikern' wie einem (vermutetem) Jugendstilgebäude oder auch ‚ein Corbusier' verstanden. Ferner gehört die Achtung für repräsentative Gebäude dazu, die Wertschätzung von Sorgfalt und Qualitätsbeachtung, was als negative Version in der Feststellung zu finden ist, dass ein Gebäude als ‚verunstaltet' bewertet wurde. Ebenfalls zu formal-ästhetischen Reaktionen zählen die Wahrnehmung von Proportionen bzw. das Erkennen des Goldenen Schnitts. Die emotionalen Reaktionen reichen von Begeisterung und schwärmenden Reaktionen über die differenziertere Form der emotional-positiven Reaktionen wie z.B. ‚sympathisch', ‚freundlich', ‚einladend', ‚willkommen heißend', und ‚ansprechend'. Sehr ähnliche Schattierungen kommen ebenfalls als emotional-negative Reaktionen vor. Dazu zählen: ‚unsympathisch', ‚sich verschließend', ‚spricht nicht an' und ‚abweisend'. Und schließlich die emotionsstarken Ablehnungen als Reaktion auf ein Gebäude, die lauten: ‚das Scheußlichste vom Scheußlichen', ‚wie die Faust aufs' Auge', ‚Bunker' und ‚komm mir ja nicht zu nahe'. Daneben lassen sich Mischformen erkennen, bei denen es nicht als eine rein pragmatische oder rein ästhetische Reaktion bleibt, sondern in einer emotionalen Reaktion endet oder damit beginnt. Dabei handelt es sich vor allem um Reaktionen eines subjektiven Ästhetik-Empfindens und nicht ausschließlich um formal-ästhetische Reaktionen.

Die Reaktionsformen anhand von Textstellen:

So kommen pragmatische Reaktionen vor, die eher wenig emotional geäußert werden. Mitunter mischt sich auch eine leise Resignation hinein, im Sinne von: Wenigstens sind die Gebäude noch in irgendeiner Weise nützlich.

Ein Beispiel für eine pragmatische Reaktion auf die Wirkung der Wahrnehmung der gebauten Umwelt ist folgende Textstelle:

> *„Das, ehm, da ist ja früher das Tramdebot gewesen. (2) Und vorne an der Seefeldstraße hat man ja die alten Backsteine, wie das Tramdebot gewesen ist. hat man eh, hat man wieder gebraucht und darum sieht es vorne hinaus auch spannend aus. Da sieht es so ein bisschen nüchtern aus. Es wäre schön, wenn man da-. Hätte ja nicht gleich die gesamte Front sein müssen aber, wenn zwischendurch irgendwo auch noch mal irgendwas davon auftauchen würde. (...) Weil, auf dieser Seite sieht es jetzt ein bisschen billig aus, aber ich habe-, eigentlich es ist ja eine Genossenschaft hier. Oder es gehört auch der Stadt, glaube ich. Ja. Und eh, die haben wahrscheinlich wirklich sparen müssen. (2) Weil das ist natürlich viel teurer, die Front mit den Backsteinen, mit den Sichtbacksteinen als das da." (Malte, Beg. Z 36–49)*

Die Erklärung, dass dieses Gebäude ein genossenschaftliches Wohngebäude ist, was mit einer bestimmten Lebensform verknüpft wird, wirkt pragmatisch, da dieser Umstand die Erscheinungsform, das Äußere legitimiert. Wenn ein Gebäude in einem sozialen Zusammenhang steht, ist die – möglicherweise ungenügende – ästhetische Wirkung nicht so bedeutend und wird dann offensichtlich leichter hingenommen.

Weitere pragmatische Reaktionen im Sinne von heruntergeschraubten Erwartungen sind:

> *„Das ist keine Liebe zum Haus. Das ist eher so Notlösungen. Wohn-Not-Lösungen weil es nichts Besseres gibt halt. (8). Das da finde ich schon, obwohl modern und Backstein. Aber das finde ich schon wieder ein bisschen, ein bisschen besser, weil das ist immerhin, haben die Fenster noch einen andere Farbe, sind umrahmt mit dem hellen." (Xenia, Beg. Z 246–253)*

> *„Ja, wäre jetzt nicht meine Wahl. Aber, sie wollten witzig sein und eh-(1), ich weiß nicht, wie es von innen aussieht. Haben wir damals schon diskutiert-, wenn man nur da raussieht, dann ist es ja okay. Aber wenn man durch die Waben rausschauen muss. Doch, ich glaube das Fenster geht ja ganz auf. Das finde ich dann eher mühsam. Also mich würde es stören, wenn ich da irgendwie in dem Raum wäre und ich müsste durch diese Waben rausschauen. Das würde ich nicht wollen. Mhm." (Doris, F. Z 386–395)*

> *„Ähm, Nullachtfünfzehn. Nullachtfünfzehn. Also ich finde, das kann irgendwo sein. Ähh, so was hat mich dann eben eher überrascht. Dass das im Seefeld ist. Ah, ja und dann denkt man sich, ‚ja, okay, irgendwie müssen ja die Leute @ wohnen@'. Da ist einfach mehr Platz in solchen Gebäuden. Aber äh, ja, eben die-. Die Farbe, es geht jetzt noch. Also man hat versucht, halt da etwas aufzufrischen damit es nicht einfach grau in grau ist. Ob es besser ist, bowff, sei da hingestellt. Also ich find-, ich finde, es geht gerade noch mit dem gelb. Also da haben wir schlimmeres gesehen, und die roten Läden, also (1) Ja, eben, auch so ein bisschen bemüht. Bemüht originell. Aber, es ist okay. Es ist okay." (Doris, F. Z 571–583)*

> *„Die Fenster sind aber schön. (...) Also ich weiß nicht genau, ob es wirklich Fenster sind oder ob man von drinnen, also man sieht ja nicht rein. Ob es so gewollt ist, (3) oder ob die von drau-, ob die von draußen nicht reinsehen oder ob es einfach nur abgedeckt ist, weil es schon so heiß ist. Aber das finde ich eigentlich schön. (4) Auch weil es ein bisschen anders ist als, als bei den anderen Gebäuden. (...) Aber es ist auch eine gute Idee, also es ist schöner so, als wenn das Fenster einfach offen wäre, finde ich. Und nich-, also von drinnen ist es vielleicht nervig, wenn man nicht den ganzen Blick hat, aber von hier ist es schön." (Rosa, Beg. Z 110–123)*

Und in der Variante der Vermutungen zur Innenraumgestaltung ‚vielleicht gute

Wohnung oben, aber nicht schön':

> *„Also das ist ja, das alte Haus ist ja integriert in den Neubau, wie man da sieht. (...) Das sieht zwar unglaublich komisch aus, dort oben zuoberst, aber vielleicht ist das noch eine ganze schöne Wohnung mit den vielen Fenster Richtung Süden. Die Terrasse dort ist auch nicht so ganz klein, hat man das Gefühl, hm. Aber, aber ich finde das also nicht schön." (Malte, Beg. Z 944–954)*

Eine andere Reaktionsform umfasst die ästhetischen Reaktionen in ebenfalls unterschiedlichen Dimensionen. Hier reicht das Spektrum von verhaltener positiver wie negativer Kenntnisnahme bis hin zu Abwehrreaktion bzw. Begeisterungsstürmen:

> *„Kannst du mal da, diese Ecke da fotografieren? (4) das ist so ein, so ein ganz ein schlichtes Haus gewesen. Einfach so, bhp, bhp, bhp. (...) Ähmh, auch ohne so die, die Struktur, die es jetzt da hat in den Ecken. Und nachher, hat man das renoviert und dann hat man die Balkone hingemacht. Du siehst ja, das ist ja, es ist ja. Sie haben zwar dort unten so so Sandsteinstützen, aber man sieht ja, dass es betoniert ist. Siehst du? (...) Und dann hat man so, haben sie so, so Kunststoff (2) Ecksteinen drangemacht. Also so, so Gipsdings und so. Und jetzt sieht das Haus wie das, ähm, (2) als ob das mal ein herrschaftliches Haus gewesen wäre. Dabei ist es ein ganz billiges (2) hässliches Haus gewesen. Und jetzt tut es-, Und jetzt hat, und jetzt hat das wirklich gewonnen, wenn man sich das jetzt so anschaut. Du hast wirklich das Gefühl, das ist ja massiver Sandstein oder so. (...) Aber eben, du musst dir vorstellen, das ist einfach so ein Haus gewesen wie das. So hat es ausgesehen. Flach, flach, flach flach flach. Und eben. Und keine Balkone da und dort einfach so die Nische." (Malte, Beg. Z 1326–1355)*

> *„Mh? Ok also das Gebäude fällt mir schon einmal auf, weil weil es moderner ist als die anderen. Weil die anderen sind auch von den Farben her, finde ich, ein bisschen blasser, also das (1) Blau-grau dort ist eben blass, das Rot ist blass und das ist eben modern auch mit den mit den mit den Glas, das gefällt mir. (...) Ja und die an- ja eben alle anderen sind, glaube ich, irgendwie älter. Und das irgendwie das modernste, kommt mir vor. (S: Gefällt es dir, weil es weil es modern ist?) Ja. (1) Also ich mag auch Glas, Verglasungen sehr gerne." (Rosa, Beg. Z 17–25)*

> *„Ich denke, das ist so in den zwanziger, dreißiger Jahren. Ähm, es ist allgemein. (2) Ich finde, aus dieser Zeit gibt es für meinen Geschmack, gibt es ein Haufen schöne Sachen und ich denke auch, dass das ähm (4) wahrscheinlich auch eine (2) teuere Sache gewesen ist um das zu machen. Das sind einfach*

qualitativ hochwertige Sachen." (Gilbert, Beg. Z 340–345)

„Beim einen hat es irgendwie so Entschuldigung: ‚Kotzplattli'. Und beim @ (1)@ anderen hat es so komischen Marmor und es ist einfach überhaupt nicht mehr kongruent das Teil. Und auch bei den Balkongeländern sieht man es. (...) Das mit dem, das Blaue an der Ecke hat noch offenbar ursprüngliche Balkongeländer oder haben sie zumindest die ursprünglichen wieder nachgemacht. Und das rechts ist ein ganz ekeliges äh Neunziger-Jahre-Zeugs." (Gilbert, Beg. Z 466–475)

„Die Dächchen, die Vordächchen. Es passt einfach so überhaupt nicht zu dem, zum Charakter von dem Haus wie es auch gedacht war oder wie es früher ausgesehen hat. (...) Also, machen wir mal ein Foto vom Gesamt- (...) Sonst ist es recht hübsch eigentlich. (...) Und nachher im Detail sieht es nach unten so aus: Es beißt sich extrem vom (unverständlich). Das stört mich total. Sehr abstoßend. (...) Aber, ähh, das ist ganz sicher viel, (2) vom Rhythmus her und von den Proportionen her ist das vorher sicher viel stimmiger gewesen mit dem gesamten Haus. Jetzt ist es überhaupt nicht mehr stimmig. Die haben wahrscheinlich die Fensteraufteilung anders vorgenommen. Das Vordächchen ist vorher sicher auch nicht so gewesen. Urgh." (Gilbert, Beg. Z 1229–1248)

„Ja, sehr schön. (...) Hm. Super toll. Extrem schöne Treppe. Ganz toll. (...) Ich finde, eben-. Das ist sehr elegant, dass, die Bürohäuser aus den sechziger Jahren haben immer sehr so, äh häufig sehr schöne Treppenhäuser mit ganz schlicht Alu und Marmor und, meistens äh sind so frei stehend und häufig eben so gewunden. (...) Ja, mir gefallen halt solche Sachen. Also das ist-." (Gilbert, Beg. Z 1363–1376)

„Also das ist ja ein wunderschönes-. Ist das ein Jugendstilhaus, oder? Ich denke, ja. Das sind sich wunderschöne Stuckaturen oben, ja. Also ja, so Herrschaftshäuser. Wo man einfach sehr darauf achtgegeben hat. Und das finde ich wirklich schön, wenn man solche Häuser unter Denkmalschutz stellt, also. Es gibt ja manchmal Sachen, die man unter Denkmalschutz stellt wie jetzt (1) Achtziger Jahre, die natürlich schon-. Ich glaube, das dort drüben ist, ist eher ein Achtziger-Jahre-Bau, bei dem ich halt sagen muss, ‚ja, also, vielleicht kommt das dann auch mal irgendwo in die, in die Schutzphase, aber eigentlich sieht es ja nicht so schön aus. Wenn man jetzt das, das Blaue oder. Ich mach da noch ein Foto. (Fotografiergeräusche) (...) Aber man hat halt einfach so eine Phase gehabt und-, und man wollte das halt auch zeigen, oder." (Viola, Beg. Z 570–589)

> *„Ja, aber ich muss schon sagen, eben jetzt architektonisch. Weil das Haus da ist doch irrsinnig. Da ist doch irgendwie mal (so was wie) dagestanden, oder. Und-, (12) (Fotografiergeräusche). (2) nein, solches Zeug habe ich nie gesehen irgendwie. Eben man lauft da durch und. Es erstaunt mich wirklich, was für tolle Häuser dastehen. (2) Eben das sind- (1) doch Architekten, die- (...) Es ist eben gar nicht viel dran. Und doch hat es wahrscheinlich genug Licht, jetzt da mit diesen Schlitzen. Das ist sicher so vom Architekten so (3) also (2) Ja, einfach das schlichte, es braucht eben gar nicht viel. Eben auch der Eingang. Das ist einfach leer und der, der- (2). Der Boden, der-, wie sagt man. Das ist so Industrieboden, oder. Das finde ich irgendwie auch noch frech, wenn sie jetzt natürlich innen die Industrieböden auch noch hätten. (2) Das kann ganz toll aussehen." (Viola, Beg. Z 965–976)*

Pragmatische oder ästhetische Reaktionen bleiben in vielen Fällen nicht die einzigen. So mischen sich im folgenden Beispiel die ästhetische mit einer emotionalen Reaktion:

> *„Das, ja-. (3) Gut, was man jetzt nicht so sieht, ist das, das-. Gut, das passt einfach zum, zum oberen. (...) Ein bisschen düster. Ich finde-. (S: ‚Das untere? Oder alles?') Ja, ja, nein, das obere finde ich wirklich-. Spannend, also, originell. (...) Aber das, das eben das-. Ich finde irgendwie das ist too much. Ich finde das sehr schön mit den Kindern oder, dass man da irgendwie noch das eh, das Verspieltere hineinbringt, aber jetzt hat es da irgendwie ein Garagentor. Es-. Es wäre fast besser, wenn es einfach nur schwarz wäre. Oder, ein Eingang. Wieder ein bisschen Ruhe da reinbringen. Weil jetzt, jetzt ist es fast ein bisschen zuviel da irgendwie. Es ist einfach-, zu wild. Weil. Man will ja eigentlich die Fenster da oben zum Ausdruck bringen, die ja sehr speziell sind und-. (6) Ja, wäre noch interessant, was der Architekt da (3) meint dazu. (...) Es ist (3) ja ich finde die Kontraste noch schön mit dem grau, mit dem silbrigen, und dann eh. Eben, wahrscheinlich hat es einfach schon herausstechen wollen. Also, weil er da schon sich ein Denkmal setzen-, der Architekt hat das wahrscheinlich schon dürfen, oder. Es ist wahrscheinlich auch so ausgesucht worden." (Viola, Beg. Z 355–379)*

Das Gebäude wirkt befremdlich. Gerade beim näheren Anschauen findet keine positive Verknüpfung mehr statt, z. B. dass es Fürsorge und Sicherheit vermittelt. Es werden nicht konkret die Auslöser für diese Wirkung beschrieben, z. B. dass das besagte Garagentor eine reliefartig eingefräste Musterung aufweist und anthrazitfarben ist. Beschrieben wird vielmehr, dass der Anblick des Äußeren nicht konstant ist, keine klare Meinung abzugewinnen ist, obwohl verschiedene ästhetische Kriterien beigezogen und angewandt werden.

Die affektiven Reaktion als dritte Form ist mit Abstand die am häufigsten festgestellte Reaktion auf die Wahrnehmung der gebauten Umwelt. Hier kann eine große Vielfalt unterschiedlicher Dimensionen aufgezeigt werden. Die Spannbreite von affektiven Reaktionsformen umfasst sowohl Atmosphärisches und Stimmungsbilder als auch alle Varianten von emotional vorgebrachten Reaktionen.

Affektive Reaktionen, die negativ konotiert sind, lauten:

> *„Das blaue da, das ist auch eine Scheußlichkeit. Da hat sich auch einer verwirklichen wollen mit Erker und das ist völlig misslungen. Also. Nein, das sieht so scheußlich aus."* (Xenia, Beg. Z 393–395)

Eine emotionale Ablehnung entsteht, wenn z. B. nicht genügend Sorgfalt bei Renovationen oder Umbauten konstatiert werden muss. Wenn auch die hier verwendeten Worte wie „verbrochen" oder „versch(andelt)" oder „verunstaltet" stark emotionsgeladen sind, findet sich die damit ausgedrückte Ablehnung in vielen Fällen:

> *„Ja, da ist wieder so ein ähm uns-, wo ich, das mich jetzt wieder extrem stört, wenn ich jetzt das anschaue, finde ich das ganz hässlich und dann muss ich sagen: so, wenn ich das ganze Haus anschaue, denke ich, ah, das Haus wäre eigentlich schon noch toll. Aber offensichtlich hat man da bei dieser Renovation irgendwas verbrochen oder versch- oder verunstaltet, was, (2) ja, was einfach schade ist für das Haus, also."* (Gilbert, Beg. Z 1216–1223)

und:

> *„Das ist auch mal ein altes gewesen. Das is-, das ist ein Sündenfall, dass man da so etwas hingeklatscht hat (heredätscht)."* (Xenia, Beg. Z 418–420)

und:

> *„Das sind wahrscheinlich auch Wohnungen, aber es ist einfach-. Es sieht einfach schon wieder- im Vergleich wahnsinnig unpersönlich aus."* (Xenia, Beg. Z 378–380)

und:

> *„Ja, und auch da. Also. Das finde ich besonders hässlich jetzt. Das Haus. (2) Also das ist schon (1) Gut ich bin kein Architekt, aber für mich wirkt es wie ein Bunker. (...) (2) Gut, jetzt ist es noch besonders, wirkt es noch besonders so, weil die, weil die die Storen unten sind, oder. Dann wirkt es noch besonders nicht einladend. Ähm, (2) ja abschreckend. Vielleicht ist es innen sehr schick, sehr schön, aber auf mich wirkt das Gebäude abschreckend und und und äh, nicht einladend. Auch, weil es hat kein, keine Öffnung. Es hat keine Öffnung, es hat keine Balkone, äh, es wirkt so- Bunker."* (Doris, Beg. Z 69–98)

Die teilnehmende Person weigert sich geradezu, noch den Innenhof dieses Gebäude-Emsembles anzuschauen:

> *„Ha, das ist ja riesig da. Das Gebäude. (S: Man kann sogar reingehen.) Ah ja? (S: Hast du Lust reinzugehen? Mal zu schauen?) Also. (2). Ich finde es so schlimm, das reicht mir, was ich von außen sehe. Nein, wir-, wirklich. Also, wenn ich jetzt auch eine Wohnung suchen würde und ich käme da hin. Ich glaub-, ich glaube, ich würde von außen, würde ich gleich sagen, nein (schaudernd). Ich finde es einfach nicht schön. Es hat, es hat den Charakter von (2) abstoßend. Wenn man hinkommt schon (herechommt). Weißt du, was ich meine? (...) Also auch mir wirkt das-, Einfach (1) unsympathisch. Mag sein, dass es innen noch lustig ist, aber (2) auf mich wirkt es nicht gut." (Xenia, Beg. Z 135–156)*

Auch in Verbindung mit abschließend pragmatischen Reaktionen treten affektiv negative Reaktionen auf: Wenn der erste Eindruck bereits emotional-aufgebracht formuliert wird, folgen die Begründungen, die diesen Eindruck nur verstärken, um sich abschließend resigniert-pragmatisch vom Anblick abzuwenden. Ein Gebäude hat dann eine negative Wirkung, wenn es billig und nach industriell gefertigten Versatzstücken aussieht, was auch noch kombiniert wird mit einer nicht nachvollziehbaren Farbgestaltung der Fassade:

> *„Also das ist jetzt einmal besonders hässlich (wüescht) saniert worden. (angeekelter Laut von sich gebend). (Nachfrage: ‚Das orangefarbene?') Die Farbe, das ist ja nicht orange, orange ginge ja noch. Ich weiß es nicht, Es ist so (angeekelter Laut von sich gebend). Das so, nein, die soz-, so, so die Platten und so. Das ist so, das sieht so, so einfach so nach Industrie aus, möglichst billig, ich weiß es nicht. Hoffentlich ist es wenigstens gut isoliert." (Malte, Beg. Z 729–737)*

Ein wichtiges wirkungsauslösendes Element sind Backsteinfassaden. Auch wenn ein modernes Gebäude in diesem Beispiel eigentlich nüchtern und eher unfreundlich wirkt: Durch die Backsteine (die vielleicht gar keine sind, aber so wirken) wendet sich die emotionale Reaktion auf das Gebäude ins eher Positive, es wird „ein bisschen freundlicher" und „sympathischer":

> *„Ja, genau. (1) Eigentlich würde man sagen, auch ein recht nüchternes Gebäude. Ich glaube, da dass (1) die, der der Backstein-Fassade oder Pseudobacksteinfassade, was immer das ist, ich-. Macht es so ein bisschen freundlicher. Die Balkone auch. Das ist, dass es durchbrochen ist, dass es offen ist. Also, das wäre mir jetzt schon sympathischer. Grundsätzlich." (Doris, F. Z 367–372)*

Auf die Frage, ob sie diese „Pseudobacksteine" schlimm oder falsch finde, antwortet sie:

> *„Nein. Nein. Das ist, wie wenn man eine Farbe hinmacht oder eine Fassade darauf-, also, wie sagt man, spachtelt oder was immer. Kann man auch so was drauf machen. Natürlich wären mir die echten Backsteine lieber, aber-. Ich finde es wirkt. Ich finde, Backstein wirkt immer freundlicher. Auf mich. So, einladend, freundlich, @gemütlich@, warm." (Doris, F. Z 378–384)*

Es wird erklärt, wie die Fassade visuell wirkt. Es geht nicht ausschließlich um das Material, sondern um die Wirkung, die zählt. Die Wortwahl „drauf-" und „spachteln" verweist auf etwas Künstliches, Aufgesetztes bzw. Kosmetisches. Letztendlich dominiert jedoch die Farbwirkung „warm", und Wärme bedeutet in allen Fällen Freundlichkeit.

Um die Bedeutung der ‚richtigen' Kombination von Material und Farbe mit einem zweiten Beispiel zu unterstreichen: Auch hier ist nicht nur das Material ansprechend (im wahren Wortsinn), sondern es wird präziser als affektive Harmoniewirkung benannt: Die Harmoniewirkung entsteht aus der Kombination verschiedener Materialien: (Eisen-)Gitter, (alter) Backstein; Holz – dies fügt sich in einer Gestalt zusammen. Somit ist die Wirkung des Sich-angesprochen-Fühlens vom Gebäude als Bild abgerundet und vervollständigt: „es begrüßt einen".

> *„Das da auch, das ist ein sehr schönes Haus, eben solche Sachen muss man einfach. (2) Ich denke, da ist einfach schon eine Kombination mit dem Verschnörkeltem, auch die Farben, auch der Backstein. Das ist, ist einfach wunderschön. Das harmoniert auch. (...) Und gut, das Gitter ist halt irrsinnig, oder. Das macht es auch noch aus-, oder auch der mittlere Teil, der einfach-, eh, es ist ein Herrscherhaus, würde ich meinen. Drum passt es eigentlich, oder, einen begrüßt, also. Beide eigentlich, oder. Also jetzt auch die schöne Reihe." (Viola, Beg. Z 631–644)*

Positive emotionale Reaktionen lauten wie folgt:

> *„Das Haus hat einfach ein anderes Flair. Also. Und man sieht natürlich auch, dass es gepflegt ist. (...) Da hat, hat man das Gefühl, da wohnt jemand gerne drin. Also man hat das Gefühl, der Hausbesitzer hat Freude an dem Haus. Mit dem Streifen vorne, dem Oleander oder was es ist. Aber beim anderen hat man nicht das Gefühl, dass der Hausbesitzer Freude hat an seinem Haus. Und das sind so Sachen, die man einfach spürt, finde ich." (Xenia, F. Z 1466–1475)*

> *„Aber auch: wenn du da jetzt nach vorne schaust: Ich weiß nicht, wie die Straße auf der anderen Seite heißt. Aber-, da hat es einfach, da vorne hat es wieder Häuser mit Charakter. Das ist einfach so ein bisschen, so ein bisschen der Stil.*

(2) (Lärm) Der Stil anfangs zwanzigstes Jahrhundert, so. Da hat einfach die Architektur noch ein bisschen Herz dabei gehabt." (Xenia, Beg. Z 274–283)

„Ich finde-, nein, es ist sehr sympathisch. Also ich würde jetzt da jederzeit hineingehen und würde sagen ‚Sehr schön'. Auch, auch obwohl dass das grau ist. Das ist eigentlich ein bisschen eine kalte Farbe, oder. Grau. Aber ich würde sagen, nein, es ist gut gemacht. (8) Auch da mit den Blumen, also. Einfach modern, originell. Da hat sich einer ein bisschen etwas designern müssen. Ein bisschen was überlegen. @(1)@. (...) Ich denke, ja einfach weil es so klar ist, so. (4) (Streicht prüfend mit der Hand über die Betonwand) Das ist auch gegossen, also das ist sicher noch aufwändig. (...) Auch da, vom Bild her. Das sieht wirklich cool aus, jetzt die Häuser da im Hintergrund. Ich muss mal schauen, ob ich das hinbekomme. @(1)@ Siehst du, das gibt sogar noch ein Kunstbild. @(1)@. Nein, der hat sich was überlegt, der Architekt. Der ist wirklich gut. Der muss ja da gestanden sein und hat jetzt überlegt, macht er es da zu, macht er es bis nach oben, aber er hat es da sein gelassen, die Reihe. Künstler." (Viola, Beg. Z 994–1017)

Zuletzt soll noch auf ein anderes Phänomen der Reaktionsform eingegangen werden, das zwar problemlos in die bereits vorgestellten drei Reaktionsformen eingeordnet werden kann, jedoch eine Eigenart beinhaltet: Dies betrifft den Umgang mit ambivalenten, diffusen Eindrücken bei der Wahrnehmung der gebauten Umwelt, die eine Lesbarkeit verunmöglichen und einer Erschließung nicht zugänglich sind. Hier ein Beispiel, bei dem zu Anfang eine zaghafte Annäherung verbalisiert wird. Das Diffuse wird mit einer ästhetisch orientierten Reaktion annäherungsweise ausgedrückt:

„Es wirkt wie etwas neues jetzt so. Aber, es offen-. Eben drum, ich bin nicht klar geworden, ist das jetzt ein neues Haus, ganz komplett neu, weil es könnt, es hat wirklich so die Sprache von dem- (Fotografiergeräusche). Ganz neu, so die letzten zehn Jahre. Aber irgendwie habe ich es nicht richtig geglaubt und drum habe ich, hat es mich jetzt angezogen, um das verifizieren am Eingang. (2) Ich finde es noch speziell. Dass das so zwiespältig ist irgendwie. (...) Ja, in sich. Dass man so etwas, etwas Neues gemacht hat. Also da ist jetzt nicht mehr nur äh äh das alte wirklich (1) ausgelöscht worden mit der Renovation, sondern man hat offensichtlich fast wie etwas Neues daraus gemacht. Das ist, das ist eigentlich noch, finde ich jetzt noch speziell an dem." (Gilbert, Beg. Z 1319–1332)

Auch beim nächsten Beispiel ist ein Anblick nicht einfach zuzuordnen: Die Kunstgegenstände rund um das Gebäude irritieren: Man konzentriert sich auf das Anschauen der Häuser, und nun kommen die Kunstwerke dazu. Dabei ist auf den ersten Blick unklar, da sie nicht funktional zuzuordnende Gegenstände darstellen.

> *„So ein Haus, das zu ist. Alle Läden zu. (...) das Haus an und für sich hat ein bisschen mehr Charme, aber. @Aber@ es ist ähm, ja man findet, Schade, wieso ist das zu. Und da hat es noch so lustige Behälter vorn dran. (12) Ah, das ist glaube ich nur die Beleuchtung. (3). Scheint ein wahnsinnige Platz-, äh, Platzverschwendung. @(1)@. (24) Also das wirkt dann schon sehr großstädtisch möchte ich fast sagen. Das-, ja. Das würde dann auch eher am Zürichberg erwarten. Als jetzt hier. (2) Das ist irgendein Kunstinstitut oder weiß auch nicht. Mit diesen, mit dieser vielen Kunst im Garten. Aber alles zu. Also niemand drin." (Doris, Beg. Z 717–732)*

Nicht immer ist die erste emotionale Reaktion negativ. Beim folgenden Beispiel funktioniert anfangs noch das Argument einzigartig, also das Sensationelle: ‚schon mal besser als alt'. Doch dieser positive Vorschuss kann sich nicht halten, der Militäreindruck lässt sich nicht wegdenken; er schiebt sich als Eindruck vor den ersten Eindruck, was anschließend durch die Farbwirkung noch verstärkt wird. Auch andere Fassadenelemente rücken nun ins Blickfeld, wobei sich schon die Bezeichnung „Stangen" nach Fremdkörper anhört. Die Wirkung des Gebäudes schießt über ein Ziel hinaus, es passt nirgends mehr hinein:

> *„Also das finde ich auch (1) schöner das Gebäude, aber das Grün gefällt mir nicht so, weil es schaut so ein bisschen Militär aus. (...) Und genau, das Grün, glaube ich, das ist eben das Militärgrün. (3) Und das es die Stangen so runtergehen, also ich weiß nicht ob ich es schön oder nicht schön finde. Weil es ist irgendwie so etwas anderes, aber es schaut irgendwie so eingesperrt aus. Also vor allem der hier unten. Der ist eben wirklich eingesperrt und der kriegt halt immer den Schatten ab. (Fotografiergeräusche) (6) Und mit dem Grün schaut das dann auch ein bisschen strikter aus. @(l)@ (...) Weil es dann irgendwie wirklich so-, wenn man so eingesperrt ist unten, wegen den Stangen und dann noch bei dem Militärgrün, dann-, @(1)@." (Rosa, Beg. Z 489–503)*

Hier wird ebenfalls auf ambivalente und widersprüchliche Eindrücke reagiert, dieses Mal jedoch ohne zu einem Ergebnis zu kommen: Es wird begonnen, das Gebäude zu lesen. Es bleibt unklar, und es werden verschiedenen Passungsversuche unternommen. So wird von einer persönlichen Bauherrschaft ausgegangen, keine Firma wie ein Generalunternehmen, keine Genossenschaft. Das impliziert alles der Anblick des Gebäudes. Auch der Versuch, über die Bauepoche Anhaltspunkte zu erhalten, scheitert.

> *„Ja, ich finde es noch speziell. Es sieht so, es ist so unerwartet. das sieht so-. Es könnte. es könnte ein, es könnte eine Fabrik sein, es könnte, es könnte eine*

> *Kirche sein. Es könnte- @es@ könnte ein Wohnhaus sein. Also, das hat (2) Also ich würde sagen, der der das gebaut hat. Der hat. Weil das ist ja schon älter. Das ist eh nicht irgendwie-. Ich würde sagen, das ist sicher zwanzigjährig. Da hat es wahrscheinlich einen gewissen (1) ja (1) Mut gebraucht, in dem Sinne. Das ist-. Da hätte jetzt nicht jeder Bauherr gesagt, doch, ich will so ein Haus. (4) Aha, dort hinten-. Ah! Jetzt ah. Dort hinten sieht es so ein bisschen bauhausmäßig aus. Das habe ich noch nie gesehen. (2) Ah, jetzt verstehe ich natürlich das ganze. (jetzt chumm i natürlich druus) Jetzt ist eh ff-. Da hat es möglicherweise-. Oder ist das auch neu? Phh, keine Ahnung. (...) Ich weiß es nicht. (1) Aber da wird jetzt (1) die Ausnutzungsziffer ausgenützt und es wird wieder was oben drauf gemacht." (Malte, Beg. Z 115–134)*

Diese abschließenden Beispiele zeigen erneut, wie die Teilnehmenden versuchen, sich Zugang zu dem zu verschaffen, was sie in der gebauten Umwelt wahrnehmen, und es sprachlich dem Gegenüber zu vermitteln.

Im anschließenden Kapitel 5 werden die empirischen Daten und deren Interpretationen zusammengefasst präsentiert und mit dem aktuellen Forschungsstand verknüpft und diskutiert.

5. Zusammenfassende Präsentation der Ergebnisse im aktuellen Forschungskontext und deren Diskussion

In diesem Kapitel werden die Forschungsergebnisse zusammenfassend präsentiert. Die Ergebnispräsentation erfolgte in Kapitel 4 durch dementsprechend umfangreiche und aussagekräftige Interview-Auszüge um die spezielle Atmosphäre wiederzugeben, welche die Deutungen der gebauten Umwelt in der Alltagswirklichkeit bestimmen. Hier werden sie nun in den Kontext der vorhandenen theoretischen Konzepte gesetzt, d. h. mit dem aktuellen Forschungsstand in Verbindung gebracht und diskutiert. Zuerst wird in Abschnitt 5.1 auf die Begrifflichkeiten bei der Beschreibung des Verhältnisses von Gesellschaft und Architektur eingegangen. Anschließend werden die ins Zentrum der Untersuchung gestellten personalen Akteure und deren Beziehungen zu Artefakten beleuchtet und abschließend nochmals zusammenfassend und begriffsschärfend auf die im vierten Kapitel präsentierten Deutungsstrategien eingegangen. Der darauffolgende Abschnitt 5.2 widmet sich den Konsequenzen, die die Wahrnehmung der gebauten Umwelt als soziales Phänomen hat.

Durch die Analyse der aktuellen Forschungsliteratur (vgl. Baecker 2009, Bosch 2010, Delitz 2009, Duttweiler 2015, Frers 2015, Göbel 2015, Latour/Yeneva 2008, Schröer 2009, Schubert 2009, Steets 2015, Steinmetz 2012, Threuter 2015) wurden drei Forschungslücken erkannt:

Erstens gibt es in der Architektursoziologie noch keine Forschung, die explizit von personalen Akteuren ausgeht, obwohl bereits Abgrenzungen von diesem möglichen Zugang erfolgten. Wenn empirische Untersuchungen als Feldforschungen durchgeführt wurden, dann mit ausgesuchten Akteuren wie Architekturstudierenden, bei denen davon auszugehen ist, dass sie bereits eine gewisse Affinität durch die subjektive Fokussierung ihrer Aufmerksamkeit zum Thema mitbringen. Oder es wurden Studierende als Benutzerschaft adressiert und damit eine Engführung auf die Benutzung in Kauf genommen, statt offen zulassen, welche zusätzlichen Bedeutungen die gebaute Umwelt neben der funktionalen haben könnte. Andere Studien stützten sich hauptsächlich auf die ‚Rolle' der Gebäude bzw. der Architektur als Aktanden in unterschiedlichen Ausprägungen von zugedachter Selbstständigkeit.

Zweitens vermischt sich in den vorhandenen Studien das Innen und Außen von gebauter Umwelt sehr schnell. Doch gerade im Falle von Architektur besteht ein erheblicher Unterschied zwischen dem, wie sie von außen wahrgenommen bzw. erlebt wird, und wie von innen. Gerade dadurch unterscheidet sich Architektur von anderen Artefakten oder Objekten und diese Besonderheit muss ohne Frage berücksichtigt werden, indem diesem zweifachen Bedeutungsspektrum angemessen Rechnung getragen wird. Jedoch ist auffällig, dass in der noch recht jungen Teildisziplin der Architektursoziologie dieser – wenn auch nur analytischen – Trennung bisher wenig Aufmerksamkeit geschenkt wurde, da beide Ebenen häufig miteinander vermischt und dementsprechend auch nicht getrennt analysiert wurden. Dadurch entstand eine Tendenz, dass die Erkenntnisse, die die Erforschung der Innenräume einbrachte, vergleichsweise überhandnahmen (vgl. Böhme 2006; Steets 2010, 2015; Delitz 2009; Göbel 2015; Frers 2015). Das mag auch daran liegen, dass das Innere von Gebäuden dem Menschen im wahrsten Sinne des Wortes nähersteht. Wenn diese beiden Ebenen allerdings nicht analytisch getrennt untersucht werden, ergeben sich Missverständnisse. Dies geschah beispielsweise bei Steets, wenn Rückschlüsse auf das Innere wie das Äußere eines Gebäudes gezogen wurden, wobei doch in dem angeführten Beispiel nur die Innenräumlichkeiten gemeint sein konnten, wenn sie schreibt, dass man Gebäude „riechen" und gar „über Teile von ihnen stolpern" könne (Steets 2015: 177).

Aus diesem Grunde wurde in dieser Arbeit explizit die Außenperspektive eingenommen. Dies lässt sich auch dadurch rechtfertigen, dass der Bevölkerung in der gebauten Umwelt nicht überall der Zugang nach innen offen steht, sondern sie sich in der Alltagswirklichkeit im öffentlich zugänglichen Raum bewegen und sich darin orientieren. Diese Perspektive ist hier ausschlaggebend.

Drittens wurden in der bisherigen Forschung vor allem Einzelgebäude untersucht, solitäre, sogenannte Sonntagsarchitektur zur Abgrenzung von Alltagsarchitektur, oder sonst besondere Bauten, die in der Regel eigenständig sind, mit ihrer je eigenen Umgebung – von Fußballstadien über den Palast der Republik, von Gefängnisbauten oder Bibliotheken bis hin zu architektonisch ‚besonderen' Siedlungen wie der Bauhaus-Siedlung in Dessau-Törten, der Stuttgarter Weissenhofsiedlung oder die von Corbusier in Pessac errichtete Siedlung; ganz abgesehen von dem beliebten Fokus auf sogenannte Star-Architektur wie Gebäude von Herzog & DeMeuron, Coop Himmelblau oder Zaha Hadid. Nicht beachtet wurden bisher die Bestandteile der gebauten Umwelt im öffentlich zugänglichen Raum, wie sie sich einer Bevölkerung in der Alltagswirklichkeit präsentieren: als ein Durcheinander von zahlreichen Gebäuden nebeneinander in den unterschiedlichsten Zuständen und aus verschiedenen Bauepochen, worin Architektur jedoch auch wahrnehmbar ist.

Die begleitenden Forschungsfragen lauteten vor allem, welche Sinn- und Deutungszuschreibungen personale Akteure bei ihrer Wahrnehmung von gebauter Umwelt formulieren, wenn sie sich darin orientieren und darüber sprechen.

Welche Ausdrucksformen und Metaphern verwenden Personen, die über kein architektur- oder kunstgeschichtliches Fachvokabular verfügen, um ihre Wahrnehmungen zu artikulieren?

Und schließlich begleitete die Forschung auch eine Frage nach den Wirklichkeitsauffassungen von Gesellschaft, so wie sie beim Anblick der gebauten Umwelt oder Teilen davon von den Teilnehmenden thematisiert wurden.

5.1 Präzisierte Begriffseinbettungen zur Wahrnehmung der gebauten Umwelt im architektursoziologischen Kontext

Ergänzungen zum Verhältnis von Gesellschaft und Architektur

Wie bereits im zweiten Kapitel vorgestellt, schärfte Heike Delitz in ihrer Publikation *Architektursoziologie* (2009) den Blick für Fragen nach dem Verhältnis von Gesellschaft und Architektur. Delitz betont den Stellenwert von Architektur als *Artefakt*, „das sich mit unserem Leben und insofern auch mit den sozialen Interaktionen, den ‚Wechselwirkungen' permanent verbindet (…) in dem wir eher betroffene ‚Koexistenzen' sind, als instrumentelle Nutzer oder Ko-Aktanden" (Delitz 2009: 17). Jedoch fehlt es Delitz zufolge an theoretischen und methodischen Voraussetzungen, um diese „Koexistenz" angemessen untersuchen zu können (ebd.: 74). Delitz findet die „Fassung des Sozialen als reine Interaktion oder als reine Kommunikation" (ebd.) zu eingrenzend und hält mit Eßbach (1997: 13) „eine Verabschiedung von den dualistisch konzipierten, massiven Begriffe(n) von Kunst und Technik" für notwendig. Zu Recht monierte sie damals das Fehlen von empirischen, soziologischen Grundlagen und stellte sich kritisch die Frage, mit welchen Methoden das Besondere der Architektur in der soziologischen Disziplin berücksichtigt werden könnte.

Mit der vorliegenden Arbeit wird der Ansatz verfolgt, dass mit der rekonstruktiven Sozialforschung und den vorhandenen soziologischen Theorien die Architektur bzw. die gebaute Umwelt sehr wohl empirisch untersucht werden kann.

Wie ebenfalls im zweiten Kapitel skizziert wurde, verhindert die Einengung von Artefakten in der Soziologie auf „Kunst und Technik" (Eßbach 1997: 13) noch immer zusätzliche Erkenntnismöglichkeiten, besonders im Hinblick auf die gebaute Umwelt. Dies liegt jedoch nicht an den mangelnden Möglichkeiten des theoretischen und methodologischen Potenzials von ‚reiner Interaktion' und ‚reiner Kommunikation', die von Delitz als verantwortliche Hemmnisse herausgearbeitet wurden. Wie durch die empirischen Ergebnisse dieser Arbeit aufgezeigt werden konnte, ist es mit der rekonstruktiven Sozialforschung im Forschungsstil der Grounded-Theory-Methodologie möglich, sowohl eine begriffliche Präzisierung zu erreichen als auch einen Ansatz zu einer systematischen Erarbeitung eines möglichen Ansatzes zu einer Wirkungsforschung für die gebaute Umwelt zu entwickeln, wenn man von der Perspektive der personalen Akteure ausgeht und auf dieser Basis das erforschende *soziale Phänomen* untersucht. Damit lässt sich zumindest ein Teil der „mehrfachen Herausforderungen" des „Phänomens Architektur" an die Soziologie beantworten, gerade die Fragen „nach der Rolle der Affektivität und Emotionalität im Sozialen" und die „nach der Materialität und nichtsprachlichen Symbolizität" (Delitz 2009: 74).

Delitz geht davon aus, dass die soziologische Theorie mit einer der zentralen Definitionen von Max Weber die Weichen bereits früh von einem möglichen Einbezug von Architektur in der soziologischen Theorie ‚verstellte'. Wenn Weber schreibt: „Nicht jede Art von Handeln (...) ist ‚soziales' Handeln (...). Äußeres Handeln dann nicht, wenn es sich lediglich an den Erwartungen des Verhaltens sachlicher Objekten orientiert. Das innere Sichverhalten ist soziales Handeln nur dann, wenn es sich am Verhalten anderer orientiert" (Weber 1980: 11), lässt er damit nach Delitz' Ansicht „die Interaktion zwischen Akteuren und Artefakten (...) undenkbar" werden (ebd.: 76). Diese Auffassung kann wiederlegt werden, denn wenn von dieser Interaktion „zwischen Akteuren und Artefakten" in der Form von sprachlich vermittelter Wahrnehmung einem menschlichen Gegenüber erzählt wird, findet tatsächlich soziales Handeln statt, nämlich durch die Vermittlung des Wahrgenommenen, die wiederum vom Gegenüber auch verstanden werden muss. Daher erscheint der Ausgangspunkt bei den personalen Akteuren unumgänglich, wenn man mehr über eine mögliche Affektivität von gebauter Umwelt (und von Architektur) im Sozialen erfahren möchte.

Mit der rekonstruktiven Sozialforschung wurde auf der Basis von personalen Akteuren das soziale Phänomen der Wahrnehmung der gebauten Umwelt analysiert, denn erst durch die Wahrnehmung von Subjekten werden sie in einen subjektiven Sinnzusammenhang gestellt. Diese Sinndeutungen und diese Kongruenzherstellung auf einer intersubjektiven Ebene wurden mit Hilfe von Deutungsstrategien und (Ein-)Ordnungsstrukturen in einem mehrere Monate dauernden Forschungsprozess sukzessive herausgearbeitet und so systematisch nachprüfbar. Durch dieses systematisch kontrollierte Vorgehen wurde überhaupt erst die Möglichkeit geschaffen, das soziale Phänomen der Wahrnehmung von gebauter Umwelt darstellbar und nachvollziehbar aufzuzeigen.

Personale Akteure und Artefakte im Zentrum

Um die am Ende des zweiten Kapitels aufgeworfenen Fragen nach den handelnden Akteuren in der gebauten Umwelt zu beantworten, wurde auf das Konzept der subjektorientierten Objektbeziehung von Karin Knorr-Cetina zurückgegriffen und mit den in Kapitel 4 herausgearbeiteten Deutungsstrategien verknüpft.

Nach Knorr-Cetina sind Beziehungen, die zwischen Menschen und nichtmenschlichen Objekten entstehen, keine zu vernachläßigende Größe, so wie es Vertreter der Individualisierungsthese befürchten: „Während die ‚Entbettung' des modernen Selbst als Angelegenheit des Verlusts menschlicher Beziehungen verstanden wird, werden Beziehungen an nicht-menschliche Objektwelten ignoriert" (Knorr-Cetina 2006: 101).

> *„Die Idee einer Objektualisierung impliziert eine Wendung hin zu Beziehungsformen, die von sozialer und normativer Integration weg und zu Objekten als Beziehungspartner und Einbettungsumwelten hinführen. Die Vorstellung leugnet und ignoriert nicht, daß bestimmte Formen sozialer Bindung mit und durch Objekte ‚immer schon' existiert haben mögen; was sie besagt, ist, daß solche Formen in postsozialen Wissenskulturen zunehmen, und unsere Kernkonzepte von Sozialität diese einschließen zu müssen" (ebd.: 133).*

Wenn man also mit Knorr-Cetina festhalten kann, dass diesen Beziehungen zwischen Subjekt und Objekt wegen ihrer Bedeutungssteigerung ein höherer Stellenwert zuerkannt werden sollte, muss in Bezug auf das Verhältnis zwischen Architektur und Gesellschaftsangehörigen geklärt werden, um was für Beziehungen es sich dabei handelt und wie sich diese Beziehungen reziprok auswirken. Der Begriff ‚Beziehung' deutet es schon an: Subjektiv wird das von außen Wahrgenommene in einen Zusammenhang mit dem eigenen Wissensvorrat und individuellen Vorstellungen gebracht. Es findet eine „objektuale Integration" (ebd. 133) statt, indem Objekte zu Beziehungspartnern werden, die dementsprechend von Individuen ‚angesprochen' werden. Diese lassen sich rekonstruieren, indem dargelegt wird, wie die personalen Akteure sich einem Gegenüber (in Interaktion) sprachlich vermitteln. Sie beschreiben im Gespräch, wie sie ihre Deutungszuschreibungen herleiten und anwenden. Damit wird nicht der Standpunkt vertreten, dass diese Objekte selbst auf Kommunikation antworten oder gar untereinander kommunizieren würden, sondern dass sie eine Ausstrahlung haben, die sehr wohl als Aussage verstanden werden kann. Und diese Aussagen wirken sich reziprok auf die personalen Akteure aus, da diese die Aussagen wahrnehmen und für ihr Gegenüber in Sprache übersetzen. Denn, um mit Berger/Luckmann zu sprechen, „ist Sprache fähig, die Wirklichkeit der Alltagswelt gänzlich zu transzendieren. Ich kann mittels ihrer die Erlebnisse aus geschlossenen Sinnprovinzen habhaft werden, und ich kann abgesonderte Sphären der Wirklichkeit mit ihr überspannen" (Berger/Luckmann 2003: 42).

Selbst komplexe Aussagen durch Symbolsysteme, für die die Gebäude in der gebauten Umwelt stehen, können über die Alltagswelt hinaus durch Sprache vermittelt werden:

> *„Religion, Kunst, Wissenschaft sind die größten Symbolsysteme der bisherigen Geschichte der Menschen.(...) Sprache hat nämlich die Kraft, nicht nur fern der Allerweltserfahrung Symbole zu bilden, sondern sie umgekehrt auch wieder in die Alltagswelt ‚zurückzuholen' und dort als objektiv wirkliche Faktoren zu ‚präsentieren'. Symbole und symbolische Sprache werden so tragende Säulen der Alltagswelt und der ‚natürlichen' Erfahrung ihrer Wirklichkeit" (ebd.).*

Des Weiteren ist festzuhalten, dass die gebaute Umwelt immer nur unmittelbar vor Ort, nicht aber linear oder sequenziell wahrgenommen werden kann, da es sich um vielschichtige und z. T. mehrfach überlagerte Eindrücke handelt. Daher gerät ein semiotisches Erklärungsmodell in diesem Forschungskontext von vornherein in Schieflage, wenn bereits der Sender nicht sinnvoll eingegrenzt bzw. definiert werden kann. Dies trifft ebenso für die Botschaft(en) zu, da im Fall der gebauten Umwelt nie ein Sender alleine (der Idealfall wäre in diesem Zusammenhang der Architekt mit seinem verwirklichten Werk) verantwortlich für die Botschaft ist, sondern mindestens die Hausbesitzerin mitentschieden hat, neben baurechtlichen Bedingungen etc. bis hin zu den zahlreichen Veränderungen von Nachkommen, Umbauten oder Umnutzungen. Daher kann das semiotische Konzept dieser Komplexität nicht vollauf gerecht werden.

Als wesentlich geeigneter für diesen Forschungszusammenhang erwies sich die Arbeit von Silke Steets, war sie es doch, die als Erste den wichtigen Bezug der Architektur und der gebauten Umwelt zur Alltagswirklichkeit hergestellt hat. Ihre Ausführungen zur Verbindung von Berger/Luckmanns Begrifflichkeiten und Konzepten mit den architektursoziologischen Desideraten sind wegweisend. Die Verknüpfung von Berger/Luckmanns Analysen der „Gesellschaft als objektive und subjektive Wirklichkeit" und der „Gesellschaft als ständigen dialektischen Prozeß (…) der aus drei Komponenten besteht: Externalisierung, Objektivation und Internalisierung" (Berger/Luckmann 2003: 139) mit architektursoziologischen Konzepten erfolgt bei Steets vom Standpunkt der Architektur-Fachleute aus. Dabei hat Steets das *Begreifen* ganz wörtlich aufgefasst (Steets 2015: 246) und die Externalisierung als Entwurfshandeln und Erbauen (der Architekten) übersetzt. Doch erscheint es als Wunschdenken, Architekten als Experten zur „Schließung der Weltoffenheit" anzusehen, die sich eine Gesellschaft „leistet, namentlich: die Architekten" (ebd.: 162).

Wenn die *Externalisierung* allerdings aus der Perspektive der Nicht-Architekten als personale Akteure beleuchtet wird, wie es in dieser Forschungsarbeit getan wurde, kommt man der Alltagswirklichkeit der gebauten Umwelt wesentlich näher, nämlich im Sinne von Ausdruck/Kommunikation: durch die sprachliche Vermittlung des Wahrgenommenen. Selbst die sprachlichen Ausweichmanöver können eingeschlossen werden, wenn andere sprachliche Anleihen zur Vermittlung an Bedeutung gewinnen, um nach Anknüpfungspunkten zu suchen und die Indiziensuche zur Vermittlung zu verwenden.

In diesem Zusammenhang entsprechen die *Objektivationen* den als Objekte verkörperte affektive und kognitive Deutungsstrategien.

Die von Steets vorgeschlagene begriffliche Einordnung der Objektivationen bezieht sich – ihrem Forschungsthema entsprechend – auf die von Architektinnen erbauten Gebäude. Dies stimmt geradezu idealtypisch mit der Definition von Artefakten „als materialisierte Handlungsstrategien von Menschen“ (Lueger 2010: 92) überein. Doch welche gebaute Umwelt besteht schon aus diesen idealtypisch entstandenen Gebäuden? Wenn Architektur ausschließlich als Besonderes, als qualitativ hochstehende Architektur aufgefasst wird, entspricht dies nicht der sozialen Realität der Teilnehmenden. Steets' Distanz zur sozialen Realität wird besonders deutlich, wenn es um die Bedingtheit einer Akzeptanz eines Gebäudes geht, die bei Steets geradezu mit einer Existenzberechtigung zusammenhängt:

> *„wir können im Fall größter Gewissheit ein Gebäude problemlos und präreflektiv handhaben (im Sinne eines praktischen Know-how) und fühlen dies als Stimmigkeit. Ein Gebäude verliert seine Gewissheit, je öfter es einer wachsenden Gruppe von Menschen im wahrsten Wortsinne ‚im Wege steht‘ oder wenn die Stimmigkeit seiner Atmosphäre verloren geht. Meist droht dann sein Abriss“ (Steets 2015: 184).*

In der Zusammenfassung betont sie nochmals: „Verliert ein Gebäude seine gesellschaftliche Legitimation, wird es entweder abgerissen, baulich angepasst oder symbolisch neu aufgeladen“ (ebd.: 205). Dabei blendet sie die gesamte wirtschaftliche Denkweise aus, denn Gebäude sind vor allem kostenintensiv und mit ihnen sind noch ganz andere Interessen verbunden, als dass sie wegen mangelnder gesellschaftlicher Legitimation abgerissen würden. Die gebaute Umwelt ist gerade nicht nur abhängig von den Fähigkeiten den Architekten oder von einer von Fachkreisen anerkannten architektonischen Qualität, sondern vielmehr von ökonomischen, politischen und mittlerweile auch einschneidenden ökologischen Bedingungen.

Den Begriff *Internalisierung* verbindet Steets mit der Frage, „wie sich der Mensch die gebaute Umwelt aneignet (...) wie er materielle Objektivationen internalisiert“ (ebd.: 241). Sie bezieht die Internalisierung auf „das Verstehen der objektiven Wirklichkeit, (...) die Übernahme der gesellschaftlichen Deutung der Welt in das subjektive Bewusstsein und in den individuellen Körper“ (ebd.), woraus sie ein ‚Bewohnen' „der gesellschaftlichen Welt" ableitet, mit starkem Fokus auf das Leiblich-Körperliche (ebd.). Dabei bezieht sie die Zusammenhänge mit dem Funktionalen, Atmosphärischen und Ästhetischen vor allen Dingen auf das Innere von Architektur und bleibt auf der Basis der herangezogenen phänomenologischen Grundlagen (ebd.: 77 ff.). Daher gelingt es nicht, mit ihrer Argumentation die Internalisierung von der rein subjektiven Ebene zu lösen und in einen intersubjektiven Zusammenhang zu stellen (vgl. Reichertz 2004: 16 bzw. Soeffner 2004: 160 f.). Wenn jedoch die Internalisierung der gebauten Umwelt mit Berger/Luckmann unter dem Gesichtspunkt der „modernen typischen Gesellschaften" aufgefasst wird, kann davon ausgegangen werden, dass „das allgemeine Gefühl für Relativität *aller* Welten" zunimmt (Berger/Luckmann 2003: 184, Hervorh. im Original). Dies wird vor allem dann deutlich, wenn Irritation oder Ratlosigkeit auftritt (siehe Kapitel 5.2).

Des Weiteren gehören die im vierten Kapitel präsentierten fallübergreifenden Orientierungsrahmen ebenfalls in diesen „dialektischen Prozess" der Internalisierung, wenn die sprachlich vermittelten Eindrücke einem Gegenüber verständlich gemacht werden als „das unmittelbare Erfassen und Auslegen eines objektiven (…) Ereignisses, das Sinn zum Ausdruck bringt, eine Offenbarung subjektiver Vorgänge bei einem Anderen also, welche auf diese Weise für mich subjektiv sinnhaft werden. Das bedeutet nicht, dass ich den Anderen richtig verstehen muss" (ebd.: 139). Dieser Prozess ist bei allen Fällen festzustellen und wird durch die Suche nach Kohärenzherstellung nochmals unterstrichen: Die Bedeutung des Bestrebens, sich das Wahrgenommene stimmig zu machen (‚einzuverleiben' allerdings *nicht* im wörtlichen Sinne), ist stark ausgeprägt und spiegelt sich tatsächlich in den Ergebnissen wider.

Die im folgenden Abschnitt 5.2 aufgeführten Deutungsstrategien werden auch mit einer ‚Lesbarkeit' der gebauten Umwelt gleichgesetzt (Steets 2010: 182). So kann die Vermutung, dass es sich dabei um ein komplexes und wenig eindeutiges Unterfangen handelt (ebd.), durchaus bestätigt werden. Allerdings bezieht sich die ‚Lesbarkeit' im hier vorliegenden Forschungskontext nicht auf ein architektonisches Zeichensystem, sondern auf Hinweise und Spuren in der Alltagswirklichkeit, die dementsprechend auf einer alltagspragmatischen Logik basieren. Die wenigen architektonischen Zeichen oder Symbole, die als solche wahrgenommen und gedeutet werden, wie Wappendarstellungen an Hausfassaden u. Ä., stammen aus dem allgemeinen Alltagswissen, denn solche Zeichen oder Symbole werden beschrieben, d. h. zur Kenntnis genommen, aber die Deutungen beziehen sich auf Themen der Alltagswirklichkeit und nicht etwa auf architekturhistorische Zusammenhänge.

Neben der Zeichenhaftigkeit von Architektur hat Steets folgende weitere Überlegungen angestellt. So hält sie fest:

> *„mit ‚Lesbarkeit' soll hier kein rein kognitiver Vorgang gemeint sein. Der gebaute Raum unterscheidet sich von Sprache insbesondere dadurch, dass er körperlich, vorsprachlich, präreflektiv erfahrbar ist. (...) Wird Gebäuden in der Alltagswelt Sinn zugeschrieben, dann erfolgt dies vermutlich sogar viel seltener auf kognitiver Ebene (...) und viel häufiger durch eine praktische, körperliche Handhabung des Gebauten." (Steets 2010: 182 f.)*

Dazu ist anzumerken, dass eine „körperliche Handhabung" (ebd.) vor allen Dingen auf das Innere der Gebäude zu beziehen ist und daher nicht Bestandteil der vorliegenden Forschungsarbeit ist und somit auch keinen Einfluss auf die hier präsentierten Ergebnisse hat.

Zum Physisch-Körperlichen lässt sich allerdings anmerken, dass in den sprachlichen Ausdrucksformen der Reaktionsschilderungen tatsächlich verbale Anleihen entnommen werden: So werden Reaktionen auf den Anblick von Gebäuden beschrieben als: „das sticht mir sofort ins Auge" oder wirkt ein Anblick „wie eine Faust aufs Auge". Auch wenn ein Anblick jemanden „beelendet" oder der Person „das Herz weh tut", sind dies nur sprachliche Hilfsmittel, um über die Eindrücke, das Wahrnehmen der gebauten Umwelt sprechen zu können (siehe Kapitel 5.2 im Anschluss).

Dass die kognitiven Zuschreibungen deswegen unterschätzt werden sollten, kann freilich nicht als Schlussfolgerung stehen gelassen werden. Denn kognitive Deutungsstrategien finden ebenso häufig statt, wozu selbstverständlich auch praktische Deutungen gehören. Funktionale Zuschreibungen haben somit sehr wohl eine fallübergreifend hohe Relevanz.

Wie schon aus den bisherigen Begriffseinbettungen deutlich geworden ist, gehen die Teilnehmenden bei der Wahrnehmung der gebauten Umwelt grundsätzlich von anderen Relevanzstrukturen aus als Architektur-Fachleute.

Die Begriffsschärfungen der Deutungsstrategien

> *„ ‚Ist sie nicht entsetzlich, die Villa in der Spätbergstraße?' Carlos schwieg. Villen in dieser Gegend lagen so weit außerhalb seines Denkens, dass er sich über ihre Ästhetik keine Meinung bildete." (aus Martin Suters' Roman: Allen und der rosa Diamant, 2011: 185)*

Die Deutungsstrategien lassen sich grundsätzlich in kognitive und affektive Deutungen unterscheiden, wobei die kognitiven nochmals analytisch zu trennen sind in funktionale, soziale und ästhetische Erschließungsformen.

Diese rein analytischen Trennungen werden hier zur Präzisierung der verschiedenen Deutungsstrategien verwendet. In der sozialen Realität kommt es – ganz im Gegenteil – gerade darauf an, wie die kognitiv-funktionale, die kognitiv-soziale, die kognitiv-ästhetische und die affektive Deutung miteinander kombiniert werden. Alle Varianten sind miteinander kombinierbar und dementsprechend verknüpft in dem ausgewerteten Datenmaterial zu finden. Ausschlaggebend ist der jeweils dominante Aussagegehalt und in welchen Wirkungszusammenhängen die Teilnehmenden ihre Sinnzuschreibungen ordnen.

Festzuhalten bleibt an dieser Stelle, dass rein affektive Deutungsstrategien in direktem Zusammenhang mit der entsprechenden Wirkung bzw. der Reaktion auf das Wahrgenommene stehen und sich kaum noch von ihnen unterscheiden lassen, was bereits im vierten Kapitel an einem Beispiel veranschaulicht wurde. Daher wird es gerade an den Textstellen aufschlussreich, wenn die Deutungsstrategien an ihre Grenzen kommen. In Kapitel 5.2 wird diskutiert, wie sich dies auf die Reaktionen auf das Wahrgenommene auswirkt.

Doch zuerst werden die unterschiedlichen Deutungsstrategien im Einzelnen nochmals zusammenfassend dargestellt.

Im Rahmen einer kognitiven Deutung der Wahrnehmung der gebauten Umwelt wird die Alltagswelt erstens pragmatisch-deutend erschlossen. Diese werden als *funktionale Deutungsstrategien* bezeichnet. Dazu zählen Nutzungszuschreibungen, die von außen erschlossen werden, wozu auch vermutete Nutzungen der (Innen-)Räume zählen, wie beispielsweise Loft-Wohnungen, oder auch Büronutzungen, für die es von außen erkennbare Hinweise gibt. Auch werden öffentlichen Anlagen wie Park- und Freizeitanlagen mit Nutzungszuschreibungen erfasst sowie Möglichkeitsangebote zur Kenntnis genommen und dazu pragmatische Überlegungen angestellt. Diese Deutungen folgen einer pragmatischen Maxime.

Zur kognitiven Erschließung gehört auch zweitens die *ästhetische Deutung*, ob einem Gebäude ein bestimmter ästhetischer Wert zuerkannt wird.

Drittens finden sich die *sozialen Deutungen* unter den kognitiven Erschließungsstrategien. Bei dieser Erschließung muss durch den Aufbau der Datenerhebung damit gerechnet werden, dass auch erwünschte Antworten konstruiert werden, die sonst – d. h. bei Nichtwissen, dass das Gegenüber eine Soziologin ist – eventuell nicht entstanden wären. Dennoch lassen sich deutliche Einordnungsstrategien auch unabhängig vom Forschungsaufbau ausmachen, wie in mehreren und verschiedenen Interpretationsdurchgängen herausgearbeitet werden konnte: So werden häufig soziokulturelle Zuordnungen als tauglich erachtet, ein wahrgenommenes Gebäude mit den zugeschriebenen Lebensformen in den Wissensvorrat des Alltagswissens zu integrieren. So gibt es z. B. Details mit Hinweischarakter, die zur Einordnung dienen: „neu und eh, eben die neueren zum Teil ein bisschen schäbigen“ (Doris, F. Z 48–49) ist so ein Indiz, das einerseits Orientierung gibt und andererseits zu Deutungen auf die Bewohnerschaft führt. Eine radikalere Zuschreibung findet statt, wenn Vergleiche von Gebäudetypen mit Menschentypen angestellt werden. Diese Erschließung findet jedoch nie eigenständig statt, sondern hat ihren Ausgangspunkt in einer meist affektiven, emotionalen Erfassung.

Schließlich kommt hier eine Deutungsvariante vor, die als eine Erschließung über eine ausdrückliche Sozialbeziehung zu Objekten erfolgt und Gebäude als ‚beseelte Objekte' auffasst, indem Gebäuden eine eigene Biografie zugeschrieben oder eine vorher noch intakte, vorhandene Seele abgesprochen wird. So wird der Begriff ‚seelenlos' nicht einfach als spontane Reaktion oder als Äußerung von verkappten Romantikern verwendet, sondern dahinter steht die Auffassung, dass ein Gebäude ein Teil und Ausdruck von Gesellschaft ist und dementsprechend eingeordnet wird. Im Beispiel des seelenlosen Gebäudes wurde eine gesellschaftliche Ausdrucksform nachträglich entfernt, wobei davon ausgegangen wird, dass vor der Renovation das Gebäude noch intakt (und unversehrt) gewesen sei und als solches seine Daseinsberechtigung als Teil der gebauten Umwelt zugesprochen bekam.

Doch längst sind nicht nur kognitive, d. h. funktionale, ästhetische oder soziale Gesichtspunkte beim Anblick der gebauten Umwelt für die personalen Akteure relevant. Neben den kognitiven Deutungsstrategien erfolgen Erschließungen vor allen Dingen über *affektive Deutungen*. Diese Zuschreibungen findet statt durch die Beachtung des ersten Eindrucks, durch die Positionierung über den eigenen Geschmack, also den sprachlich vermittelten Umgang mit dem subjektiven Ästhetikempfinden über Sympathie oder Antipathie, was auch als Ausstrahlung bezeichnet werden kann, und schließlich eine Atmosphären-Wahrnehmung. Indem sich die personalen Akteure Gebäude nach Sympathie- und Antipathie-Empfindungen erschließen, verwenden sie durchaus Formulierungen aus diesem Ausdrucksspektrum, wenn sie argumentieren, dass ein Gebäude jemanden willkommen heißt oder abstößt.

Delitz formulierte die Bedeutung der Affektivität in Bezug auf Gebäude bereits 2009 und führte dazu aus, dass man die „Expressivität" von Architektur beachten muss, die Delitz als „deren symbolische und affektive Bedeutung" definiert. Nach Delitz liegt „die Eigenlogik der Architektur, ihr Bedeutungsvermögen nicht im Ornament, das vielmehr dem Bild zuzuordnen ist. Die Architektur hat ihre ganz eigene Art zu bedeuten" (Delitz 2009: 78 f.). Aus der Perspektive von Nicht-Architekten ist das affektive Bedeutungspotenzial jedoch nicht in architekturtheoretischen Benennungen wie Ornamenten zu finden, sondern beispielweise im Stellenwert von Harmonie, Sorgfalt, (potenzieller) Besitzfreude oder auch in Begeisterung für das Neue und Klare oder eben für das Alte, Gepflegte.

Gebäude werden in diesem Zusammenhang auch gern als „redend" bezeichnet, wie dies Steets in ihrem Aufsatz „Der sinnhafte Aufbau der gebauten Welt" (2010) anmerkt, wenn sie Alain de Botton zitiert:

> *„Gebäude reden (...) von Demokratie und Aristokratie, von Offenheit und Arroganz, von Bedrohung und freundlichen Willkommen, von Sympathie für die Zukunft oder Sehnsucht nach dem Vergangenen" (de Botton 2007: 71 f.)*

Daraus wird gefolgert:

> *„Ein Gebäude schön zu nennen, verrät also mehr als bloß eine ästhetische Vorliebe, es verweist auch darauf, dass man von jener bestimmten Lebensform angezogen wird (...). Unser Eindruck von Schönheit verrät, dass wir auf einen materiellen Ausdruck einiger unserer Vorstellungen von einem guten Leben gestoßen sind" (ebd.: 73).*

Das ist sicherlich zutreffend beschrieben, offen bleibt jedoch die Frage, was denn diese „Vorstellungen von einem guten Leben" nährt und in welchem Kontext diese Vorstellungen davon entstanden sind. Steets leitet von diesem *Reden* der Gebäude geradewegs ein *Verstehen* der Gebäude ab (Steets 2010: 172), was ebenfalls nicht unreflektiert übernommen werden kann. Vielmehr konnte aus den Daten rekonstruiert werden, welche dahinterliegenden Deutungsstrategien z. B. bei der Wahrnehmung von Atmosphäre oder Ausstrahlung wirksam sind (siehe Kapitel 4). Dabei werden unterschiedliche – im positiven wie im negativen Sinn gedeutete – Dimensionen ausgemacht, die sich nicht auf das Verstehen eines ganzen Gebäudes beziehen. Vielmehr geben Details wie Balkongestaltungen, Fassadenzustand, Farbgebungen usw. Hinweise auf die Deutungen, warum eine bestimmte Atmosphäre oder eine bestimmte Ausstrahlung wahrgenommen wird.

Fazit zu den analytisch unterschiedenen Deutungsstrategien

Mit dieser Arbeit konnte aufgezeigt werden, dass unterschiedliche Strategien zur Anwendung kommen, die die Teilnehmenden bei ihren Deutungs- und Sinnzuschreibungen entwickeln und anwenden. Es konnten fallübergreifende Deutungsstrategien bei der Erschließung und Vermittlung der Wahrnehmung der gebauten Umwelt herausgearbeitet werden. Diese Deutungsmuster beruhen auf fallübergreifenden Orientierungsrahmen. Zur Vergegenwärtigung der eigenen Wahrnehmung wird in einer Art Spurensuche nach tauglich erscheinenden Anhaltspunkten gesucht und diese mit Wissensvorrat abgeglichen (Schütz/Luckmann 2003: 317). Auch bei neuen Erkenntnissen oder schwierig zu deutenden Anblicken wird versucht, diese möglichst kongruent in die bestehenden Relevanzstrukturen einzuordnen.

Dieses mehr oder weniger stark ausgeprägte strategische Vorgehen unterscheidet sich von der eigentlichen Wirkung der gebauten Umwelt. Die verschiedenen Reaktionsformen können aufgrund der Reaktionen abgeleitet und nun in Kapitel 5.2 näher erläutert werden.

5.2 Gegenstandsbezogenes Konzept eines Ansatzes für eine soziologische Wirkungsforschung zur gebauten Umwelt

Das zweite Ergebnis der vorliegenden Forschungsarbeit kann als ein möglicher Ansatz einer gegenstandsorientierten Theorie vorgestellt werden, der jedoch noch weiter ausgearbeitet werden muss. Die Konsequenzen der Wahrnehmung der gebauten Umwelt äußern sich in Form von sprachlich vermittelten Reaktionen, die vorwiegend emotionale, aber durchaus auch pragmatische und ästhetische Reaktionen beinhalten.

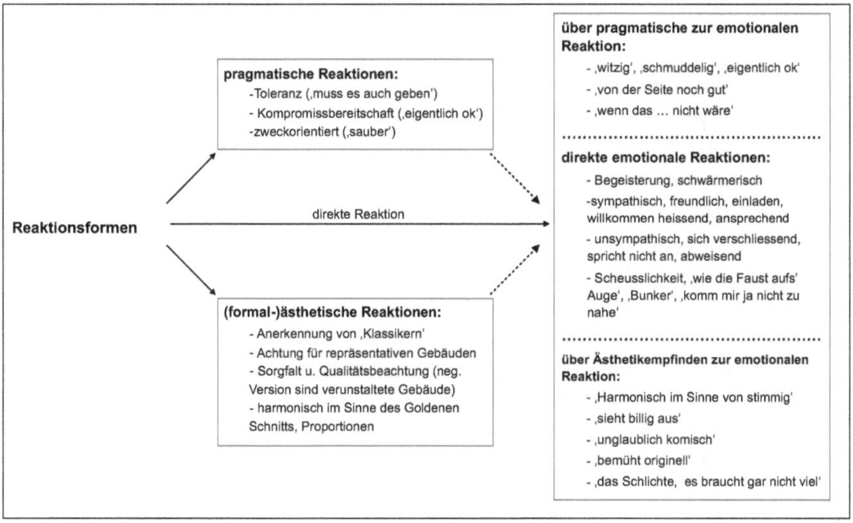

Abb. 4: Kernich: Reaktionsformen, 2016

Mit den Ergebnissen konnte aufgezeigt werden, dass z. B. pragmatische Reaktionen eher wenig emotional geäußert werden. Sie sind geprägt von Allerweltswissen und beruhen auf alltagstauglichen Schlussfolgerungen. Demgegenüber umfasst eine ästhetische Wirkung viele unterschiedliche Dimensionen; diese reichen im bejahenden Sinne von verhalten-positiver Reaktion bis hin zu Begeisterungsausrufen und im ablehnenden Sinne von resignierter Zurkenntnisnahme bis zu emotionsgeladener Abwehrreaktion. Sowohl pragmatische Wirkungen als auch ästhetische bleiben in vielen Fällen nicht die einzige Reaktion, sondern sind häufig mit einer emotionalen Reaktion kombiniert. Weitere Differenzierungen und Kombinationsvarianten sind bereits im vierten Kapitel beschrieben.

Im Gegensatz zu den Deutungsstrategien kommen bei den Wirkungen keine ‚sozialen Reaktionen' vor. Die unterschiedlichen Reaktionen sind der Auslöser, z. B. wenn Milieuzuschreibungen vorgenommen oder Vermutungen über die Bewohnerschaft angestellt werden. Dies sind jedoch Deutungen, die die Reaktion zu erklären versuchen. So reagieren die Teilnehmenden beispielweise pragmatisch, wenn sie ein Gebäude als hässlich bezeichnen, dies aber mit kostengünstigen Baubedingungen bei genossenschaftlichen Wohnungen rechtfertigen. Oder bei einer Begeisterung für ein Gebäude folgert man deutend auf eine Bewohnerschaft mit eher luxuriösem Lebensstil.

Ein großer Teil des ausgewerteten Datenmaterials betrifft ästhetische Auffassungen von der gebauten Umwelt. So beinhaltet die Wirkungsbeschreibung „nichtssagend" nicht einfach eine (ästhetische) Geschmacksäußerung, sondern kann durchaus mit einem gesellschaftlichen Verständnis verknüpft sein. Weitere, vielfältige Wirkungszusammenhänge treten gemäß diesen Ergebnissen in dem weiten Bereich des subjektiven Ästhetikempfindens auf. Dabei treten verschiedene Erschließungsformen über Sympathie- bzw. Antipathie-Deutungen und teilweise recht starre Be- und Verurteilungsraster zutage, die eine eigene Forschungsarbeit verdienen würden.

Festzuhalten ist, dass diese Wirkungen nicht einfach über eine Geschmacksfrage abgehandelt werden können. Mit dieser Arbeit ist es u. a. gelungen aufzuzeigen, dass die Geschmackskomponenten nicht im Vordergrund stehen. Vielmehr stellen Geschmacksäußerungen eine Möglichkeit dar, sich über ein ungewohntes Thema sprachlich auszudrücken. Selbstverständlich suchen die Teilnehmenden *auch* Zugang über ihre subjektiven Präferenzen, die zahlreiche unterschiedliche Hinter- und Beweggründe haben. Dennoch: Es fällt nachweislich leichter, mit diesem Wortschatz über Diffuses zu sprechen, was aber nicht heißt, dass dies als Hauptthema der Teilnehmenden identifiziert werden kann, was sie beim Anblick der gebauten Umwelt beschäftigt. Es ist einfacher und unverfänglicher, sich bei Geschmacksäußerungen in die private Geschmackssphäre zurückzuziehen. Diese Taktik funktioniert in der Alltagskommunikation auch als Entschuldigung. So bleibt dieses Thema zwangsläufig offen – man kann ihm nicht mit rationalen Argumenten beikommen, denn bekanntlich lässt sich über Geschmack nicht streiten.

Wie erwähnt sind in den Daten besonders solche Stellen interessant, aus denen hervorgeht, was beim Umgang mit ambivalenten, diffusen Eindrücken bei der Wahrnehmung der gebauten Umwelt passiert, wenn eine Lesbarkeit schwierig wird und eine Textstelle bzw. eine Aussage einer Erschließung nicht zugänglich ist. Um Gebäude in der gebauten Umwelt zu lesen, werden – wie bereits dargestellt – verschiedene Versuche zur Kohärenzherstellung unternommen. Doch in manchen Fällen bleiben alle (meist auf den Begehungen) entwickelten Annäherungen erfolglos. Bei diesen Versuchen der Annäherung, weil man nicht zu einem schlüssigen und ‚sinnvollen' Ergebnis kommt, werden alle Register gezogen, und scheitert am Schluss dennoch. Die Deutungsstrategien werden – z. T. nacheinander – erkennbar angewandt. Wenn die Teilnehmenden keinen Zugang über pragmatische, soziale oder ästhetische Deutungen finden und auch affektive Zugänge als Stimmungen widersprüchlich wahrgenommen werden, löst dies häufig Ärger aus: Das Gebäude wirkt unverständlich und widersprüchlich.

Eine Wirkungsforschung, die auf Architektur und die gebaute Umwelt ausgerichtet ist, wurde als Desiderat unlängst von Constanze Petrow anläßlich der Tagung „Architektur in Gebrauch" (Ammon et al. 2017) in Darmstadt formuliert. Es gibt auch bereits in dieser Richtung Untersuchungen. Diese beziehen sich vor allem auf den Bereich der Landschaftsarchitektur und der Freiraumgestaltung, allerdings basieren sie eher auf sozialpsychologischen Konzepten und nehmen – wie Wulf Tessin – die „Beziehung von geplantem (Frei-)Raum und (frei-)räumlichem Verhalten" in den Fokus und thematisieren eine ästhetische Wahrnehmung als „insgesamt ideologiekritische, sozialwissenschaftlich reflektierte Berufspraxis" (Tessin 2004: 8).

Aus der Perspektive der vorliegenden Forschungsarbeit besteht hier eine mögliche Anschlussfähigkeit, nicht nur an der Oberfläche der in den Befragungen mitgeteilten Äußerungen zu bleiben, dass etwas als angenehm oder als schön befunden wird, sondern nach den dahinterliegenden Sinnkonstruktionen zu fragen.

6. Fazit und Ausblick

Die Fürsprecher und Verfechter der noch relativ jungen Teildisziplin Architektursoziologie hatten sich immer wieder für mehr Beachtung der Architektur in der Gesellschaft bzw. in der Disziplin Soziologie eingesetzt. So angebracht und zum Großteil gerechtfertigt diese Einforderungen auch sind, sollten doch die methodischen Möglichkeiten, die die Soziologie zu bieten hat, immer wieder zur Kenntnis genommen und angewendet werden. Dies ist bisher auch in vielen theoretischen Auseinandersetzungen gelungen, in denen die thematischen Inhalte der Architektursoziologie mit verschiedenen soziologischen Perspektiven fruchtbar in Verbindung gesetzt wurden (vgl. Fischer/Delitz 2009).

Wenn von Vertretern der Architektursoziologie der Anspruch geäußert wird, dass die Architektur als Medium des Sozialen viel dezidierter anerkannt werden soll, muss zugleich zur Kenntnis genommen und die Forderung gestellt werden, dass die gebaute Umwelt als Medium des Sozialen dementsprechend auch nach soziologischen Kriterien empirisch, d. h. vor allem rekonstruktiv erforscht wird und man sich nicht einseitig nach architekturtheoretischen oder sozialpsychologischen Kriterien richten sollte.

Mögliche anschlussfähige Forschungsthemen im Rahmen einer architektursoziologischen Wirkungsforschung

Durch das systematisch-kontrollierte Vorgehen der Datenerhebung und -auswertung im Forschungsstil der Grounded-Theory-Methodologie (GTM) konnten intersubjektiv wirksame Kategorien gebildet werden, die unterschiedliche Deutungsstrategien und deren Konsequenzen darstellen.

Dieses Datenmaterial kann zusätzlich auch nach weiteren Kriterien ausgewertet werden. So könnte z. B. aufgrund des vorliegenden visuellen Datenmaterials, das bereits mit dem Textdatenmaterial verknüpft ist, der Fokus genauer auf Themen wie Baumaterial gerichtet werden, um ergänzend zum vorhandenen Datenmaterial im Forschungsstil der GTM neue und weiterführende Feldforschungsphasen anzuschließen.

Die Schwierigkeiten der Erweiterung des Konzepts der Wirkungsforschung der gebauten Umwelt zu einer Rezeptionsforschung

Überträgt man die Begriffsdefinition von ‚Rezeptionsforschung' aus dem ‚klassischen' Bereich der Medienforschung auf die gebaute Umwelt bzw. die Architektur, lautet sie wie folgt: Bei der Rezeptionsforschung der gebauten Umwelt handelt es sich um

> *„die Erforschung der Wahrnehmung und Wirkungen von audio-visuellen (...) Erlebnissen in Situationen der Mediennutzung (...), auf Seiten der Empfänger. Typische Gegenstände der Rezeptionsforschung, die bei Betonung der Verhaltenssteuerung durch Medien auch als Wirkungsforschung fungiert, sind z. B.: Beliebtheit von (...) Genres, Muster der Beschreibung und Beurteilung von Stilen, Werken oder Interpreten durch Rezipienten; (...); Reaktionen auf bestimmte Motive und Handlungen in der Darstellung durch die Medien. Die Rezeptionsforschung liefert Erkenntnisse über Medien- und Kommunikationswirklichkeit, durch die künstlerische Intentionen, Geschmacksstandards oder die ästhetische Bewertung von Werkformen und -inhalten relativiert werden können" (Lexikon der Soziologie 2011: 578).*

Ausgehend von dieser Definition hätte die Rezeptionsforschung eine geradezu emanzipatorische Komponente mit dem Aufruf, die Bevölkerung als Rezipienten der gebauten Umwelt ernst zu nehmen, indem sie einerseits als Nutzerin der gebauten Umwelt aufgefasst und andererseits ihren Meinungsäußerungen auch Rechnung getragen würde. Der Konjunktiv deutet es bereits an: Diese Überlegungen sind nur insofern relevant, wenn man die Medienwirkungsforschung in direkten Bezug setzt zu den Umsatz- und Auflagenzahlen.

Diese auf Medienrezeptionsforschung ausgerichtete Definition lässt sich nur schlecht, und wenig recht auf eine mögliche Wirkungsforschung der gebauten Umwelt übertragen. Dennoch können zwei Parallelen gezogen werden: eine Überlegung, den so genannten ‚Durchschnittsrezipient' als Maßstab zu setzen, ist für die wissenschaftliche Erforschung ebenso schwer zu handhaben wie die so genannten ‚Allgemeinheit' oder der ‚Bevölkerung'. Eine zweite Parallele lässt sich zur Öffentlichkeit ziehen: beides, die Massenmedien und die gebaute Umwelt als ein von außen wahrgenommener öffentlicher Raum-Bestandteil, sind öffentlichkeitswirksam.

Offen bleibt demnach ein genauerer Blick auf die aktuelle Medienwirkungsforschung, unter Berücksichtigung der jüngsten Publikation der Ideengeberin Constanze Petrow, inwiefern sich diese Ansätze tatsächlich mit einer Wirkungsforschung der gebauten Umwelt verbinden lassen könnten. Hier kann nur festgestellt werden, dass bisher (zu) wenig Methoden der rekonstruktiven Sozialforschung berücksichtigt wurden.

Ausblick

Die in den Anfängen der Architektursoziologie von Bernhard Schäfers aufgeworfenen Grundfragen sind mittlerweile in verschiedenen Studien aufgegriffen und erforscht worden (Schäfers 2003: 21 f.). Eine davon war die Frage, welche soziale Bedeutung als „Zeichen und Symbolsysteme" die gebaute Umwelt (ebd.) hat.

Wie wenig Beachtung diese (architektur-)soziologischen Perspektiven bisher fanden, wird zum Schluss anhand des folgenden Beispiels erläutert:

2015 wurden als Synthese des Nationalen Forschungsprogramms „Neue urbane Qualität" (NFP 65) aus den „vielschichtigen Ergebnissen (...) zahlreiche neue Forschungsfragen" herauskristallisiert, von denen hier eine der drei Forschungsfragen herausgegriffen wird, die „zukünftig von besonderer Relevanz" sein wird: So misst die Leitungsgruppe NFP 65 der „Schönheit der Stadt" einen hohen Stellenwert zu:

> *„Die subjektive Schönheitserfahrung und das Schönheitsempfinden der Allgemeinheit muss zum Maßstab neuer Stadtbaukonzepte gemacht [werden] (...) Inwiefern Urbanität, Schönheit und neue Dichte des Wohnens und Arbeitens im Stadtquartier zum verbindenden Kernthema von Raumplanung, Stadtbau- und Ortsgestaltung gemacht werden können, ist in weiteren Untersuchungen zu zeigen" (Sulzer/Desax 2015: 110).*

Hier wäre durchaus eine Weiterführung der vorliegenden Arbeit vorzuschlagen, allein schon zur Entdeckung, wie denn das „subjektive Schönheitsempfinden der Allgemeinheit" (ebd.) wissenschaftlich in einen sinnvollen Zusammenhang zu bringen ist und welche Deutungsstrategien und Sinnzuschreibungen dahinterstehen könnten.

In diesem Schlussbericht kommt die Sprache auf eine „gesellschaftspolitische Dimension" (ebd.: 111); es wird davon ausgegangen, dass am liebsten alle (!) Menschen gerne in den „herausragenden Wohn- und Lebensqualität in den historischen Innenstädten" (ebd.) leben möchten. Die Leitungsgruppe kommt in ihrem Ausblick zum Schluss: „langfristig gesehen, sind ähnliche Wohn- und Lebensqualitäten in stadtgewordenen Quartieren und Ortsteilen der Agglomeration zu realisieren, um den Zusammenhalt der Gesellschaft zu stärken" (ebd.).

Selbstredend ist es zu begrüßen, wenn sich die Verantwortlichen der Stadtplanung und Stadtentwicklung so detailliert und differenziert bemühen, ihrer Verantwortung gerecht zu werden. Irritierend ist jedoch, dass die Hauptbetroffenen, eben die ‚Allgemeinheit' trotzdem in solchen Untersuchungen noch immer kaum Beachtung finden. Sie müssen nicht gleich als maßgeblich Mitbestimmende ins Zentrum der Aufmerksamkeit gestellt werden, aber es wäre sicherlich ein Gewinn, wenigstens ihre Stimme zur Kenntnis zu nehmen und einzubeziehen.

Literatur

Albrecht, Clemens (2015) Zum Verhältnis von Empirie und kultursoziologischer Theoriebildung, Tagung in Leipzig: unveröffentlichtl. Vortrag im Okt. 2015.

Ammon, Sabine et al. (2017) Architektur im Gebrauch: Gebaute Umwelt als Lebenswelt. Berlin: Universitätsverlag der TU Berlin (in Vorbereitung)

Arbeitsgruppe Bielefelder Soziologen (1981) Alltagswissen, Interaktion und gesellschaftliche Wirklichkeit 1 +2. Opladen: Westdeutscher Verlag, 5. Auflage.

Augé, Marc (2012) Nicht-Orte. München: Beck.

Bahrdt, Hans Paul (1974) Umwelterfahrung. München: Nymphenburger Verlagshandlung GmbH.

Bauman, Zygmont (2003) Flüchtige Moderne. Frankfurt/M.: Suhrkamp.

Berger, Peter L.; Luckmann, Thomas (2003) Die gesellschaftliche Konstruktion der Wirklichkeit: Eine Theorie der Wissenssoziologie, Frankfurt/M.: Fischer, 19. Auflage.

Berndt, Heike; Lorenzer, Alfred; Horn, Klaus (1968) Architektur als Ideologie. Frankfurt/M.: Suhrkamp.

Berking, Helmuth; Löw, Martina (2008) Die Eigenlogik der Städte. Neue Wege für die Stadtforschung. München: Campus.

Böhme, Gernot (2013) Atmosphäre und Architektur. München: Wilhelm Fink, 2. korrigierte Auflage

Böhme, Gernot (1995) Atmosphäre: Essays zur neuen Ästhetik. Berlin: Suhrkamp.

Bohnsack, Ralf (2009) Qualitative Bild- und Videointerpretation: Die dokumentarische Methode. Opladen & Farmington Hills: Barbara Budrich.

Bohnsack, Ralf; Przyborski, Aglaja (2008) Talk in Qualitative Social Research. In: Bohnsack, Ralf: Rekonstruktive Sozialforschung. Einführung in qualitative Methoden, Opladen: Budrich, 7. Auflage, S. 235 f.

Bohnsack, Ralf; Marotzki, Winfried; Meuser, Michael (2006) Hauptbegriffe Qualitativer Sozialforschung. Opladen: Budrich, 2. Auflage.

Bosch, Aida (2010) Konsum und Exklusion. Eine Kultursoziologie der Dinge. Bielefeld: transcript.

Bosch, Aida (2012) Sinnlichkeit, Materialität, Symbolik. Die Beziehung zwischen Mensch und Objekt und ihre soziologische Relevanz. In: Moebius, Stephan; Prinz, Sophia (Hg.): Das Design der Gesellschaft. Zur Kultursoziologie des Designs. Bielefeld: transcript, S. 49–70.

Breuer, Franz (2010) Reflexive Grounded Theory: eine Einführung für die Forschungspraxis. Wiesbaden: VS Verlag für Sozialwissenschaften.

Burri, Regula Valerie (2008a) Doing Images: zur Praxis medizinischer Bilder. Bielefeld: transcript.

Burri, Regula Valérie (2008b) Bilder als soziale Praxis: Grundlagen einer Soziologie des Visuellen. In: Zeitschrift für Soziologie, Stuttgart: Lucius & Lucius, Jg. 37, Heft 4: S. 342–358.

Charmaz, Kathy C. (2011) Den Standpunkt verändern. Methoden der konstruktivistischen Grounded Theory. In: Mey, Günter; Mruck, Katja (Hg.): Grounded Theory Reader. Wiesbaden: VS Verlag für Sozialwissenschaften, S. 181–206.

De Botton, Alain (2008) Glück und Architektur – Von der Kunst, daheim zu Hause zu sein. Frankfurt/M.: S. Fischer.

Delitz, Heike (2010) Gebaute Gesellschaft. München: Campus.

Delitz, Heike (2009) Architektursoziologie. Bielefeld: transcript.

Detka, Carsten; Reim, Thomas (2015) Einleitung Fritz-Schütze-Band, noch unveröffentlicht.

Dreher, Jochen (1979) Semiotische Grundlagen der Architekturästhetik: Untersuchungen zu Hegels Aesthetik und Architekturtheorie sowie Beiträge zur aktuellen architekturästhetischen Diskussion. Stuttgart: Dissertation, Univ. Stuttgart.

Durkheim, Emile (2006) Der Selbstmord. Frankfurt/M.: Suhrkamp, 10. Auflage.

Durkheim, Emile (1999) Über soziale Arbeitsteilung: Studie über die Organisation höherer Gesellschaften. Frankfurt/M.: Suhrkamp.

Duttweiler, Stefanie (2015) Missionierende Räume? In: Göbel, Hanna Katharina; Prinz, Sophia (Hg.): Die Sinnlichkeit des Sozialen. Wahrnehmung und materielle Kultur. Bielefeld: transcript, S. 194–218.

Eberle, Thomas S. (1984) Sinnkonstitution in Alltag und Wissenschaft. Bern: Paul Haupt.

Eberle, Thomas S.; Hitzler, Ronald (2003) Phänomenologische Lebensweltanalyse. In: Flick, Uwe; von Kardorff, Ernst; Steinke, Ines (Hg.): Qualitative Forschung – Ein Handbuch, Reinbek bei Hamburg: Rowohlt Taschenbuch Verlag, S. 109–118.

Eco, Umberto (2013) Über Gott und die Welt. Essays und Glossen. München: dtv. 9. Auflage.

Equit, Claudia; Hohage, Christoph (2016) Handbuch Grounded Theory. Von der Methodologie zur Forschungspraxis. Weinheim und Basel: Beltz Juventa.

Eßbach, Wolfgang (1997) Die Gemeinschaft der Güter und die Soziologie der Artefakte in: Online-Verstrickungen. Immanenzen und Ambivalenzen. Hg. V. Dierk Spreen, Ästhetik und Kommunikation. 26. Jg., H.96. Berlin, S. 13-19

Fischer, Joachim; Delitz, Heike (2009) Die Architektur der Gesellschaft. Theorien für die Architektursoziologie. Bielefeld: transcript.

Flick, Uwe; von Kardorff, Ernst; Steinke, Ines (2003) Qualitative Forschung – Ein Handbuch, Reinbek bei Hamburg: Rowohlt Taschenbuch Verlag.

Flick, Uwe (1999) Qualitative Forschung: Theorie, Methoden, Anwendung in Psychologie und Sozialwissenschaften. Reinbek bei Hamburg: Rowohlt Taschenbuch Verlag.

Frers, Lars (2015) Sinnreiche Bewegungen. In: Göbel, Hanna Katharina; Prinz, Sophia (Hg.): Die Sinnlichkeit des Sozialen. Wahrnehmung und materielle Kultur. Bielefeld: transcript, S. 243–266.

Friebertshäuser, Barbara; Prengel, Annemarie (1997) Handbuch qualitative Forschungsmethoden in den Erziehungswissenschaften. Weinheim: Beltz Juventa.

Fuchs-Heinritz, Werner; Klimke, Daniela; Lautmann, Rüdiger (2011) Lexikon zur Soziologie. Wiesbaden: VS Verlag für Sozialwissenschaften. 5. Auflage.

Gehlen, Arnold (1993) Der Mensch: seine Natur und seine Stellung in der Welt. Gesamtausgabe, Band 3, Frankfurt/M.: Vittorio Klostermann.

Gehlen, Arnold (1986)[1960] Zeit-Bilder. Zur Soziologie und Ästhetik der modernen Malerei, Frankfurt/M.: Athenäum, 3. Auflage.

Gehlen, Arnold (1964) Urmensch und Spätkultur Philosophische Ergebnisse und Aussagen. Frankfurt/M.: Athenäum, 2. Auflage.

Girouard, Mark (1987) Die Stadt. Menschen, Häuser, Plätze. Eine Kulturgeschichte. München: Campus.

Glaser, Barney G.; Strauss, Anselm L. (1998) Grounded Theory. Strategien qualitativer Forschung. Bern: Hans Huber.

Göbel, Hanna Katharina; Prinz, Sophia (2015) Die Sinnlichkeit des Sozialen. Wahrnehmung und materielle Kultur. Bielefeld: transcript.

Göbel, Hanna Katharina (2015) Die Aussicht. Zur Herstellung ästhetischer Wahrnehmungsordnungen von Architektur. In: Göbel, Hanna Katharina; Prinz, Sophia (Hg.): Die Sinnlichkeit des Sozialen. Wahrnehmung und materielle Kultur. Bielefeld: transcript, S. 219–241.

Grütter, Jörg Kurt (1987) Ästhetik der Architektur. Grundlagen der Architektur-Wahrnehmung. Stuttgart: Kohlhammer.

Habermas, Jürgen (1985) Moderne und postmoderne Architektur. In: Die neue Unübersichtlichkeit. Kleine politische Schriften V. [zuerst in arch+; Nr. 61, 1982] Frankfurt/M.: Suhrkamp, S. 11–18.

Hahn, Achim (2012) Erlebnislandschaft – Erlebnis Landschaft? Atmosphären im architektonischen Entwurf. Bielefeld: transcript.

Halbwachs, Maurice (2002) Soziale Morphologie: ausgewählte Schriften. Konstanz: UVK Universitätsverlag.

Halbwachs, Maurice (1985) Das Gedächtnis und seine sozialen Bedingungen. Frankfurt/M.: Suhrkamp.

Hauser, Susanne (2011) Architekturwissen. Band 1 und 2. Bielefeld: transcript.

Helfferich, Cornelia (2005) Die Qualität qualitativer Daten: Manual für die Durchführung qualitativer Interviews, Wiesbaden: VS Verlag für Sozialwissenschaften, 2. Auflage, S. 167–193.

Hitzler, Ronald/Honer, Anne (1997) Sozialwissenschaftliche Hermeneutik. Opladen, Leske + Budrich.

Hoffmann-Axthelm, Dieter (1987) Sinnesarbeit. München: Campus.

Inglin, Meinrad (2001) Schweizerspiegel. Zürich: Ammann, Bd. 5.1.

Kelle, Udo (2008) Qualitative vs. quantitative Forschung – die Debatte. In: Die Integration qualitativer und quantitativer Methoden in der empirischen Sozialforschung. Theoretische Grundlagen und methodische Konzepte. Wiesbaden: VS Verlag für Sozialwissenschaften, 2. Auflage, S. 25–55.

Keding, Melanie; Weith, Carmen (2014) Bewegte Interviews im Feld, in: Bischoff, Christine; Oehme-Jüngling, Karoline; Leimgruber, Walter (Hg.): Methoden der Kulturanthropologie. Bern: Haupt, S. 131–142.

Kleemann, Frank; Krähnke, Uwe; Matuschek, Ingo (2009) Interpretative Sozialforschung. Eine praxisorientierte Einführung. Wiesbaden: VS Verlag für Sozialwissenschaften.

Klotz, Heinrich (1996) Architektur. Texte zur Geschichte, Theorie und Kritik des Bauens. Ostfildern: Ruit.

Knoblauch, Hubert (2010) Wissenssoziologie. Konstanz: UVK Verlagsgesellschaft.

Knorr-Cetina (2006) Sozialität mit Objekten, in: Tänzler, Dirk; Knoblauch, Hubert; Soeffner, Hans-Georg: Zur Kritik der Wissensgesellschaft. Konstanz: UVK, S. 101–138.

Lamnek, Siegfried; Krell, Claudia (2010) Qualitative Sozialforschung: Lehrbuch. Weinheim: Beltz.

Latour, Bruno (2008) Paris: Invisible City, http://www.bruno-latour.fr/sites/default/files/downloads/viii_paris-city-gb.pdf (12.03.2016).

Loenhoff, Jens (2012) Implizites Wissen: epistemologische und handlungstheoretische Perspektiven. Weilerswist: Velbrück Wissenschaft.

Löw, Martina (2001) Raumsoziologie. Frankfurt/M.: Suhrkamp.

Löw, Martina (2008) Soziologie der Städte. Frankfurt/M.: Suhrkamp.

Lueger, Manfred (2010) Interpretative Sozialforschung: Die Methoden. Wien: Facultas.

Mauss, Marcel (2010) Soziologie und Anthropologie. Band 1: Theorie der Magie/Soziale Morphologie. Wiesbaden: VS Verlag für Sozialwissenschaften.

Meissner, Stephan (2009) Kann Architektur leben? Die ‚Architektur der Gesellschaft‘ aus Sicht der Diskursanalyse Michel Foucaults. In: Fischer, Joachim; Delitz, Heike (Hg.): Die Architektur der Gesellschaft. Theorien für die Architektursoziologie. Bielefeld: transcript, S. 223–251.

Mey, Günter; Mruck, Katja (2011) Grounded Theory Reader. Wiesbaden: VS Verlag für Sozialwissenschaften.

Mey, Günter; Mruck, Katja (2009) Methodologie und Methodik der Grounded Theory. In: Wilhelm Kempf; Marcus Kiefer (Hg.): Forschungsmethoden der Psychologie. Zwischen naturwissenschaftlichem Experiment und sozialwissenschaftlicher Hermeneutik. Berlin: Regener, Band 3, S. 100–152.

Moebius, Stephan (2014) Kultur-Soziologie: klassische Texte der neueren Kultursoziologie. Wiesbaden: Springer VS.

Moebius, Stephan; Prinz, Sophie (2012) Das Design der Gesellschaft. Zur Kultursoziologie des Designs. Bielefeld: transcript.

Muscheler, Ursula (2011) Unsere Architekten: feinste Verrisse von Cicero bis Kurt Tucholsky. Berlin: Transit.

Neue Zürcher Zeitung NZZ, 14.03.2016, Artikel von Schoop, Florian; Baumgartner, Fabian. Zürich, http://www.nzz.ch/zuerich/aktuell/nacht-und-kulturleben-nacht-und-kulturleben-ld.7415 (Zugriff am 01.05.2016).

Neue Zürcher Zeitung NZZ, 20.02.2016, Artikel von Albath, Maike: Wie man die Welt versteht. Zürich, http://www.nzz.ch/feuilleton/wie-man-die-welt-versteht-1.18698469 (Zugriff am 28.02.2016).

Neue Zürcher Zeitung NZZ, 28.07.2011, Artikel von Kälin, Adi: Neues Tor zum Seefeld. Zürich, http://www.nzz.ch/neues-tor-zum-seefeldquartier-1.11667868 (Zugriff am 01.05.2016).

Petrow, Constanze A. (2013) Kritik zeitgenössischer Landschaftsarchitektur. Städtische Freiräume im öffentlichen Diskurs. Münster: Waxmann.

Prinz, Sophia; Moebius, Stephan (2012) Zur Kultursoziologie des Designs. In: Moebius, Stephan; Prinz, Sophia (Hg.): Das Design der Gesellschaft. Zur Kultursoziologie des Designs. Bielefeld: transcript, S. 9–25.

Przyborski, Aglaja; Wohlrab-Sahr, Monika (2009) Qualitative Sozialforschung: ein Arbeitsbuch. München: Oldenbourg.

Raab, Jürgen (2008) Visuelle Wissenssoziologie: theoretische Konzeption und materiale Analysen. Konstanz: UVK Verlagsgesellschaft.

Rambow, Riklef (2011) Experten-Laien-Kommunikation in der Architektur, Münster: Waxmann, 3. Auflage.

Reckwitz, Andreas (2010) Auf dem Weg zu einer kultursoziologischen Analytik zwischen Praxeologie und Poststrukturalismus. In: Wohlrab-Sahr, Monika (Hg.): Kultursoziologie. Paradigmen – Methoden – Fragestellungen. Wiesbaden: VS Verlag für Sozialwissenschaften, S. 179–205.

Reichertz, Jo; Wilz, Silvia (2016) Welche Erkenntnistheorie liegt der GT zugrunde? In: Equit, Claudia; Hohage, Christoph (Hg.): Handbuch Grounded Theory. Von der Methodologie zur Forschungspraxis. Weinheim und Basel: Beltz Juventa, S. 48–66

Reichertz, Jo (2004) Das Handlungsrepertoire von Gesellschaften erweitern. Hans-Georg Soeffner im Gespräch mit Jo Reichertz. Forum Qualitative Sozialforschung/Forum: Qualitative Social Research, 5(3), Art. 29, http://nbn-resolving.de/urn:nbn:de:0114-fqs0403297.

Reichertz, Jo (2003) Objektive Hermeneutik und hermeneutische Wissenssoziologie. In: Flick, Uwe; von Kardorff, Ernst; Steinke, Ines (Hg.): Qualitative Forschung – Ein Handbuch, Reinbek bei Hamburg: Rowohlt Taschenbuch, S. 514–524.

Riemann, Gerhard (2005) Zur Bedeutung von Forschungswerkstätten in der Tradition von Anselm Strauss. Mittagsvorlesung, 1. Berliner Methodentreffen Qualitative Forschung, 24.–25. Juni 2005. Verfügbar über: http://www.berliner-methodentreffen.de/material/2005/riemann.pdf [Zugriff am 30.12.2015].

Sachs-Hombach, Klaus (2005) Bildwissenschaft Disziplinen, Themen, Methoden. Frankfurt/M.: Suhrkamp.

Schäfers, Bernhard (2003) Architektursoziologie. Grundlagen – Epochen – Themen. Opladen: Leske + Budrich.

Schäfers, Bernhard (2006) Zur Begründung einer Architektursoziologie. In: Rehberg, Karl-Siegbert (Ed.); Deutsche Gesellschaft für Soziologie (DGS): Soziale Ungleichheit, kulturelle Unterschiede: Verhandlungen des 32. Kongresses der Deutschen Gesellschaft für Soziologie in München. Teilband 1 und 2. Frankfurt/M.: Campus, S. 3406–3416

Schäfers, Bernhard (2010) Architektursoziologie. In: Kneer, Georg; Schroer, Markus (Hg.): Handbuch spezielle Soziologien. Wiesbaden: VS Verlag für Sozialwissenschaften, S. 37–50.

Schmid, Christian (2011) unveröffentlichter Diskussionsbeitrag Tagung „Netzwerk Architektur“ an der ETH Zürich.

Schnettler, Bernd (2006) Thomas Luckmann: Kultur zwischen Konstitution, Konstruktion und Kommunikation, in: Moebius, Stephan; Quadflieg, Dirk: Kultur. Theorien der Gegenwart. Wiesbaden: VS Verlag für Sozialwissenschaften, S. 170–184.

Schroer, Markus (2009) Materielle Formen des Sozialen. In: Fischer, Joachim; Delitz, Heike (Hg.): Die Architektur der Gesellschaft: Theorien für die Architektursoziologie. Bielefeld: transcript, S. 19–48.

Schubert, Herbert (2009) Figurationszeichen. Die Architektur der Gesellschaft aus Sicht der Figurationssoziologie von Norbert Elias. In: Fischer, Joachim; Delitz, Heike (Hg.): Die Architektur der Gesellschaft: Theorien für die Architektursoziologie. Bielefeld: transcript, S. 49–78.

Schütz, Alfred (2004) Der sinnhafte Aufbau der sozialen Welt: eine Einleitung in die verstehende Soziologie. Konstanz: UVK-Verlagsgesellschaft.

Schütz, Alfred (2010) Zur Methodologie der Sozialwissenschaften. Konstanz: UVK, S. 331–401.

Schütz, Alfred; Luckmann, Thomas (2003) Strukturen der Lebenswelt. Konstanz: UVK Verlagsgesellschaft.

Schulz, Martin (2009) Ordnungen der Bilder: eine Einführung in die Bildwissenschaft. München: Wilhelm Fink, 2. Auflage.

Schulze, Gerhard (1988) Alltagsästhetik und Lebenssituation. Eine Analyse kultureller Segmentierungen in der Bundesrepublik Deutschland. In: Soeffner, Hans-Georg (Hg.): Kultur und Alltag. Soziale Welt: Sonderband 6. Göttingen: Schwartz, S. 71–92.

Seifert, Jörg (2011) Stadtbild, Wahrnehmung, Design: Kevin Lynch revisited. Gütersloh: Bauverlag.

Sewing, Werner (2003) Bildregie. Architektur zwischen Retrodesign und Eventkultur. Basel: Birkhäuser.

Simmel, Georg (1995) Die Großstadt und ihr Geistesleben. In: Simmel, Georg: Aufsätze und Abhandlungen 1901–1908. Band I, Gesamtausgabe Band 7. Frankfurt/M.: Suhrkamp, S. 116–131.

Simmel, Georg (2001) Der Begriff und die Tragödie der Kultur. In: Simmel, Georg: Aufsätze und Abhandlungen 1901–1908. Band I, Gesamtausgabe Band 12. Frankfurt/M.: Suhrkamp, S. 194–223.

Soeffner, Hans-Georg (2004) Auslegung des Alltags – der Alltag der Auslegung: zur wissenssoziologischen Konzeption einer sozialwissenschaftlichen Hermeneutik. Konstanz: UVK Verlagsgesellschaft.

Soeffner, Hans-Georg (1988) Kultur und Alltag. Soziale Welt: Sonderband 6. Göttingen: Schwartz.

Strauss, Anselm L.; Corbin, Juliet (1996) Grounded Theory: Grundlagen qualitativer Sozialforschung. Weinheim, Beltz: Psychologie Verlags Union.

Steets, Silke (2015) Der sinnenhafte Aufbau der gebauten Welt. Berlin: Suhrkamp.

Steinmetz, Hanna (2012) Urbanes Design von Atmosphären. Ästhetische und sinnengeleitete Praktiken mit Gebäuden. In: Moebius, Stephan; Prinz, Sophia (Hg.): Das Design der Gesellschaft. Zur Kultursoziologie des Designs. Bielefeld: transcript, S. 337–358.

Strauss, Anselm (1998) Grundlagen der qualitativen Sozialforschung. Paderborn: Wilhelm Fink/UTB, 2. Auflage.

Sulzer, Jürg; Desax, Martina (2015) Stadtwerdung der Agglomeration. Die Suche nach einer neuen urbanen Qualität. Synthese des Nationalen Forschungsprogramms „Neue urbane Qualität (NFP 65). Bern: Schweizerischer Nationalfonds und Zürich: Scheidegger & Spiess.

Suter, Martin (2011) Allmen und der rosa Diamant. Zürich: Diogenes.

Tessin, Wulf (2004) Freiraum und Verhalten. Soziologische Aspekte der Nutzung und Planung städtischer Freiräume. Eine Einführung. Wiesbaden: VS Verlag für Sozialwissenschaften.

Tessin, Wulf (2008) Ästhetik des Angenehmen. Städtische Freiräume zwischen professioneller Ästhetik und Laiengeschmack. Wiesbaden: VS Verlag für Sozialwissenschaften.

Threuter, Christina (2015) Eine Architektur der Einfühlung. In: Göbel, Hanna Katharina; Prinz, Sophia (Hg.): Die Sinnlichkeit des Sozialen. Wahrnehmung und materielle Kultur. Bielefeld: transcript, S. 177–194.

Truschkat, Inge; Kaiser-Belz, Manuela; Volkmann, Vera (2011) Theoretisches Sampling in Qualifikationsarbeiten: Die Grounded Theory Methodologie zwischen Programmatik und Forschungspraxis, in: Mey, Günter; Mruck, Katja (Hg.): Grounded Theory Reader. Wiesbaden: VS Verlag für Sozialwissenschaften, S. 181–206.

Veblen, Thorstein (2007) Theorie der feinen Leute. Eine ökonomische Untersuchung der Institutionen. Frankfurt/M.: Fischer.

von der Lühe, A.; Fischer-Loock, X. (2005) Wahrnehmung. In: Ritter, Joachim et al. (1971–2010): Historisches Wörterbuch der Philosophie: Darmstadt: Wissenschaftliche Buchgesellschaft, Band 12, Spalte 190.

Vorheyer, Claudia (2013) Acht Augen sehen mehr als zwei – Zur Arbeit in Forschungswerkstätten. Unveröffentlichter Vortrag am 3. Networking Day 2013. Zürich.

Weber, Max (1968) Gesammelte Aufsätze zur Wissenschaftslehre. Hg. von J. Winckelmann. Tübingen: J.C.B. Mohr, 3. Auflage.

Weber, Max (1980) Wirtschaft und Gesellschaft. Grundriss der verstehenden Soziologie. Tübingen: J.C.B. Mohr (Paul Siebeck), 5. Auflage, Studienausgabe.

Weresch, Katharina (1993) Bibliographie zur Architektursoziologie. Mit ausgewählten Beiträgen. Frankfurt/M.: Lang.

Wetzel, Dietmar (2009) Maurice Halbwachs. Konstanz: UVK Verlagsgesellschaft.

Wilson, Thomas P. (1981) Theorien der Interaktion und Modelle soziologischer Erklärung. In: Arbeitsgruppe Bielefelder Soziologen (Hg.) 1981: Alltagswissen, Interaktion und gesellschaftliche Wirklichkeit 1+2. Opladen: Westdeutscher Verlag, 5. Auflage, S. 54–79.

Wohlrab-Sahr, Monika (2010) Kultursoziologie. Paradigmen – Methoden – Fragestellungen. Wiesbaden: VS Verlag für Sozialwissenschaften.

Yaneva, Albena (2008) How Buildings Surprise: The Renovation of the Alte Aula in Vienna, in: Science Studies 21 (1), S. 8–28.